建筑企业项目全过程法律风险防范指南

主　编：陈　正　柳卫红
副主编：谭　伟　陈美玲　詹　明　廖家梁

东南大学出版社
SOUTHEAST UNIVERSITY PRESS
·南京·

内容提要

本书是根据建设工程项目从项目招投标到工程竣工保修的实施全过程,结合最新的建筑工程法律法规及司法判例编写的。本书主要内容共分四章,分别为招投标阶段、合同签订阶段、合同履行阶段和竣工结算及保修阶段的法律风险防范指南。每一章中针对本阶段可能存在的法律风险进行风险点识别,提出相应的风险防范策略,并配备相应的案例说明。本书可供建设工程管理人员、建筑业法务人员和建设工程律师学习参考之用,也可以作为建设工程类各专业学生及法学专业学生的实训教材或专业参考工具书。

图书在版编目(CIP)数据

建筑企业项目全过程法律风险防范指南 / 陈正,柳卫红主编. —南京:东南大学出版社,2023.4
ISBN 978-7-5766-0302-6

Ⅰ.①建… Ⅱ.①陈… ②柳… Ⅲ.①建筑企业-企业法-研究-中国 Ⅳ.①D922.291.914

中国版本图书馆 CIP 数据核字(2022)第 208745 号

责任编辑:曹胜玫　责任校对:子雪莲　封面设计:王　玥　责任印制:周荣虎

建筑企业项目全过程法律风险防范指南

Jianzhu Qiye Xiangmu Quanguocheng Falü Fengxian Fangfan Zhinan

主　　编	陈　正　柳卫红
出版发行	东南大学出版社
社　　址	南京市四牌楼 2 号　邮编:210096　电话:025 - 83793330
网　　址	http://www.seupress.com
电子邮件	press@seupress.com
经　　销	全国各地新华书店
印　　刷	南京艺中印务有限公司
开　　本	700 mm×1000 mm　1/16
印　　张	20.75
字　　数	346 千字
版　　次	2023 年 4 月第 1 版
印　　次	2023 年 4 月第 1 次印刷
书　　号	ISBN 978-7-5766-0302-6
定　　价	98.00 元

(本社图书若有印装质量问题,请直接与营销部联系。电话:025 - 83791830)

前 言
PREFACE

当前,我国不少建筑企业"工程法律纠纷"呈现出高发的态势,这让建筑企业对在职建筑工程管理人员和建筑业法律工作者解决工程法律纠纷综合能力提出了更高要求。本书立足于建筑企业解决工程法律纠纷的实际需求,识别了从项目招标到竣工结算保修全过程中的73个重要的风险点,针对风险点提出相应的防范措施,并配备相应的案例说明,力图理论结合实际解析风险、防范风险,让建筑企业工程管理人员和建筑业法律工作者较快地提高解决工程法律纠纷的能力。

本书的特点是:

1. 从建筑企业中来到建筑企业中去。

本书笔者通过深入多家企业调研,收集了当前建筑企业普遍存在的法律纠纷问题,精心梳理后,总结归纳出带有共性的解决问题的方式方法,指导建筑企业的法务工作。

2. 理论必须够用,突出法律实务。

本书筛选出足够用的法律理论,直接服务于法律实务,用最简单通俗的文字表述,将建筑领域最复杂最令人纠结的工程法律实务问题一一破解。

3. 与时俱进,内容新颖,前瞻性强。

本书充分吸收了近几年来建筑工程法律法规的最新成果。

4. 巧用近几年最新案例。

在每一个风险点和风险防范后,都配备了相应的案例介绍和案例解析。这些案例大都是近几年真实发生的、在中国裁判文书网上公布过的真实有效的案例,其中相当一部分案例选自最高院的二审判决或再审裁决,代表了最高院在司法审判实践中的裁判倾向,具有相当的启发性。

本书由陈正(法学教授、中国建筑业协会法律工作委员会副秘书长、江西省政协提案委员会专家、江西省建筑业协会法律工作委员会主任、南昌仲裁委员会仲裁发展工作领导小组副组长、江西省建筑业人民调解委员会副主任兼秘书长)、柳卫红[江西省建筑业协会法律工作委员会副主任、江西省建筑业协会法律专家、江西省建筑业人民调解委员会副秘书长、北京德和衡(南昌)律师事务所高级联席合伙人、南昌仲裁委员会仲裁员]担任主编。由谭伟(江西省地质工程集团有限公司法律事务部、律师事务部部长)、陈美玲[江西科技师范大学法学教授、北京德和衡(南昌)律师事务所执行主任]、詹明[中共江西省委党校(行政学院)法学教研部副教授、北京德和衡(南昌)律师事务所律师]、廖家梁(中邦通联项目管理集团有限公司董事长、高级工程师)担任副主编。由潘高明(中铁四局集团第五工程有限公司总法律顾问)、李鑫(江西建工第四建筑有限责任公司法务总监)、蔡文梅(中大建设股份有限公司法务总监)、熊小冰(中恒建设集团有限公司法务总监)、雷居琨(海力控股集团有限公司法务总监)、王慧(中邦通联项目管理集团有限公司总经理)、胡德洪(江西省吉安市建筑安装工程总公司副总经理)、刘光远(江西省水投建设集团有限公司审计法务部负责人)、周曼云(律师、江西省建筑业协会法工委副主任柳卫红律师助理)任参编。

本书在编写过程中,参考了大量相关资料和著作,在此谨向文献作者表示感谢。

编者

2022 年 8 月

目 录
CONTENTS

第一章　招投标阶段 ·································· 001
　一、区分必须招标项目和可以不招标项目 ········ 001
　二、发包人资信和项目风险 ······················ 005
　三、投标保证金风险问题 ························ 010
　四、低价中标、高价结算问题 ···················· 013
　五、围标串标问题 ······························ 017
　六、招标文件指定品牌问题 ······················ 018
　七、联合体投标的风险与防范 ···················· 022
　八、固定总价招标项目风险 ······················ 027
　九、固定总价招标文件规定发包人不对清单准确性负
　　　责问题 ·································· 032
　十、清标问题 ·································· 036
　十一、合理利用"不平衡报价法"问题 ············ 038
　十二、投标人计量规则认识错误问题 ·············· 043
　十三、工程暂估价问题 ·························· 046
　十四、工程建设项目招投标投诉的问题 ············ 051

第二章　合同签订阶段 ·································· 056
　一、合同工期约定不明 ·························· 056
　二、合同内容不完整 ···························· 060
　三、承包范围、内容约定不明 ···················· 065
　四、约定的工程质量标准不规范 ·················· 070
　五、逾期竣工违约金约定过高 ···················· 073
　六、争议解决条款约定不当 ······················ 077
　七、签证约定不清 ······························ 080
　八、发包人直接分包问题 ························ 084
　九、工程垫资问题 ······························ 087

十、安全费用问题 ·· 090
　　十一、谨慎对待专用条款问题 ·· 095
　　十二、自然灾害和不可抗力因素的具体约定 ································ 098
　　十三、合同定价影响财税处理问题 ·· 103

第三章　合同履行阶段 ·· 106
第一节　项目事务板块 ·· 106
　　一、项目开工问题 ·· 106
　　二、无证施工问题 ·· 109
　　三、施工资料管理问题 ·· 114
　　四、实际施工人对外融资借贷问题 ·· 117
　　五、实际施工人表见代理问题 ·· 122
　　六、民工工资问题 ·· 127
　　七、分包合同监管问题 ·· 130
　　八、签证表现形式问题 ·· 133
　　九、签证注意事项 ·· 136
　　十、甲供材料问题 ·· 140
　　十一、材料供应商可能给施工单位带来的风险 ························· 144
　　十二、建筑企业项目借款问题 ·· 149
　　十三、印章使用管理问题 ·· 154
　　十四、项目中函件签收问题 ·· 158

第二节　质量安全管理板块 ·· 161
　　一、工程质量问题 ·· 161
　　二、施工安全问题 ·· 167
　　三、建设单位设计交底问题 ·· 171
　　四、安全技术交底内容与程序问题 ·· 178
　　五、现场突发情况的紧急预案问题 ·· 182
　　六、现场施工安全管理问题 ·· 185
　　七、质量、安全事故后的责任分配问题 ···································· 188
　　八、应对农民工人身安全损伤索赔 ·· 193

第三节　进度管理板块 ·· 196
　　一、进度拖延问题 ·· 196
　　二、施工中监理和建设单位拖延办理签证问题 ························· 199

三、进度款支付分歧 …………………………………… 202
　　四、承包人停工的法定理由、合同理由鉴别问题 ……… 207
　　五、停工应注意的问题 ………………………………… 211
　　六、因发包人拖延支付进度款而中途停工问题 ………… 215
　　七、停工索赔问题 ……………………………………… 218
　　八、工程保理问题 ……………………………………… 221
　　十、因承包人原因导致建设项目超合同工期问题 ……… 225
　　十一、过程结算问题 …………………………………… 229

第四章　竣工结算及保修阶段 ………………………………… 236
　　一、工程竣工验收问题 ………………………………… 236
　　二、甩项竣工问题 ……………………………………… 240
　　三、发包人要求"以房抵款"问题 …………………… 243
　　四、审计或审价选择的问题 …………………………… 248
　　五、工程款结算依据分歧 ……………………………… 252
　　六、不及时提交竣工结算资料 ………………………… 256
　　七、发包人拖延结算问题 ……………………………… 259
　　八、单方面解除合同问题 ……………………………… 262
　　九、发包人原因导致的逾期竣工问题 ………………… 267
　　十、承包人原因导致的逾期竣工问题 ………………… 269
　　十一、建设工程优先受偿权问题 ……………………… 272
　　十二、结算协议风险问题 ……………………………… 277
　　十三、保修期内如何应对非承包人原因导致的质量问题 … 282

附录一　中华人民共和国建筑法 ……………………………… 287
附录二　最高人民法院关于审理建设工程施工合同纠纷案件适用法律问题的解释（一） ………………………………………… 297
附录三　必须招标的工程项目规定 …………………………… 303
附录四　房屋建筑和市政基础设施工程施工分包管理办法 …… 304
附录五　房屋建筑和市政基础设施工程施工招标投标管理办法 … 307
附录六　关于完善建设工程价款结算有关办法的通知 ……… 316
附录七　建筑工程施工发包与承包违法行为认定查处管理办法
　　　　　………………………………………………… 317

参考文献 ……………………………………………………… 322

第一章　招投标阶段

一、区分必须招标项目和可以不招标项目

【风险点】

法律规定对必须招标的项目不进行招标的将予以相应的行政处罚,虽然处罚的责任主体是招标人,但承包人承接必须进行招标的项目不招标时也面临风险。

1. 如果项目被暂停或暂停拨款,将对承包人的利益造成直接影响。
2. 因违反招投标法,建设工程施工合同将被认定为无效。

【风险防范】

(一) 必须招标、邀请招标、可不招标项目区分

承包人参加项目投标,应当对哪些项目属于必须招标做到心中有数,规避可能存在的项目风险。

1. 必须招标项目:

(1)《中华人民共和国招标投标法》第三条。

(2)《必须招标的工程项目规定》(2018 国家发展改革委令第 16 号)第二、三、五条。

2. 可以邀请招标项目:

(1)《中华人民共和国招标投标法》第十一条。

(2)《中华人民共和国招标投标法实施条例》第八条。

(3)《工程建设项目施工招标投标办法》第十一条。

3. 可以不招标项目:

(1)《中华人民共和国招标投标法》第六十六条。

(2)《中华人民共和国招标投标法实施条例》第九条。

(3)《工程建设项目施工招标投标办法》第十二条。

关于可以不招标项目的规定中,《招标投标法实施条例》第九条和《工程建设项目施工招标投标办法》第十二条里规定的"采购人依法能够自行建设、生产或者提供",采购人指符合民事主体资格的法人、其他组织,不包括与其相关的母公司、子公司,以及与其具有管理或利害关系的,具有独立民事主体资格的法人、其他组织。

采购人依法能够自行建设、生产或者提供是指采购人自身具有承担该项目的资格和能力,能够自行建设该工程,生产该货物或者提供该服务,不包括其母公司、子公司,以及与其具有管理或利害关系的具有独立民事主体资格的法人。但如果采购人的分支机构、分公司具有承担该项目的资格和能力,则视同"采购人依法能够自行建设、生产或者提供"。

关于可以不招标项目的规定中,《招标投标法实施条例》第九条和《工程建设项目施工招标投标办法》第十二条里规定的"已通过招标方式选定的特许经营项目投资人依法能够自行建设、生产或者提供",需要满足两个条件:一是特许经营项目的投资人是通过招标选择确定的。政府采用招标竞争方式选择了项目的投资人,中标的项目投资人组建项目公司法人,并按照与政府签订项目特许经营协议负责项目的融资、建设、特许经营。由于已经通过招标竞争确定了项目投资人,并据此确定了公共产品、公共服务的价格,或者项目建成后的资产转让价格及有关权利、义务和责任,允许特许经营项目的项目法人不再经过招标将其工程、货物或者服务直接发包给具备建设、制造和提供能力的投资人。二是特许经营项目的投资人(而非投资人组建的项目法人)依法能够自行建设、生产和提供。需要说明的是,特许经营项目的投资人可以是法人、联合体,也可以是其他经济组织和个人。其中,联合体投资的某个成员只要具备相应资格能力,不论其投资比例大小,经联合体各成员同意,就可以由该成员自行承担项目建设、生产或提供。

(二)规避必须招标而不招标的项目可能给承包人带来的损失

其一,对于必须招标的项目,业主不公开招标而采取其他方式签订施工合同的,施工中可能面临政府主管部门要求停工整改等行政处罚,导致工期停顿产生损失;其二,因违反招投标法相关规定,可能导致办不了施工许可证等相关证件,行政主管部门对于没有施工许可证擅自开工的项目,不仅可以处罚建设单位,也可以处罚施工单位;其三,必须招标的项目不招标的,施工合同可能被认定无效并要求重新招标,从而给承包人带来巨大损失。承包人应予以重视和充分考虑。

【案例说明】

(一) 基本案情

新陆公司与华邦房地产公司(以下简称华邦公司)施工合同纠纷案

2012年5月14日,经过招投标程序,新陆公司中标承建华邦公司开发的柳树阳光城1号至10号住宅楼工程。2012年6月6日,孟某俊代表华邦公司、郭某敏代表新陆公司签订《林口县柳树镇阳光城施工合同》(以下简称第一份合同)。合同主要约定:工程内容为1号至11号楼及商服,建筑面积约33 500 m^2。工期自2012年4月15日至2012年10月31日。合同总造价约4000万元。2012年6月18日,双方签订黑龙江省住房和城乡建设厅制发的《建设工程施工合同》(以下简称第二份合同)。合同主要内容为:工程内容为林口县柳树镇阳光城小区1号至10号楼,建筑面议约33 000 m^2。施工期限自2012年5月20日至2013年7月30日。合同价款4000万元。

2013年6月30日,林口县建设局就案涉工程颁发林建备字2013年004号《建设工程竣工验收备案证书》。2014年4月10日,新陆公司与华邦公司签订《林口县柳树阳光城(幸福小区)1号至10号楼钥匙移交书》,注明新陆公司已将建设工程全部交付华邦公司。

2016年,新陆公司起诉华邦公司,要求按照第二份合同进行工程款结算,并支付剩余工程款。华邦公司认为,第二份合同违反《中华人民共和国招标投标法》(简称《招标投标法》)的强制性规定,属无效合同,工程价款结算应当以第一份合同为准。

一审法院认为,关于案涉建设工程施工合同的效力问题。双方就案涉开发项目履行了招投标及备案手续,且新陆公司具有相应的施工资质,故双方签订的第二份合同具有法律效力,应按第二份合同进行价款结算。

二审法院认为,新陆公司进场施工后,先签订第一份合同,后履行招投标程序又于2012年6月18日签订第二份合同。无论案涉工程是否为必须进行招投标的项目,只要双方当事人采取招投标的形式签订合同,即应受到《招标投标法》中相关规定的约束。鉴于本案存在未招先定等违反法律禁止性规定的行为,违反《招标投标法》第四十三条、第五十五条等规定,中标无效,双方所签两份合同亦无效。一审法院认定第二份合同有效,属适用法律错误,应予纠正。案涉两份合同无效,计算工程款应首先确定当事人真实合意并实际履行的合同。根据现有证据双方实际履行的是第一份合同,应参照第一份合同结算价款。

新陆公司不服,向最高院申请再审称,二审法院认定 2012 年 6 月 6 日签订的《林口县柳树镇阳光城施工合同》(以下简称第一份合同)及 2012 年 6 月 18 日签订的《建设工程施工合同》(以下简称第二份合同)均无效错误。案涉工程不属于必须招投标的项目,案涉项目是否履行招投标手续对合同的效力没有影响。即使认定两份合同均无效,根据《最高人民法院关于审理建设工程施工合同纠纷案件适用法律问题的解释二》第十一条的规定,应当以当事人实际履行的合同作为结算依据。本案中,双方当事人实际履行的是第二份合同,应当以第二份合同作为工程款的结算依据。

最高院认定,案涉工程先施工后履行招投标程序的情形属实,违反了《招标投标法》相关规定,原审法院据此认定两份合同均无效并无不当。新陆公司以案涉工程不属于法律规定的必须履行招投标程序的工程项目为由,主张二审法院认定合同无效错误的申请再审理由缺乏事实和法律依据,不予采信。

关于双方真实履行合同以及所欠工程款数额问题,虽然两份合同均无效,但工程竣工验收合格,可按实际履行合同结算工程款价款。本案中,双方实际履行情况与两份合同均不能完全对应,但华邦公司有足够证据证明实际情况与第一份合同约定的施工范围相符,而新陆公司未提供证据证明实际履行的是第二份合同,应承担举证不能的法律后果。最终,最高院做出裁判:驳回新陆公司的再审申请。

(二)案例分析

1. 不论是必须招标项目还是非必须招标项目,进行了公开招标就应当遵循《招标投标法》的规定。

最高院认为,《招标投标法》第二条规定:"在中华人民共和国境内进行招标投标活动,适用本法。"该条规定并未区分依法必须招标的工程项目和非必须招标的工程项目的招标投标活动,因此,凡是在中华人民共和国领域内发生的招标投标活动均应符合《招标投标法》的规定。《招标投标法》第四十六条第一款规定:"招标人和中标人应当自中标通知书发出之日起三十日内,按照招标文件和中标人的投标文件订立书面合同。招标人和中标人不得再行订立背离合同实质性内容的其他协议。"本案中,案涉工程存在先施工后履行招投标程序的情形。双方在履行招投标程序之前签订案涉两份《建设工程施工合同》,违反了《招标投标法》的相关规定,二审法院据此认定案涉两份《建设工程施工合同》无效,并无不当。

2. 合同无效情况下,承包人索要工程款需要承担更多的举证责任。

此外,虽然在保障工程质量的情况下违反了《招标投标法》并不影响工程款的结算,但双方当事人依然要为违反《招标投标法》这一行为承担相应法律责任,而且在所签订合同无效的情况下,承包人想拿到应得的工程款还会面临举证的重重困难。本案中,根据第二份合同结算工程款相比于根据第一份合同结算结果,新陆公司可以多拿到500多万元的剩余工程款。但是新陆公司必须承担相应的举证责任。但因为新陆公司没有充分的证据证明实际履行的是第二份合同,最终没能拿到这部分工程款。

3. 中标合同与其他合同不一致执行中标合同的前提是中标合同合法有效。

《最高人民法院关于审理建设工程施工合同纠纷案件适用法律问题的解释(一)》第二条规定:"招标人和中标人另行签订的建设工程施工合同约定的工程范围、建设工期、工程质量、工程价款等实质性内容,与中标合同不一致,一方当事人请求按照中标合同确定权利义务的,人民法院应予支持。"但此处的中标合同指的是经过合法招投标程序后签订的合法有效的合同。在此情况下另行签订的"黑合同",在与中标合同不一致发生争议时,可以向法院请求执行中标合同。但若本身招投标程序违法导致合同无效的情况下,司法审判实践中倾向于执行实际履行的合同。

二、发包人资信和项目风险

【风险点】

1. 发包人资金能力不足,导致工期拖延。
2. 项目手续不完备,被责令停工整改,影响进度,造成损失。
3. 发包人资金链断裂,工程无以为继,解除合同,承包人的投入无法回收;若涉及公共设施建设,会给公共利益造成损害。

【风险防范】

(一) 标前核查建设单位的履约能力

承包人在承揽项目过程中,既不能漠视风险造成损失,也不能夸大风险错失项目。而项目风险首先来自发包人的履约能力,要将其作为项目前期考察的重中之重。可以从以下方面着手调查发包人的综合实力,防范发包人的资信风险。

1. 审查投资人背景

项目投资人的背景和资信能力对项目建设影响重大,这里的投资人包括公司股东,也包括公司股东之股东。承包人可以通过工商系统网站查询投资人身份。

从宏观上可以将投资人分为外资、国资、民资三类。

(1) 国资背景投资人。由于国有企业相对财力雄厚,欠款不还、撤资走人的比例不高,国资投资人项目相对可靠,风险较低。

(2) 外资背景投资人。外资企业在国内经营开发会比较注重合法合规,凡是能够协商解决的尽量协商处理。总体来说外资项目会尽快偿还对外欠款,避免被中国法院制裁,资信风险相对较小。

例外的是一些特殊的外资企业,虽然名义上是外资企业,实质上是国内投资人在国外注册一家公司,再由该公司到国内投资,其在管理理念和经营思路上与内资无异。对于这类企业,施工单位有必要对其进行背景调查。

(3) 民资类投资人。民企投资项目多集中在房地产行业,有一部分是在房地产领域内打拼多年、经验丰富,比较重视社会评价,风险相对较小;另一部分是新入行的房地产企业,这部分投资人对开发项目缺少人才、缺少经验、缺少资金储备,容易发生资金链断裂,风险较大。

2. 审查项目的前景

承包人在承揽项目之前,首先要对项目前景进行判断,对于那些供给过剩的项目、产能过剩行业要谨慎注意。

市场经济体制下,项目建设不可避免可能存在"跟风",一些经验不足的发包人"跟风"投资,而当施工中发现其在建工程形成的效益与当初判断相差很大时,就有可能放弃项目,或以各种方式对建设工程进行停缓建。而现行法律对于因发包人原因解除合同给承包人造成的可得利益损失没有有效的支持,而建设项目普遍存在承包人垫资施工的状况。一旦工程项目停止,将给承包人造成很大损失,即使承包人勉强坚持施工,也必然存在竣工验收难、工程结算难、价款回收难。

3. 审查发包人资产状况

发包人从事项目开发的,一般以项目公司的名义进行。根据公司法,公司以其资产对公司债务承担责任,股东以其出资对公司债务承担责任,如果出现了债务,债权人只能就公司名下资产进行变现清偿。所以,考察发包人的资信状况,必须要看与承包人签订施工合同的发包人主体的资产状况,主要可以从以下方面考察:①建设用地是否在发包人名下;②发包人是否支付了土地出让金、是否取得了土地使用权证书;③发包人取得的土地使用权性质是什么,是否已经缴纳过土地出让金,根据建设用地性质判断建设工程是否可以拍卖变现,承包人对拍卖变现价款是否享有建设工程价款优先受偿权。

4. 审查发包人是否被列入失信人名单

在最高人民法院失信被执行人端口输入发包人名字,查看是否被列入失信被执行人名单;如果被列入名单的,说明其没有履行生效法律文书所规定的义务,资信条件会比较差。

查询中要注意,如果发包人变更过单位名称的,则失信被执行人网站上只会显示名称变更后的失信记录。要查之前的记录,需要输入之前的名称。

(二) 标前核实招投标项目的资金来源和项目合法性问题

1. 审查建设资金来源

项目建设资金一般包括投资人股东投资、金融机构融资或政府预算拨付。所以,如果项目依靠股东投资的要审查股东的资金实力,如果项目依靠金融机构融资的要考察其融资计划的可行性,如项目系政府投资的,要查看其政府投资是否列入预算。

2. 审查项目的合法性

我国实行严格的农用地保护,对于破坏和非法占用农用地特别是耕地行为,会被相关机构严厉处罚。另外,根据《中华人民共和国城市房地产管理法》(简称《城市房地产管理法》)规定,房地产项目用地必须是国有建设用地,发包人支付土地出让金后获得不动产权证,并根据建设工程规划许可证进行设计,取得施工许可证后方可施工。

因此,发包人未取得不动产权证,或者建设项目没有取得规划许可证的,或者没有按照规划设计要求进行施工的,建设工程为非法工程,对于非法工程被拆除或无法投入使用给发包人造成损失的,承包人要根据过错承担相应责任。

3. 谨慎承接工业项目

工业项目的工业用地不值钱,并且一般为发包人自用的项目,当工业项目无法回收工程款时,即使承包人起诉查封了发包人的土地与在建工程,很可能无人接手,导致工程款无法回收。

【案例说明】

(一)基本案情

中冶公司与建科公司、环湾公司施工合同纠纷一案

2012年,环湾公司发布招标公告,针对环湾大道项目进行招标,允许联合体投标,并且要求:投资竞得人(若是联合体投资的,必须是竞得后联合投资的牵头人)在签订合同后30日内,注册一家项目公司,由项目公司具体负责本项目的运作和管理,并在项目竣工验收合格后,由项目公司收取回购价款。投资人(项目公司)的投资资金由招商人、投资人(项目公司)、经办银行三方签订监管合同共同进行资金监管。

中冶公司与建科公司联合投标并中标。三方签订《BT合同》,合同约定:①环湾公司权利义务:及时接收本项目的所有权利、所有权和权益的移交;及时、足额地拨付回购价款。②建科公司、中冶公司权利义务:联合体中的牵头人中冶公司承担项目总承包施工责任,建科公司承担项目投融资责任,环湾公司的项目回购价款支付给建科公司;中冶公司、建科公司指定建科公司为本工程项目公司,中冶公司、建科公司全权委托建科公司负责本项目的运作和管理,并在项目竣工验收合格后,由项目公司收取回购价款;在建设期内自行承担费用和风险,负责进行项目的投资、建设和移交。

建科公司(甲方)与中冶公司(乙方)签订《施工承包合同》。项目工程于2016年1月19日通过竣工验收。环湾公司先后按照约定支付了两次款项,但是建科公司并没有将款项支付给中冶某公司,因建科公司民间借贷未还大部分款项被法院强制执行划走,第三笔款项虽然还在环湾公司处没有付给建科公司,但是该应收款被建科公司质押给贷款人用以贷款,贷款金额已经被

建科公司各股东以各种名目瓜分。建科公司人去楼空，五个股东下落不明，对欠付中冶某公司巨额工程款无力偿还。

2018年，中冶公司起诉建科公司和环湾公司，要求确认《BT合同》与《施工承包合同》无效，环湾公司向中冶公司支付剩余工程款及逾期付款利息。

一、二审法院认为，从《BT合同》和《施工承包合同》的约定可以看出，环湾公司作为项目招商人仅负有向建科公司支付回购价款的义务，建科公司作为工程发包方才是向中冶公司支付工程款的责任主体。中冶公司突破合同的相对性，直接要求环湾公司向其支付工程款，缺乏合同和法律依据，不予支持。

至于中冶公司主张环湾公司未尽资金监管义务，应承担支付工程款责任的问题。首先，根据中冶公司提交的《工程资金监管协议书》，其并非协议的签订主体；其次，根据《BT合同》的约定，竞得人在建设期内是自行负责筹资建设，自行承担费用和风险，环湾公司、建科公司及经办银行系对建科公司投入的建设资金进行监管，而非对环湾公司支付给建科公司的回购价款进行监管；再次，合同也没有约定环湾公司没有履行监管义务，则应承担支付工程款的违约责任。因此，中冶公司的上述主张亦不能成立，应不予支持。

(二) 案例分析

1. 中冶公司惨重损失的原因分析。

本案中造成中冶公司惨重损失的主要原因之一，就是中冶公司没有把资金风险控制重视起来。面对这么大的项目，该共同组建项目公司的没有共同组建；该进行资金监管的没有做监管；没有对付款人提出任何担保要求；眼睁睁看着建科公司的股东利用民间借贷高额利息的方式将建科公司的钱全部转移走却没有及时采取任何措施等。

一个优良的项目，应当是在最开始时就考量业主或者上游投资人的资信风险，牢牢把资金风险控制放在重要位置，在初始阶段就将所有可能的资金风险进行分析，并据理力争制订相应保障措施。

2. 中冶公司可以采取的风险对抗措施。

中冶公司案涉项目中，可能获取的利润份额多，相应的要承担的风险比例也将更大。中冶公司在面对资金不可控的风险时，可以考虑采取以下策略进行风险对抗：

（1）要求建科公司提供可行的融资计划；

（2）增加建科公司对项目的付款节点；

（3）与环湾公司、建科公司进行三方约定，对环湾公司支付给建科公司的工程款进行共管，确保建科公司不能随意挪用，优先支付工程款；

（4）由建科公司提供第三方付款担保。

如果中冶公司能从上述几方面进行风险控制，应该是可以有效控制资金风险并取得良好效益的。

三、投标保证金风险问题

【风险点】

1. 投标保证金非从公司账户支付，未按照招标文件规定的方式和时间支付，可能导致支付无效，导致废标。

2. 围标串标、虚假投标等，可能导致投标保证金被没收。

【风险防范】

（一）按照招标文件规定的方式和时间支付保证金

投标保证金可以是现金、支票、银行汇票、银行保函等多种形式，也可以是招标人认可的其他合法担保形式。仔细阅读招标文件，按照招标文件允许的方式缴纳投标保证金。需要注意的是，各个银行的保函格式不同，其内部对于不同层级的分支机构开具保函的权限也不同。因此，注意招标文件中是否规定了投标保函的格式以及开具保函的银行级别，如限定为地市级以上分行。

《中华人民共和国招标投标法实施条例》（简称《招标投标法实施条例》）第二十六条第二款规定："依法必须进行招标的项目的境内投标单位，以现金或者支票形式提交的投标保证金应当从其基本账户转出。"也就是说，支票出票人应与投标人为同一人，以遏制围标串标行为。不同投标人的投标保证金来自同一单位或者个人账户的构成串通投标。没有按照招标文件要求提供投标保证金或者所提供的投标保证金有瑕疵（如有限期短于投标有效期）的，将构成重大偏差，该投标文件将被否决。

(二) 投标保证金有效期应当与投标有效期一致

《招标投标法实施条例》规定投标保证金有效期应当与投标有效期一致，从提交投标文件截止之日起算。投标人提交的投标保证金有效期应等于或长于投标有效期。但有例外，当出现一些特殊情况，招标项目不能在原定投标有效期内完成的，招标人可以要求投标人延长投标有效期。如果投标人同意延长，则其投标保证金的有效期也相应延长。但投标人是否同意延长是自愿的而非强制性的，投标人同意延长的，可以书面形式向招标人作出回复。投标人也可以拒绝延长投标有效期，选择退出投标以规避风险，而不丧失其投标保证金。

(三) 确保投标保证金的合法性，避免投标保证金不合格导致投标被否决

归纳现行招标投标法律法规，评标时因投标保证金不合格导致其投标可以被否决的法律情形主要有：①投标人未按时提交投标保证金，投标保证金金额不足，或投标保证金有效期短于投标有效期；②投标保证金形式不符合招标文件要求，如要求提交现金或者银行保函但投标人提交银行汇票；③出具投标保函的银行不符合招标文件要求（如招标文件要求地市级分行以上银行）；④投标保函含有对招标人的支付要求进行抗辩或不合理的限制性条件（如对兑现地域进行不合理限制）；⑤依法必须进行招标的项目的境内投标单位，以现金或者支票形式提交的投标保证金未从其基本账户转出。

(四) 发生废标情形时注意避免投标保证金被没收

未中标人的投标保证金，将在买方与中标人签订合同后的 5 个工作日内退还。但是，下列任何情况发生时，投标保证金将被没收：

1. 投标人在招标文件中规定的投标有效期内撤回其投标；

2. 中标人在规定期限内未能：①根据规定签订合同或按规定接受对错误的修正；②根据招标文件规定提交履约保证金。

3. 投标人采用不正当的手段骗取中标。

因此，非属于上述情况的，投标保证金不能被没收。实际投标中常常发生招标人肆意没收投标保证金的情况，遇到这种情况应当据理力争，维护自身权益。

【案例说明】

（一）基本案情

武汉某建筑装饰工程公司（以下简称武汉公司）与上海某置业公司（以下简称上海公司）合同纠纷

2013年9月12日，为参加虹桥商务区（一期）04地块上海虹桥新地中心幕墙专业分包工程项目的投标，武汉公司向招标人上海公司交纳了投标保证金500 000元。2014年3月21日，武汉公司针对截至2014年1月6日的投标文件及投标疑问问卷作出最终报价及承诺一份，承诺最终让利报价64 920 000元。

2014年6月13日，上海公司向武汉公司发出合同草稿。7月7日，武汉公司就合同草稿内容向上海公司的王某博通过电子邮件的形式发送修改意见一份。7月8日，上海公司发中标通知书，并回函：对于贵公司提出的合同修改建议，涉及条款均是在发标过程及问卷、中标通知书中贵司确认过的，贵司均已同意上述条款，将不做修改。10月9日，武汉公司出具《最终报价及承诺》，承诺在中标金额的基础上再次优惠1 000 000元，即签订合同金额为63 920 000元。11月7日，武汉公司就合同部分条款向上海公司发函提出异议。11月24日，上海公司回复认为：武汉公司是自愿在中标金额上再优惠1 000 000元，且未对合同条款提出修改意见。现在"最终报价及承诺"发出后再提出合同修改异议，我司无义务接受。若贵公司拒绝签署合同，将扣除投标保证金。

武汉公司回函认为：由于上海公司下发中标通知书后，仍要求我司额外作出一些承诺，致使合同一直无法签订，且在人力物力上对我司造成了较大的损失。……由于贵司违背了签订合同的前提要求，且不认同我司重新谈价的方案，致使我司现在无法按贵司的相关条款签订合同。请贵司重新进行商定，若无法签订合同，请贵司退还相关投标保证金。上海公司认为：造成合同至今没有签订的主要原因是由武汉公司造成的，将视为放弃中标资格没收保证金，发包人将另选中标人，并保留追究因武汉公司不遵守承诺导致工期拖延而造成的经济损失的权利。

双方诉至法院，法院最终判决：被告上海公司返还原告武汉公司投标保证金500 000元，并按照中国人民银行同期贷款基准利率承担利息损失。

（二）案例分析

1. 投标保证金是为规制投标人行为而设置，投标人投标中未出现违约行为的,投标保证金应返还给投标人。

投标保证金是指投标人按照招标文件的要求向招标人出具的,以一定金额表示的投标责任担保。其实质是为了避免因投标人在投标有效期内随意撤回、撤销投标或中标后不能提交履约保证金和签署合同等行为而给招标人造成损失。

投标保证金主要对投标人的投标行为产生约束作用。投标人作为要约人,向招标人(要约邀请方)递交投标文件之后,即意味着响应招标人发出的要约邀请。在投标文件递交截止时间至招标人确定中标人的这段时间内,投标人不能要求退出竞标或者修改投标文件;而一旦招标人发出中标通知书,作出承诺,则合同即告成立,中标的投标人必须接受,并受到约束。否则,投标人就要承担合同订立过程中的缔约过失责任,就要承担投标保证金被招标人没收的法律后果.这实际上是对投标人违背诚实信用原则的一种惩罚。所以,投标保证金能够对投标人的投标行为产生约束作用,这是投标保证金最基本的功能。

在本案中,原、被告之间形成的招投标文件系当事人真实意思表示,内容不违反法律、行政法规的禁止性规定,应当确认合法有效,当事人均应履行各自的权利义务。

2. 本案中招标人没收投标人的投标保证金没有事实和法律依据。

结合双方提供的证据及当事人的陈述表明,被告向原告发出合同草稿在前,正式签发中标通知书在后。在中标通知书(其中未对签订合同的时间作具体规定)发出后,双方对合同的实质性内容进行了变更,但并未形成相应的正式合同文本,最终被告也未将工程发包给原告施工。被告没收投标保证金的主张缺乏事实和法律依据,其理应将收取的投标保证金返还给原告。

另,双方之间的合作未最终达成,被告作为占用资金的受益者,支付原告相应逾期付款利息损失符合法律依据,原告主张逾期付款利息损失的起算日期及计算标准,符合相关法律规定,最终法院也支持了原告的诉请。

四、低价中标、高价结算问题

【风险点】

1. 施工单位投标预算不准确,低于市场价的中标工程将面临资金缺口问题,进而导致材料款、人工费无法支付。

2. 如果在施工过程中未能规范管理签证、变更、设计等资料，影响后期的结算。

3. 若是政府投资或回购项目，仍要经过审计监察等部门的重重审查，一旦不符合投资规定，难以结算。

【风险防范】

(一) 低价中标高价结算的几种表象

1. 中标人以明显低于其他投标人的报价中标，其投标报价往往接近投标人的成本价，有的甚至低于成本价。

2. 设计方案不科学、不完整，为二次设计或深化设计埋下伏笔，造成工程在工程实施过程中，设计变更和工程量变更较大。

3. 招标人与中标人双方在签订合同时对设计、工程量的变更未作严格、细致和明确的约定，增加了设计变更、工程量增加的随意性。

(二) 实现低价中标的合理途径

1. 精通项目管理。经踏勘现场、研究招标文件、设计图纸、工程说明和工程量清单后，投标人在招投标活动中采用不平衡报价方法，一是采用对工程实施时可能减少工程量的子项报低价，对可能增加工程量的子项报高价；二是采用对工程主体施工工程量的子项报高价，对装饰施工工程量的子项报高价。

2. 注重对工程变更的把握。项目中标后，中标人按投标前预定的变更意图，说服招标人同意或通过监理方从专业角度说服招标人同意变更设计或者提高设计标准导致增加工程量。工程变更应当注意履行设计变更相关程序和手续，避免在工程实施过程中对设计本身的缺陷部分直接进行变更，或按业主、监理的口头要求进行相关变更。

3. 注重合同索赔的权利维护。中标人应当注意抓住合同缺陷，或者施工过程中由于招标人的过错造成的停工、工期延误、重大设计变更等原因，通过谈判获得赔偿。

(三) 对低价中标的策略运用

1. 政府投资项目承接项目前要注意概算指标，超额太大难以过审计，估算风险，慎重投标。

2. 已经采用低于成本价方法中标的工程,施工中灵活处理与发包商关系,务必做到及时签证和变更,为后期增加工程款提供依据。

3. 对于应当招投标的工程项目,若经招投标订立的建设工程施工合同约定的工程价款低于成本价的,该类合同可以被认定为无效或者说关于工程价款的条款可以被认定为无效。合同或条款被认定无效的,参照合同约定的价款据实结算。

4. 对新型新商业模式下产生的低价,并不一定都会被认定无效,投标人依然可以技巧性利用低价中标获得项目。

【案例说明】

（一）基本案情

案例一：230 万元预算 0 元中标,中标无效

2017 年 6 月份,贵州省某机关单位发布招标公告,针对单位的工资管理信息系统建设进行招标,项目预算资金为 230 万元。公告发出后,有多家软件公司进行了投标,其中四川久远公司报价 0 元,最终因其报价最低,被确定中标。

针对该中标结果其他投标人不服,向贵州省财政厅提出投诉,认为中标人报价 0 元,明显低于成本价,中标应无效。

贵州省财政厅受理投诉后,做出投诉处理决定书,认为：

一、《中华人民共和国政府采购法》第二条第四款规定："本法所称采购,是指以合同方式有偿取得货物、工程和服务的行为"。因此,"有偿取得"是政府采购成立的基础,本项目中久远公司投标报价为 0 元,采购人并不支出财政性资金,即为"无偿取得",违反了上述规定。

二、《中华人民共和国政府采购法实施条例》第十一条第二款规定："采购人不得向供应商索要或者接受其给予的赠品、回扣或者与采购无关的其他商品、服务。"本项目中,久远公司 0 元报价实质上是一种赠与行为,采购人确定久远公司为中标供应商,违反了上述规定。

三、本项目中久远公司的 0 元报价,没有反映出采购价格与采购标的在数量、质量等影响成本因素上严格的对价关系,在项目实施过程中有可能影响商品服务的质量和不能诚信履约,违反了政府采购公平和公正原则。

综上,投诉人的投诉事项成立。根据《中华人民共和国政府采购法》第五十六条及《政府采购供应商投诉处理办法》第十九条规定(注:《政府采购供应商投诉处理办法》已于2018年3月1日废止,目前实施的是《政府采购质疑和投诉办法》中华人民共和国财政部令第94号),本厅作出如下处理决定:该项目采购行为违法,责令重新开展采购活动。

案例二:1分钱中标厦门政务云事件

2017年3月17日,厦门市政务外网云服务项目(为9月在厦门举办的金砖国家领导人第九次会晤而招标,借助外力一起做好网络安保工作)中标公告发布,预算495万元。评标分值设置为:技术55分、价格30分、商务15分。

五家投标人竞争,中移动福建分公司报价270万元,中国电信厦门分公司报价170万元,联通云数据报价309万元,厦门纵横报价290万元,腾讯云公司报价0.01元。

评标委员会接受了腾讯云的解释:0.01元的报价不低于成本(之前完成厦门的另一个项目,光缆等硬件方面不需要投入);这个报价不影响履约。

评标委员会认为,供应商在满足招标文件实质性要求的前提下报出的价格,是在合理范围内的低价,这样的竞争是合理的,这类采购项目能够实现物有所值。最后确定腾讯云公司0.01元中标。

(二) 案例分析

1. 案例一违反了政府采购公平和公正原则。

案例一项目中,久远公司的0元报价,没有反映出采购价格与采购标的在数量、质量等影响成本因素上严格的对价关系,在项目实施过程中有可能影响商品服务的质量和不能诚信履约,违反了政府采购公平和公正原则。

2. 案例二的报价为有事实支撑的低于一般市场价的报价,不能简单地理解为低于成本价。

案例二中的0.01元报价是有事实支撑的,其低于市场一般报价,不是凭空估算出来的。近年非常热的云服务项目,供应商基于全生命周期的考虑,以低价抢占市场先机,在赢得政府项目、产生广告效益的同时,使客户对产品有使用依赖性,从而催生出新的合同。因此,虽然这类案例较少,但确实可以算得上是成功案例。

3. 互联网社会对传统的低于成本价的理解提出了挑战。

在现今的互联网社会,质优价廉项目确实存在,应当正确对待低价问题。

若供应商在满足招标文件实质性要求的前提下报出的价格是在合理范围内的低价,可以被评标委员会接纳并确定中标。

五、围标串标问题

【风险点】

围标串标属于违法行为,一旦被查实将面临行政、刑事处罚,中标合同将无效,即使未中标也可能被追究刑事责任。

【风险防范】

1. 谨慎注意,不要围标串标。
2. 以下情形存在被认定为围标串标的可能,应尽量避免:
(1) 在招标文件中对不同投标人使用同一单位的资金交纳投标保证金;
(2) 不同投标人委托同一人办理投标事宜;
(3) 不同投标人的投标文件内容出现非正常一致,或者报价细目呈明显规律性变化;
(4) 不同投标人的投标文件载明的项目管理人员出现同一人;
(5) 报价细目、字体字号、投标文件所用纸张、墨痕等出现相似或雷同。

【案例说明】

(一) 基本案情

2018年底,被告人赵某分别借用A、B、C、D等四家单位的资质参加某市医院扩建病房楼项目土建及水电安装项目工程招标,中标后由赵某承包该项目工程并向中标单位缴纳管理费。后被告人赵某指使杨某、魏某等人为上述四家单位编写投标文件,确定投标报价,支付制作费用,并为B公司支付投标保证金人民币40万元。2019年,经公共资源交易中心公开招标,由B公司以人民币5000万元中标某市医院扩建病房楼项目土建及水电安装项目。

法院认为,被告人赵某在其不具备投标资质的情况下,采取借用他人资质的手段,串通投标报价,损害招标人和其他投标人的利益,其行为已构成串通投标罪。被告人赵某归案后如实供述上述犯罪事实,依法可以从轻处罚。辩护人提出被告人认罪态度较好,请求从轻处罚的辩护意见,予以采纳,但结合本案的犯罪事实和具体情节,对免予刑事处罚的量刑建议不予采纳。

最后,法院为保护其他投标人的合法权益,社会主义市场经济的自由交易和公平竞争的秩序不受侵犯,判决:被告人赵某犯串通投标罪,判处有期徒刑一年六个月,缓刑二年;罚金人民币二十万元。

(二)案例分析

1.借用多个公司的资质对某一项目进行串通投标是典型的围标串标行为。

被告人赵某分别利用四家单位的资质参加某医院扩建病房楼项目土建及水电安装项目工程招标,四家单位的投标工程基本都是赵某一人主导,因此极有可能存在不同投标人的投标报价总价异常一致或不同投标人的投标总报价相近,但是各分项报价不合理,又无合理的解释,或多个投标人使用同一个人或者同一企业出具的投标保函,或售后服务条款雷同等围标串标的基本特点,通过上述特点进行倒查,比较容易发现当事人的围标串标行为。

2.投标人在投标中杜绝围标串标行为。

对于围标串标的犯罪行为,损害招标人和其他投标人的利益,扰乱了整个招投标市场,国家必然要予以严厉打击。招标人一般通过约定招标代理人的廉政责任、保持评标现场的绝对不受干扰和通过对投标文件本身特点、陪标特征等技术性审核辨别投标人可能存在的围标串标行为。施工单位投标过程中,杜绝围标串标情形,避免"踩雷"前述存在被认定围标串标的情形。

六、招标文件指定品牌问题

【风险点】

招标文件中指定特定品牌,违反法律规定,导致招投标无效。

【风险防范】

(一)法律规定了不允许指定品牌

《招标投标法实施条例》第三十二条规定:"招标人不得以不合理的条件限制、排斥潜在投标人或者投标人。招标人有下列行为之一的,属于以不合理条件限制、排斥潜在投标人或者投标人:……(五)限定或者指定特定的专利、商标、品牌、原产地或者供应商……"。七部委的《工程建设项目货物招标投标办法》第二十五条规定:"招标文件中规定的各项技术规格均不得要求或标明某一特定的专利技术、商标、名称、设计、原产地或供应者等,不得含有倾向或者排斥潜在投标人的其他内容。"

(二) 谨慎参与指定品牌的招投标

如果招标文件涉及指定品牌的,招标文件本身涉及违法事项,可能导致投标行为无效,浪费投标人的时间和经济成本,投标人须谨慎参与投标。

(三) 应对变相指定品牌招标

《工程建设项目施工招标投标办法》第二十六条第二款规定:"如果必须引用某一生产供应者的技术标准才能准确或清楚地说明拟招标项目的技术标准时,则应当在参照后面加上'或相当于'的字样。"

实际招标中,招标人有时会向投标人提供三个可供选择的品牌,并且在招标文件中指出投标人在投标时可以选择其他不低于三个品牌技术标准的设备品牌。但实际上招标人之所以选择三个品牌往往是因为这三个品牌的供应商与招标人或设计人存在某些联系,无论哪个单位中标或者哪个中标单位选择的哪个品牌产品,招标人(或招标人中的某些人)会迅速通知该品牌持有人。

因此如果投标人没有提前对招标人给出的三个品牌的购买价格进行询价,而是片面的、随意的选择了其中一个品牌进行报价,这种情况下承包人基本上就丧失了议价权;如果不采购该品牌产品,就存在对业主的违约;如果强行变更设备,变更后的设备可能无法顺利得到业主的计量付款,还可能因为施工质量问题承担违约后果。

针对上述情况,投标人可以采取以下措施:

1. 投标之前先询价,通过询价锁定品牌设备价格,或者与相应供应商签订合作协议,降低中标之后供应商高价报价的可能性。

2. 在询标、签约或签约后,对业主要求承包商提供采购某一品牌承诺的,承包商应提前和品牌供应商就价格问题达成一致,而后才能承诺,不能盲目向业主出具相应承诺书。

3. 建立自己的供应商体系,在投标中选择常年合作品牌。

【案例说明】

（一）基本案情

20××年10月，T师范学校委托H招标公司，就该学校"教学设备购置项目"进行公开招标。由于此次采购的教学设备是配合T师范学校争创"省级优秀学校"而准备的，因此校方要求采购的设备必须体现优质性和先进性，要高标准。为此，H招标公司对此次招标工作高度重视，协助采购人T师范学校一起了解外省市及北京、上海、广州等大城市师范学校同类产品的采购和使用情况，并对本校既有同类教学设备在使用中发现的问题进行查找，听取多方意见后，编制完成了招标文件。10月25日，H招标公司发布招标公告，并同时开始发售招标文件。在招标文件发售期间，共有A、B、C、D四家供应商购买了招标文件。

10月28日，H招标公司收到B公司提交的质疑函，质疑函称：招标文件中指明了某些设备的品牌，存在不合理条款，例如，第五章第二条品目六中指定了多媒体教学大屏幕为"三星"品牌，规定了投影仪为"夏普"品牌。要求H招标公司和T师范学校修改招标文件。H招标公司回复质疑称：招标文件表格中所列产品品牌并不是指定品牌，只是表示列出的品牌在之前的使用中效果较好，作为推荐，供应商可以提供招标文件中标明品牌的产品，也可以提供其他品牌的产品。因此，招标文件不存在指定品牌的问题，也不存在歧视性，不需要修改。B公司对H招标公司质疑答复不满，向财政部门提起投诉。

本案争议的焦点是招标文件中是否指定了投标产品的品牌。为此，财政部门调取了本项目的招标文件、质疑文件和质疑答复等材料。调查发现：招标文件第五章"二、技术规格及要求""品目六"规定，"为保证大型阶梯教室中多媒体教学情况下的显示效果，大屏幕显示器应采用三星品牌宽屏高清显示器"；同时，在投影仪的配置一项中表明，"投影仪应采用夏普影院系列投影设备"。这与H招标公司在质疑回复中所称的"招标文件表格中所列产品品牌并不是指定品牌，……只是作为推荐"的表述大相径庭。后来，财政部门向H招标公司再次核实，H招标公司反映说，这是T师范学校的要求，其实在编制招标文件时，H招标公司已向T师范学校建议过，认为这样在招标文件中写明品牌不太好，但T师范学校为了落实校领导要求，采购高质量教学设备，坚持要求写明品牌，所以才按照T师范学校的要求在招标文件中做出了上述规定。

财政部门做出处理决定:本项目违反《政府采购法》及《政府采购法实施条例》相关规定,责令采购人重新开展采购活动。

(二) 案例分析

本案反映了政府采购中常见的指定品牌的问题。本案中,采购人、采购代理机构都存在不当之处:

1. 采购人在提供采购文件的技术需求时不应指定品牌。

政府采购的基本原则是公开透明、公平竞争,应该允许符合采购需求的所有供应商均能参与竞争,只有这样,才能通过广泛而充分的竞争使采购人采购到最符合需求且价格合理的货物和服务。如采购人在招标文件中指定了某个或某些产品或服务的品牌,则必然会限制其他品牌参与此次政府采购活动,难以实现各品牌的公平竞争,既损害了供应商的权益,也会最终导致政府采购活动难以达到最佳效果。

《政府采购法》第七十一条规定:"采购人、采购代理机构有下列情形之一的,责令限期改正,给予警告,可以并处罚款,对直接负责的主管人员和其他直接责任人员,由其行政主管部门或者有关机关给予处分,并予通报:……(三)以不合理的条件对供应商实行差别待遇或者歧视待遇的;……"

《政府采购法实施条例》第二十条规定,"采购人或者采购代理机构有下列情形之一的,属于以不合理的条件对供应商实行差别待遇或者歧视待遇:……(三)采购需求中的技术、服务等要求指向特定供应商、特定产品;……(六)限定或者指定特定的专利、商标、品牌或者供应商;……"

本案中,T师范学校坚持在招标文件中明确产品品牌,导致了本案投诉的发生,并将承担对其不利的后果。

2. 采购代理机构在发现采购文件的技术需求存在问题时应该及时纠正,不应盲目听从采购人的要求。

采购代理机构作为专业机构,应该非常了解政府采购法律法规与程序规定,在发现采购人提供的技术需求存在倾向性或其行为有不当之处时,应当及时指出,并要求采购人改正。

《政府采购法实施条例》第十三条规定:"采购代理机构应当建立完善的政府采购内部监督管理制度,具备开展政府采购业务所需的评审条件和设施。采购代理机构应当提高确定采购需求,编制招标文件、谈判文件、询价通知书,拟订合同文本和优化采购程序的专业化服务水平,根据采购人委托在规定的时间内及时组织采购人与中标或者成交供应商签订政府采购合同,及时协助采购人对采购项目进行验收。"

本案中,H招标公司发现了采购人提供的技术需求中存在指定品牌的问题,却没有依法坚持自己的意见、要求采购人修改相应的技术需求内容,而是仍然按照采购人的要求编制招标文件并公开发售,最终导致了供应商不满,引发本案的质疑投诉,需要和采购人一起承担不利的后果。

3. 投标人应当充分利用法律规定维护自身权利,勇于对招标人的指定品牌行为说不。

投标人在遭遇不公平对待时,应勇于提出质疑,维护自身合法权益。

《政府采购质疑和投诉办法》第十一条规定:"提出质疑的供应商(以下简称质疑供应商)应当是参与所质疑项目采购活动的供应商。潜在供应商已依法获取其可质疑的采购文件的,可以对该文件提出质疑。对采购文件提出质疑的,应当在获取采购文件或者采购文件公告期限届满之日起7个工作日内提出。"

《政府采购质疑和投诉办法》第十条规定:"供应商认为采购文件、采购过程、中标或者成交结果使自己的权益受到损害的,可以在知道或者应知其权益受到损害之日起7个工作日内,以书面形式向采购人、采购代理机构提出质疑。"

七、联合体投标的风险与防范

【风险点】

1. 联合体一方原因导致工程质量不符合约定、工期逾期,或发生重大安全事故的,另一方需承担连带责任。

2. 联合体一方资信不良,在施工过程中出现资信问题,可能损害联合体另一方利益。

3. 联合体双方未事先明确双方的权责,当设计变更、工程范围增加等事件发生时,可能导致联合体成员间发生纠纷。

4. 在设计-施工联合投标的模式中,由于设计费用、设计工期会在合同中单独约定,设计单位在进行设计时极有可能不考虑施工单位的施工成本、工期,由此导致施工单位成本不可控。

5. 在总包-分包联合投标模式中,往往项目资料来源于该分包,分包单位会在分包合同中设置对总包单位较为苛刻的条款以维护自身利益,如果总包单位不重视对分包单位的及时履约,容易导致分包单位反索赔。

6. 在投资-施工联合投标模式中,投资方可能会因项目前景不佳或融资成本增大等原因中途退场。施工单位自行垫资施工的,由此导致施工单位承担巨额的垫资成本、融资成本以及资金压力。

【风险防范】

(一) 联合体内部权责约定明晰

施工单位应在联合体协议中将联合体成员内部职责、分工及责任承担约定明晰,至少应包括以下几个方面的内容:

1. 各方权利、义务、合作责任的分担,应确保各方的工作界面划分明确、合理,联合体内部关系及责任清晰。

2. 项目管理模式:对内,应约定联合体各方派驻项目的代表及其分工,及定期沟通的方式,确保联合体内部的协调机制有效运作。对外,应约定联合体项目部的各种规章制度和工作程序,统一代表联合体各方对外联系工作、指挥协调。

3. 资金、设备、材料周转管理制度,以确保施工组织有序、高效,工程款支付公开透明。

4. 管理费用的分摊比例与投入方式。

5. 合理分配联合体的法律及经营风险。

6. 合理划分联合体的保证责任,如投标保证金、履约保证金、预付款保证金、质量保证金及工程保险等。

7. 联合体内部纠纷的处理程序及应急预案。

(二) 增强自身设计能力

设计-施工联合模式中,设计对施工单位弥足重要,施工单位的成本、工期、施工方案几乎都与设计相关。施工单位应尽量增强自身设计能力,尽量拥有自己的设计院,减少受设计单位掣肘的可能,增加成本控制力度,增大自己的盈利空间。

(三) 合作方资信审查和工程款管控

在投资-施工联合模式中,施工单位应对联合体另一方的背景情况、技术水平、垫资能力、以往项目经验进行充分的调查,慎重选择能与自己形成技术或资源优势互补的合作伙伴。

施工单位还应增强对工程款的控制程度。合同签订中尽量约定由业主将工程款支付给施工单位,由施工单位进行分配;或者联合体设立共管账户进行工程款的收支,增强对工程款的监控渠道和控制程度。

(四) 退出机制、后果约定明确

为防止联合体合作方中途退出,导致施工单位被迫垫资施工或者承担不利后果,施工单位应与联合体合作方约定好一方中途退出机制以及中途退出应承担的后果,可事先要求合作方按比例提供相应的保函、保证金,并且明确约定合作方提前退场的机制及擅自提前退场的违约责任。

(五) 避免分包反索赔

在总包-分包联合模式中,如果项目资源来源于分包单位,总包单位应当注意如下事项:(1)注意审查分包合同的各项约定,尽量减少对自己苛刻的合同条款;(2)在对分包单位进行管理的过程中,注意分包合同项下己方的履约情况,尽可能避免分包单位的反索赔。

【案例说明】

(一) 基本案情

案例一:贵州省冶金建设公司(以下简称贵冶公司)、四川省冶金设计研究院(以下简称川冶设计院)、四川华硅冶金设备有限公司(以下简称华硅公司)确认合同效力纠纷

华硅公司、川冶设计院、贵冶公司三方签订《联合体协议书》,约定:华硅公司、川冶设计院、贵冶公司自愿组成德铁公司环保技改搬迁项目总承包联合体,共同参加德铁公司环保技改搬迁一期工程标段施工投标。华硅公司为德铁公司环保技改搬迁项目(一期标段)投标联合体的牵头人,合法代表联合体各成员负责本招标项目投标文件编制和合同谈判活动,代表联合体提交和接受相关的资料、信息及指导,并处理与之有关的一切事务,负责合同实施阶段的主办、组织和协调工作。联合体将严格按照招标文件的各项要求,递交投标文件,履行合同,并对外承担连带责任。

后华硅公司单独与德铁公司签订案涉《总承包合同》约定:本工程采用设计、采购、施工(EPC)/交钥匙工程总承包方式。设计、施工及施工管理方采用联合体的方式投标,联合体的权利、义务、分工和组织形式在联合体协议中约定,但无论怎样约定,联合体成员之一或全部必须按照国家法律对发包人承担连带责任。

2014年华硅公司因拖欠工程款,被相关第三人起诉要求支付工程款,并要求贵冶公司和川冶设计院承担连带责任。

贵冶公司认为华硅公司隐瞒了联合体中标的信息,单独以自身名义与发包人德铁公司签订《总承包合同》,将工程款独自占有。《联合体协议书》系华硅公司为了规避工程必须进行招标而签订的,实际上是在借用贵冶公司、川冶设计院的资质,用于掩盖其违法承建工程的事实。因此向法院起诉要求确认三方签订的《联合体协议书》无效。

2015年四川省成都市武侯区人民法院作出一审判决,确认华硅公司、川冶设计院、贵冶公司签订的《联合体协议书》体现了当事人的真实意思表示,合法有效。

贵冶公司不服,向四川省成都市中级人民法院提起上诉。

成都中院于2016年做出二审判决:驳回上诉,维持原判。

贵冶公司不服,继续向四川省高院申请再审。

四川省高院认为,本案争议焦点是《联合体协议书》的效力。华硅公司、贵冶公司、川冶设计院三方签订的《联合体协议书》约定三方自愿组成联合体参加德铁公司环保技改搬迁项目一期工程标段施工投标。华硅公司为联合体牵头人,负责招标项目招标文件的编制和合同谈判活动,并代表联合体提交和接收相关资料、信息及指示,并处理与之有关的一切事务,负责合同实施阶段的主办、组织和协调工作。联合体对外承担连带责任。联合体成员单位内部职责分工是:华硅公司总体负责项目的合同签订、工程实施、工程管理及投资试产等所有总承包工作;川冶设计院负责项目的施工图设计及现场技术服务工作;贵冶公司负责项目的建筑、结构施工及机电设备安装调试工作。《联合体协议书》的性质属于联营协议,是对联合体内部各方权利义务的约定。《招标投标法》关于联合体各方均应具备承担招标项目的相应能力和资格的规定,是对联合体投标的主体资格的规范,涉及的是招投标行为的合法性。因此,原审法院根据《合同法》(注:《合同法》已于 2021 年 1 月 1 日失效,新的内容体现在《民法典》中)第五十二条的规定对《联合体协议书》的效力进行审查,认定《联合体协议书》有效,认定事实和适用法律并无不当。

案例二:原告上海某某建设装饰工程有限公司与被告上海某某建筑加固工程有限公司联营合同纠纷案

原告具有房屋建筑工程施工的相关资质,被告具有加固工程的相应资质,为了联合投标某区小学总部及分部的校园加固大修工程项目,原、被告约定原告为联合体的牵头单位组成联合体进行投标。双方完成了报名并取得了招标文件,原告制作标书并进行了投标。开标日招标代理人突然出示了被告的退出投标函。被告以与原告在投标文件编制过程中对投标报价的定价产生较大分歧,无法达成一致投资策略,无能力按照原告的投标报价完成项目中加固大修分项工程等为由,请求退出投标。

由于被告恶意退出致使原告资质不符合招标要求,原告的投标书成为废标。根据开标结果,原告方的投标报价满足了招标文件的实质性要求并且是最低投标价,本应中标。

原告认为被告的违约行为致使原告合同目的落空,因此诉至法院,要求判令被告赔偿原告标书制作费人民币 10 万元,并赔偿原告合同履行后的可得利益 200 万元。

被告辩称,与原告拟联合投标是事实,但原告一直不让被告报价,因此原告违约在先;按照原告的报价,投标书的制作费用不会超过 1 万元,请求驳回原告的诉讼请求。

最终法院判决被告赔偿原告经济损失人民币 80 000 元。

(二)案例分析

1.《联合体投标协议》系双方的真实意思表示,未违反法律规定的,合法有效,当事人均应恪守履约。

在案例一中,三方已经针对招标项目签订了《联合体协议书》,虽然贵冶公司认为,《联合体协议书》系华硅公司为了规避工程必须进行招标而签订的,实际上是在借用贵冶公司、川冶设计院的资质,用于掩盖其违法承建工程的事实。但其没有提交充分的证据予以证明。而《联合体协议书》明确约定了三方的权责,是对联合体内部各方权利义务的约定,对三方有充分的约束力。

2. 作为联合体投标,投标价不仅决定了联合体能否中标而且关系到中标后双方能否获得利益,因此投标价的确定应当经双方协商后取得一致意见。

在案例 2 中,原告根据协议书的指定,作为联合体的牵头单位,负责投标的主办、协调工作,因此原告有制作标书的权利和义务,但不包括原告可以单独决定投标价。而被告作为联合体的一方,为避免投标价过低造成后续的亏损,有权解除《联合体投标协议书》。但在本案中,被告没有向原告明确作出解除合同或者退出联合投标的意思表示,而是在未通知原告的前提下,单方退出投标,应对造成原告的损失承担赔偿责任。

3. 至于损失是否包括履行合同后的可得利益,则要看具体约定。

在案例 2 中,协议书将联合体一方没有履行义务时承担的赔偿责任限定为另一方的直接损失;另外工程的施工是个复杂的过程,能否获得利益,以及可以获得多少利益具有不确定性。故被告赔偿的损失应当限于造成原告的直接损失。同时,由于原告在委托制作标书时,没有与被告协商报价,本身也有一定过错,也应承担相应的责任。所以最终法院综合判定被告赔偿原告 8 万元的损失。

八、固定总价招标项目风险

【风险点】

(一)"价"的风险

承包商的价格风险包括:
1. 报价计算错误的风险,即由于计算错误引起的风险。
2. 漏报项目的风险。在固定总价合同中,承包商所报合同价格应包含完成合同规定的所有工程的费用,任何漏报均属于承包商的风险,由承包商承担由此引发的各种损失。
3. 不正常的物价上涨和过度的通货膨胀引发的风险。

(二)"量"的风险

在固定总价合同中,发包人往往只提供设计图纸和说明,承包商在报价时要自己计算工程量,再根据申报的综合单价,得出合同总价。即便发包人提供工程量清单,也仅仅是承包商投标报价的参考,发包人往往声明不对工程量的计算错误负责。由此,承包商还要承担工程量漏算、错算的风险。

1. 工程量计算的错误。业主有时给出工程量清单,有时仅给出图纸、规范,让承包商投标报价。此时承包商必须认真复核和计算工程量,避免由于工程量计算错误带来的风险和损失。

2. 合同中工程范围不确定或不明确、表达含糊不清,或预算时工程项目未列全造成的损失。如固定总价合同中约定"合同价款所定义的工程范围包括工程量表中列出的,以及工程量表未列出的但为本工程安全、稳定、高效率运行所需的工程和供应"。在该工程实施中,业主指令增加了许多新的分项工程,即所谓的"工程安全、稳定、高效率运行所需的工程",但设计并未变更,所以承包商无法得到这些新的分项的付款。

3. 设计深度不够所造成的投标报价误差。如业主采用初步设计文件招标,让承包商按初步设计进行报价;或虽然施工图已设计完成,但做标期太短,承包商无法详细核算工程量,只按经验或统计资料估算工程量,由此造成的损失由承包商自己承担。

【风险防范】

(一) 固定总价合同

固定总价合同只要发包方不改变合同施工内容,合同约定的价款就是承发包双方最终的结算价款。这样的价款确定形式可以节省大量的计量、核价工作,对投标人来说也是有益的,但对哪些项目适合采用固定总价计价模式的,投标人要心中有数:

1. 工程范围清楚明确。招标文件和合同中必须明确规定工程范围,工程设计比较详细,图纸完整、详细、清楚,承包商能够依据设计图纸进行具体的工程量计算。

2. 工程量小、工期短,估计在工程实施过程中环境因素(特别是物价)变化小,工程条件稳定,与招标文件说明无明显差异。

3. 工程结构、技术简单,一般很少或不采用新技术、新工艺,风险小,报价估算方便。

4. 工程比较复杂但投标期相对宽裕,承包商可以详细做现场调查,有足够的时间复核工程量,分析招标文件,拟订计划。

(二) 采用固定总价合同注意事项

有些工程中发包人用初步设计资料招标,却采用固定总价合同。在这种

情况下,承包人如果参加投标,应注意以下几点

1. 招标文件中的工程量只作为参考而不是必须完成的工程量,对表中的数据,承包人必须认真复核,避免承担工程量计算错误而产生的风险和损失。

2. 承包人报价时必须审核图纸的完整性和详细程度,以保证工程量计算的准确性和完整性。

3. 审查合同条件的完备性,双方的权利和义务是否表达清楚、无疑义。

4. 除固定总价合同固有的风险分配外,是否详细规定具体的风险的分担和补偿范围。

(三) 投标报价时重点核算可能导致风险的范围点,确定总价

针对固定总价合同,投标时应仔细阅读图纸,尽可能将项目拆细列全,充分考虑工程之间的衔接、施工工艺以及技术要求,尽量降低以下方面的风险:

1. 工程量清单准确性:是否存在清单缺项、漏项,工程量偏差。

2. 是否办理施工相关许可:建设用地规划许可证、建设工程规划许可证、建设工程施工许可证,施工所需临时用水、临时用电、中断道路交通、临时占用土地等许可和批准。

3. 移交施工工作面的时间和质量标准。

4. 临时水电、临时用地、道路交通等施工条件。

5. 地质勘察资料、地下障碍资料、周边管线资料、设计资料等文件的提供时间和准确性。

6. 测量基准点、基准线和水准点等资料的提供时间和准确性。

7. 人、材、机价格调整。

8. 法律、法规、政策变化引起的工程变更。

9. 工程量增减。

10. 对一些不可预见的项目应写明处理方法(如下浮固定比例、同比例下浮等)。

(四) 对技术要求的约定准确客观

投标人应注意对技术要求的表达是否清楚明确,尽量避免采用主观性的要求。如果业主要求包含有主观性的要求,投标人应要求保证建议书或资料表中的细节足够清楚,并保证这些细节是对该要求的约束性解释。如合同规定一种设备将使用"最新技术",这是一个非常模糊的表达,投标人无法确

切把握业主对技术的要求,很难进行准确报价。

【案例说明】

(一)基本案情

原审原告(上诉人):某市政建设工程有限公司

原审被告(上诉人):某生态研究所

被告某生态研究所将其园区建设以招标的方式公开发包。后原告某市政建设工程有限公司承包了园区内的部分道路和排水工程。在此期间,原、被告分别签订过六份建设工程施工合同,约定施工范围分别是:生态研究所与产业园一标段道路和排水工程;生态研究所与产业园二标段道路工程;生态研究所与产业园二标段排水工程;研究生公寓与二期住宅排水工程;二期住宅道路工程;停车场道路与排水工程。其中针对后三份合同,规定如下:

- 针对研究生公寓与二期住宅排水工程的施工合同。该份合同系双方于工程施工结束后补签,双方约定价款为固定总价 5 985 220 元。现该工程已施工完毕并实际使用。2018 年 8 月 25 日,原告市政建设工程有限公司工作人员赵某为被告生态研究所出具承诺书 1 份,其承诺该工程最终结算按合同价金额包死,不再另行追加工程造价。

- 针对二期住宅道路工程的施工合同。该份合同系双方于工程施工结束后补签。双方约定价款为固定总价 5 966 710 元。现该工程已施工完毕并实际使用。2018 年 7 月 27 日,原告市政建设工程有限公司工作人员赵某为被告生态研究所出具承诺书 1 份,其承诺该工程最终结算按合同价金额包死,不再另行追加工程造价。

- 针对停车场道路与排水工程的施工合同。该份合同系双方于工程施工结束后补签。双方约定价款为固定总价 5 904 230 元。现该工程已施工完毕并实际使用。2019 年 6 月 30 日,原告市政建设工程有限公司工作人员赵某为被告生态研究所出具承诺书 1 份,其承诺该工程最终结算按合同价金额包死,不再另行追加工程造价。

后在尾款结算中,生态研究所要求按照合同约定的固定总价进行结算。但市政公司认为后三份固定总价合同和承诺书都是为了解决农民工工资问题而被迫签署的,三份合同应无效,应当据实结算总价款。

双方争执不下,市政公司遂起诉要求对工程造价进行鉴定并要求生态研究所根据造价鉴定结果支付工程尾款。

生态研究所认为,三份合同性质为固定总价合同,应当以合同载明的固定总价结算工程尾款。

一审法院认为,关于停车场、研究生公寓、二期住宅道路和排水工程,原、被告签订有三份约定固定总价共计约1 800万元的施工合同,该三份合同工程量列表中均记载了施工范围。该施工范围与原告主张的施工面积及竣工验收备案中验收的面积、鉴定结论计算的面积存有较大差异。况且,对于签订固定总价的合同,也应当明确施工范围。据此可以认定,原告签订的共计约1 800万元造价的施工范围,应当仅限于合同约定范围内的施工量,合同范围以外的施工量,应当据实结算。因此要求鉴定机构对三份合同进行造价鉴定。根据鉴定结果,停车场、研究生公寓、二期住宅道路和排水工程总造价为27 083 880元,一审法院据此判决生态研究所支付尾款并承担逾期支付的利息。

生态研究所不服一审判决,提起上诉,要求按照合同约定的固定总价结算价款。

二审法院认为,三份固定总价合同若是原告因为胁迫签订的,可以行使撤销权。原告怠于行使撤销权,因此三份固定总价合同仍然有效,且由于三份合同是在相关工程竣工一年后才签订,实际是双方对已完成工程量和价款协商后的确认结果,赵某出具的承诺书,承诺对三项工程只按照合同约定价主张价款,保证不额外主张价款,故本院认可三份固定总价合同效力,双方均应按照合同约定履行。原审判决并未否认三份固定总价合同效力,却又在固定总价之外另外计算超出固定总价部分的工程款,系错误的。超出固定总价部分的造价不应予以支持。

(二) 案例分析

1. 固定总价合同有适用前提,否则无法起到固定总价合同的效果。

固定总价合同,"固定"即指这种价款一经约定,除发包人增减工程量和设计变更外,一律不调整。"总价"是指完成合同约定范围内工程量以及为完成该工程量而实施的全部工作的总价款。固定总价合同的适用有前提,在招标文件和合同中必须明确规定工程范围,工程设计比较详细,图纸完整、详细、清楚,承包商能够依据设计图纸进行具体的工程量计算。且工程量小、工期短,估计在工程实施过程中环境因素(特别是物价)变化小,工程条件稳定,与招标文件说明无明显差异。

2. 本案中部分项目符合固定总价合同适用前提。

本案中针对第四、五、六份合同约定为固定总价合同,其实是符合工程实际施工内容的,都是量小而工期短的施工内容,固定总价方式有利于施工单位开展施工和双方进行结算。本案发生的争议在于实际施工内容与总价合同施工范围稍有出入,但是总价合同是在工程完工之后双方才签订的,应当说双方对已完工程的总造价心中已然有数。原告事后想通过认定胁迫和认定实际施工范围与总价合同约定有出入来推翻固定总价合同,都被二审法院一一驳回。

3. 固定总价合同索赔机会少,施工单位要谨慎签订。

固定总价合同,发包人往往在合同中明确只有发包人变更设计和增减工程量可以调整合同价款,这样一来承包人索赔的机会大大减少,而发包人对工程造价的控制就能做到基本不突破预算。因此固定总价合同也是发包人对付承包人"低中标、勤签证、高索赔"的一种招数。承包人对固定总价合同的施工范围要有明确掌握,谨慎分析项目适用固定总价合同是否对自己利益有损。即使在胁迫情况下签订的总价合同,也要注意在法定期限内行使法律赋予的撤销权,维护自己的利益。

九、固定总价招标文件规定发包人不对清单准确性负责问题

【风险点】

1. 发包人将义务转移,投标人增加核实清单准确性的义务。

2. 中标人未能查找出清单错漏项并进行准确报价的,自行承担清单错漏项带来的后果。

【风险防范】

(一)相关法律依据

1.《建设工程工程量清单计价规范》(GB 50500—2013)

4.1.2:"招标工程量清单必须作为招标文件的组成部分,其准确性和完

整性应由招标人负责。"

9.4.1:"发包人在招标工程量清单中对项目特征的描述,应被认为是准备和全面的,并且与实际施工要求相符合……"

根据上述规定,清单项目特征描述不全,发生错漏项的,发包方应承担责任。

2.《建设工程造价咨询成果文件质量标准》

7.3.3 相同口径下,在同一招标项目中,工程量清单中项目特征描述错误的子目数量占工程量清单全部子目数量的比例应小于3%。

7.3.4 相同口径下,在同一招标项目中,因工程量清单错误造成该招标项目招标控制价的综合误差率应小于5%。

(二) 根据发包人是否要求承包人在投标时对图纸进行核量而区别对待

关于发包人声明不对清单准确性负责问题的法律后果,应根据发包人在招标文件中是否要求承包商在投标时对图纸进行核量,并以核实的工程量为报价基础而区别对待。

1. 发包人在招标文件中明确指出发包人提供的工程量清单仅作为承包商报价的参考,承包商必须以自行核量结果作为报价基础。这种情况下如果承包人错漏报,属于承包商自身报价错误,将难以调整合同价款。

2. 发包人在招标文件中要求承包人按照发包人提供的工程量清单报价,并不得修改工程量清单。由于承包商报价范围仅限于发包人提供的工程量清单,因此如果图纸工程量超过了工程量清单,则承包人有权要求调整合同价款。

3. 发包人在招标文件中要求承包商按照工程量清单报价,但同时规定如果承包商认为工程量清单存在错误,可以要求发包人澄清和修改招标文件。在这种情况下承包人应积极核实清单,并积极要求发包人对错漏处进行书面澄清,否则后期发生纠纷时发包人会以承包商在投标时没有要求发包人澄清和修改,因此无权要求调整合同价款进行抗辩。

(三) 后期合同签订时明确施工图纸优于工程量清单

工程量清单是对图纸和技术标准要求所显示工程内容的另外一种表现形式,在工程量清单计价实施之前工程范围的表述形式只有图纸。相比图纸,清单更加具有可读性。但鉴于清单是对图纸和技术规范的翻译,决定了图纸及技术规范的合同地位应高于工程量清单。《建设工程施工合同(示范文本)》(GF—2013-0201)中通用条款部分关于合同文件的优先顺序约定也正是上述观点的体现。所以发、承包人对于固定总价包干对应的施工内容在合同中作出相应明确约定十分重要。建议在投标阶段和在后期合同签订中,明确以施工图中的施工内容为固定总价包干对象,工程量清单作为参考。这样更符合清单与图纸之间的关系,也更有利于投标人进行调价。

【案例说明】

(一) 基本案情

2010年3月6日,东欣公司金某华与金某祥签订《内部协议书》,约定金某华联系承接的株洲银泰财富广场的土建项目工程,由公司出面承包给金某祥,金某祥向金某华支付业务费580万元。东欣公司作为担保方在该协议上签章。2010年3月15日,银泰公司向东欣公司马××发放了施工图纸两套,包括水施、电施、1号结施和建施、3号结施和建施、裙房及地下室结施和建施等图纸。2010年3月24日,株洲市求实项目管理有限公司根据银泰公司的委托发放招标文件,对案涉项目进行了招标。其中《投标须知前附表》载明:招标截止时间及开标时间为2010年3月29日,招标范围为施工图纸范围内的所有土建工程、安装工程及变更工程,具体以《补充协议》第二条的工程施工范围为准,详见工程量清单。上限值为 161 198 474.17 元,上限值计价方式采用《湖南省建设工程工程量清单计价办法》中的工程量清单计价法;《投标须知》12.5条载明:投标人对招标人提供的工程量清单应根据招标资料及设计图纸认真计算复核,如果少算、多算或漏算,应于投标截止日2天前以书面形式向招标代理公司提出,否则视同对招标人提供的工程量清单无异议;12.9条载明:本工程采用固定单价合同方式,即投标人填写的单价和合价在合同实施期间(设计变更除外)均不调整;投标人改变招标人提供的分部分项工程量清单项目的数量或名称或综合单价为零的,评标委员会应当认定为不合格的投标人等。同年3月27日,东欣公司发出投标函,载明:经勘察项目现场和研究上述招标文件的投标须知、合同条款、技术规范及标准、图纸及其他有关文件后,愿以 156 245 967.55 元作为最终投标报价,并按上述合同条款、技术规范标准、图纸等要求承包上述工程。

2010年4月7日,银泰公司与东欣公司签订《建设工程施工合同》,第六条约定:组成合同的文件包括本合同协议书,本合同专用条款,本合同补充协议,招标答疑、询标纪要,招标文件,中标通知书,投标书及其附件(包括询标记录),本合同通用条款,工程洽商、变更等书面协议或文件,标准、规范及有关技术文件,图纸及会审纪要,工程量清单、工程报价书或预算书,设计变更联系单、签证单及有关技术资料等13项。

后几方因工程款结算问题发生争议,金某祥以实际施工人身份起诉东欣公司支付工程欠款1.29亿元及利息,并要求银泰公司在欠付工程款范围内承担连带责任。

诉中焦点问题之一是,银泰公司发布招标清单和提供的图纸存在3589万元的工程量差异,该部分工程款应否计入。银泰公司认为,招标文件和合同明确约定了合同价款包含施工图纸的整个项目施工范围及承包人的复核义务。根据该约定,3589万元的清单外工程量应全部扣除。

一审法院认为:本案中,招投标文件和案涉《建设工程施工合同》均明确约定承包人对工程量清单有根据招标资料及设计图纸计算复核的义务,且在招标前未就其准确性和完整性提出异议的,工程量不予调整。但根据招标代理机构、其他投标人的情况说明,银泰公司在招标工程中没有发放工程图纸。银泰公司虽在招标前给东欣公司马××发放过一份工程图纸,但未能提供证据证明该份图纸与招标清单相配套。而东欣公司、金某祥作为承包人和实际施工人在负有核对工程量清单与图纸一致性义务的情况下,未就图纸发放问题提出异议,也未与银泰公司协商;银泰公司实际发放图纸后,也未就工程量清单与图纸之间的差异进行核对,亦应承担相应责任。综合考虑,案涉工程已验收合格并实际交付银泰公司使用,金某祥就工程量清单与图纸差额部分已实际付出成本与劳动,银泰公司作为案涉工程的实际使用者与收益方,依公平原则,应就大部分款项承担支付义务。酌定由银泰公司承担80%的责任。

一审判决后,几方皆向最高院提起上诉。最终最高院判决驳回上诉,维持原判。

(二)案例分析

对于工程量清单缺项、漏项时,工程量增加的责任承担应当考虑合同的计价方式。在固定单价模式下,工程量清单缺项、漏项给承包人带来的风险相对比较小,应按承包人在履行合同义务中完成的工程量结合综合单价计算工程造价;而在固定总价的模式下,工程量清单缺项漏项的责任如何承担,争议就比较大。

从本案中可以看到,最高院对清单漏项风险责任分配的裁判观点倾向于:即使合同明确约定由承包人承担工程量清单漏项风险,但承发包双方都有过错的,应当根据各自的过错程度,按比例承担相关风险。

十、清标问题

【风险点】

招标文件约定了清标程序,但施工单位未合理利用清标程序,后期出现量价风险难以调整。

【风险防范】

清标一般是在中标后,签订合同之前进行的,中标人中标后要高度重视清标工作。中标人要充分利用清标对中标工程的项目内容和工程量复核,分析项目中的分部分项工程量价,查找是否有漏项、工程量减少,清标成果既是施工合同的重要附属文件,中标人签订施工合同、办理决算的主要参考数据,也是中标人项目实施过程中报送工程量产值的主要依据。

1. 招标文件规定了清标程序的,应当督促建设单位进行清标程序并形成清标报告。

2. 清标不单纯是清理不平衡报价,也要澄清施工措施、施工工序、施工组织设计方案等。施工单位充分利用清标程序修正投标中的一些不利因素。

3. 清标结果形成文字资料并经建设单位、施工单位双方签字确认。

4. 清标内容一般来说主要包括:结合原清单工程量、商务标及合同的约定,通过清标工作,提出新增材料,清单漏项组价,清单工程量复核,形成清标结论表。具体内容包括:

(1) 分部分项工程量清理:①按招标时的图纸计算工程量。②将原工程量及清标后工程量进行比较;对差异幅度超过15%的项注明差额产生的原因。③漏项的工程量计算、漏项的综合单价组价,按合同约定的方式计算。④清单中采用预估方式计算工程量的项目清标工程量按零计入并单独列表。

（2）规费的清理：规费按中标后施工企业经建设行政主管部门批准或规定执行。

（3）安全文明施工费、临设费清理：安全文明施工费、临设费清理按定额基本费率计算金额进入清标总价内。

（4）措施项目清标时，措施费的项目列项结合投标文件进行清理。

（5）根据业主节点划分工程量，计算出节点造价。

【案例说明】

（一）基本案情

原告南通某建筑公司（以下简称南通公司）诉被告南京某置业有限公司建设工程（以下简称南京公司）施工合同纠纷案

南通公司与南京公司签订《建设工程施工合同》，约定由南通公司承某项目二标段03♯、06♯、07♯、11♯、12♯楼的土建及水电安装工程，工期总日历天数为300天。合同价款为16 809 510元，合同价款采用固定综合单价，合同风险费用包含在合同价款内，不予调整。后原、被告又签订了《工程施工补充协议》，约定合同价款变更为暂定2022.57万元，合同采用固定单价，按定额及取费标准和有关规定计算，并调整了付款方式。合同签订后，原告组织人力物力进场施工，涉案的07♯、12♯楼工程已通过了验收。其余三幢楼未建设。

工程竣工后，原告自行编制了工程结算书，该结算书载明涉案工程总造价为9 574 031.13元，其中甲供材为250 000元，被告已付款为720万元，两项扣除后，被告还应支付2 124 031.13元。另被告还应赔偿原告招标代理费45 828元。之后，双方协商未成，原告遂诉讼至法院。

被告南京公司辩称双方就争议工程签订了《建设工程施工合同》，该合同经过了招投标程序并已备案，应以备案合同作为结算依据。按《工程施工补充协议》项下工程量得出的造价结论缺乏真实性，不应作为双方结算依据，应以清标后工程量及造价据实结算。

法院委托造价鉴定，鉴定方案为两套：其中按照《建设工程施工合同》和《工程施工补充协议》所作的鉴定结论为8 777 587.78元（以下简称施工结算）；另根据涉案工程竣工图纸进行工程量复核、单价取定、取费标准，按照《工程施工补充协议》所涉清标结果进行鉴定（以下简称清标结果），鉴定结论为7 201 836.47元。

主审法院认为：本案中鉴于合同签订后在工期顺延期间市场主材价格上涨幅度较大，且工期顺延非施工方原因，以及原告施工完成的工程范围由原有的五幢减少为涉案中的两幢楼等因素。法院委托鉴定机构进行两套方案鉴定，鉴定结论证明，《工程施工补充协议》项下工程预算造价明显偏高，存在不合理的地方。而且"清标结果"是根据施工单位在工程竣工后制作的竣工图纸进行工程量复核、单价取定和取费的，因此，其较客观真实准确地反映了涉案工程的实际施工内容或者工程量，也包含了施工过程中因设计变更涉及的工程量变化。法院采用"清标结果"的鉴定结论作为本案工程的结算依据，即涉案工程的总造价应为 7 201 836.47 元。扣除双方认可的甲供材 25 万元，以及被告已付的数额 720 万元，被告的合同义务即给付工程款已履行完毕，原告再向其主张工程款，缺乏事实根据，请求不能成立。

（二）案例分析

1. 清标程序正当合法，可以有效保护双方利益。

项目清标针对的是原招标图纸和招标清单中可能存在的漏项、项目特征描述不清楚、不平衡报价等问题，进行清标程序合法，也属于合法保护甲乙双方利益。施工单位不应当忽视清标程序，如果推测项目可能存在需要清标的事项，可以主动推进清标程序，要求对项目进行清标，及时核实项目存在的漏项、项目特征描述不清楚项，确定量价，方便开展施工。以免开工建设后发现项目漏项，这时已经向施工现场投入了大量的人力物力，在和建设单位谈判时必然处于下风。

2. 本案中清标落实了建设单位和施工单位的利益平衡点。

本案中原被告双方曾经针对项目进行过清标，清标结果比较客观公正符合实际，因此法院认定清标结果具有对抗远高于实际市场价格的《工程施工补充协议》的效力。在本案中进行清标比较好地保护了建设单位的利益。对施工单位而言，也并非侵害了其利益，只是通过清标，剔除了施工单位不可能得到的额外利益。

十一、合理利用"不平衡报价法"问题

【风险点】

投标人缺乏投标技巧，不能充分利用"不平衡报价法"争取最大利益，反而投标报价畸高畸低导致废标,或者后期被清标。

【风险防范】

(一)采用不平衡报价时注意幅度

我国现行法律法规中,并没有禁止不平衡报价。但因不平衡报价在工程实践中,可能存在损害发包人利益或承包人利益的情形。因此,发包人可能会在招标文件中明示,投标人不允许不平衡报价,如果单项报价过高或过低,则需要承包人对该项报价进行价格组成解释,如果经评标专家认定属于不平衡报价,则按废标处理。

报价过高或过低的幅度一般以15%为标准:

如:《建设工程施工合同(示范文本)》(GF—2017-0201)10.4.1(3)"变更导致实际完成的变更工程量与已标价工程量清单或预算书中列明的该项目工程量的变化幅度超过15%的,或已标价工程量清单或预算书中无相同项目及类似项目单价的,按照合理的成本与利润构成的原则,由合同当事人按照第4.4款〔商定或确定〕确定变更工作的单价"。

再如:《建设工程工程量清单计价规范》(GB 50500—2013)9.6.2规定:对于任一招标工程量清单项目,如果因本条规定的工程量偏差和第9.3条规定的工程变更等原因导致工程量偏差超过15%时,可进行调整。调整的原则为:当工程量增加15%以上时,其增加部分的工程量的综合单价应予调低;当工程量减少15%以上时,减少后剩余部分的工程量的综合单价应予调高。

(二)报价前先研究招标文件对变更的计价原则

投标人在报价前应当先研究招标文件对变更的计价原则。例如,2017版示范文本通用条款10.4.1变更估价原则:①已标价工程量清单或预算书有相同项目的,按照相同项目单价认定;②已标价工程量清单或预算书中无相同项目,但有类似项目的,参照类似项目的单价认定;③变更导致实际完成的变更工程量与已标价工程量清单或预算书中列明的该项目工程量的变化幅度超过15%的,或已标价工程量清单或预算书中无相同项目及类似项目单价的,按照合理的成本与利润构成的原则,由合同当事人按照第4.4款〔商定或确定〕确定变更工作的单价。

按照此条款约定变更导致的实际工程量与清单量相差15%的,对变更部分的计价不再执行已有单价或参照相似单价,而是对变更部分按照成本加酬金的原则计价。但是如果专用条款将该第③点变更为上述第①、②点,或者直接去掉,则对于承包商是重大风险,应当注意规避该风险。

(三)对业主提供的施工图进行审查,对可能减少的分部分项价格报低,对可能增加的分部分项价格报高

1. 单价在合理范围内可提高的子项目有:能够早日结算的项目,如开办费、营地设施、土方、基础工程等;通过现场勘察或设计不合理、清单项目错误,预计今后实际工程量大于清单工程量的项目;支付条件良好的政府项目或银行项目。

2. 单价在合理范围内可以降低的子项目有:后期的工程项目,如粉刷、外墙装饰、电气、零散清理和附属工程等;预计今后实际工程量小于清单工程量的项目。

3. 图纸不明确或有错误,估计今后会有修改的;或工程内容说明不清楚,价格可降低。待澄清后可再要求提高价格。

4. 计日工资和零星施工机械台班小时单价报价时,可稍高于工程单价中的相应单价。因为这些单价不包括在投标价格中,发生时按实计算,利润增加。

5. 无工程量而只报单价的项目。如土木工程中挖湿土或岩石等备用单价,单价宜高些。这样不影响投标总价,而一旦项目实施就可多得利润。

6. 暂定工程或暂定数额的报价。这类项目要具体分析,如果估计今后肯定要做的工程,价格可定得高一些,反之价格可低一些。

7. 如项目建设单位要求投标报价一次报定不予调整时,则宜适度抬高标价,因为其中风险难以预料。

【案例说明】

(一)基本案情

原告贵州某路桥公司与被告贵州高速公司施工合同纠纷。

被告贵州高速公司发布招标公告,将某高速公路分成8个标段公开招标,提供了各标段的工程量清单,评标办法为合理低价法。在"投标人须知"2.1.1条,被告明确规定"招标人设定最高投标限价""为避免出现严重不平衡报价",招标人对工程量清单中部分细目设立"细目单价上限"等内容。

原告中标某标段并签订《合同协议书》,合同价为 695 261 561 元,《合同

协议书》第二条明确"已标价工程量清单"是合同文件的组成部分。后原告确定施工图台账(即0♯台账),被告审核后在0♯台账签字盖章确认,0♯台账执行投标(合同)单价。

2017年1月19日,被告出具《关于对×××高速第六合同段不平衡报价调整的通知》,并附《×××6标不平衡报价调整情况表》,以"不平衡报价"为由单方调整单价,总体调减金额高达17 531 176元,且调整单价的所有子目(细目),均在3号补遗书已设立投标上限价的子目(细目)范围。经多次沟通无果,原告起诉要求确认《关于对×××高速第六合同段不平衡报价调整的通知》及附件无效;被告按《合同协议书》"标价的工程量清单"的单价,对被告《关于对×××高速第六合同段不平衡报价调整的通知》及附件所调减17 531 176元涉及的工程量进行计价。

被告辩称:①原告的诉讼请求在当前不能成立,因为此工程至今未进行结算,也就是原告所主张的只是原告利益可能会受到损害,只是可能而已,本工程还没有进行结算。②不平衡报价的确是被允许的,但如果是严重的不平衡报价又是不被允许的,不能超出合理价格的20%,相关规定、行规给自己调整的权利,并对单价进行限定。原告的不平衡报价,存在严重的不平衡,才导致了被调整的情况。请求法院驳回原告的全部诉讼请求。

法院认为:依法成立的合同,当事人应当按照约定履行自己的义务,不得擅自变更或者解除合同。《合同协议书》第二条第九项明确"已标价工程量清单"是合同文件的组成部分。2016年6月19日,原告确定施工图台账(即0♯台账),被告审核后在0♯台账上签字盖章确认,0♯台账执行投标(合同)单价。被告单方出具的《关于对×××高速第六合同段不平衡报价调整的通知》及附件没有得到原告的同意或认可,其实质亦已经对合同标的的内容发生了实质性的变更,同时违反了双方签订的《合同协议书》(第六合同段)中第二条第九项。

据此,法院判决:被告于2017年1月19日出具的《关于对×××高速第六合同段不平衡报价调整的通知》及附件无效;被告与原告于2016年1月28日签订的《合同协议书》(第六合同段)"标价的工程量清单"的单价,经审计结算的工程量进行计价。

(二) 案例分析

1. 本案属于承包人应对发包人反制"不平衡报价"成功的一个案例。

承包人成功的原因主要在于发包人的招标文件中没有进一步深化针对不平衡报价的预防措施,而只是简单设计"细目单价上限"。后期发现问题后又胡乱调减"细目单价上限",这种没有合法根据的反复行为在法律效果上存在重大瑕疵,承包人遂加以合理利用达到自己的目的。原告认定案涉标段工程采用合理低价法评标,3号补遗书设立的"细目单价上限",本身就是被告为避免出现严重不平衡报价的预防措施,原告按现价要求投标,不应再存在"单价过高"的严重不平衡报价问题。被告调低已设立"细目单价上限"细目的单价,实质是否定招标中的设立"细目单价上限"行为(即招标上限价错误,需再次调低),没有事实和法律依据。

2. 另外发包人作为被告,败诉的另一大原因是没有及时地处理不平衡报价问题。

2016年已经签署认可工程量清单的确认书,2016年6月19日,原告确定施工图台账(即0♯台账),被告审核后又在0♯台账上签字盖章确认,直到2017年才提出调整《合同协议书》"标价的工程量清单"部分子目的单价,是对合同实质性内容(合同价款)进行变更。被法院认定违反《招标投标法》第四十六条"招标人和中标人不得再行订立背离合同实质性内容的其他协议"的禁止性规定,进而被法院认定被告单方调价出具的《关于对×××高速第六合同段不平衡报价调整的通知》及附件无效。

(三) 司法实践对不平衡报价会结合显失公平原则处理

司法实践中,法院偏向认为,投标人进行不平衡报价是建筑行业中的既有惯例,在招投标过程中,双方均对该项报价予以认可,是双方真实意思表示,应认为合法有效,应予以遵守。

如果一方主张该项不平衡报价存在显失公平,违反诚实信用原则导致双方利益明显失衡,需要结合投标单价是否明显过高,实际工程量是否明显增加过多来综合判断。如果法院经审理认为,该项不平衡报价属于显失公平的情形,那么对于该部分已完工工程如何结算?可以考虑对超过投标范围15%以内的部分,按照报价计算,超过15%以外的部分,按定额标准结算或按鉴定机构重新组价并下浮后的造价计算。

十二、投标人计量规则认识错误问题

【风险点】

建设工程计价主要包括清单计价和定额计价两种情形,清单计价和定额计价的计量方式是不同的,定额计价在计量规则中考虑做法和措施的问题,而清单的计量主要考虑实物工作量的问题。

同时,即使是清单计价也存在2008清单与2013清单的差别,也存在国家清单规则与地方清单计量规则的不同。例如,电缆长度计量,根据2008清单应当按照施工图纸长度计量,而2013清单则除了按照图纸计算外还要额外增加预留长度。

【风险防范】

(一) 分清投标中的定额计价和清单报价的关系

很多招标人为了同口径比较投标人的报价,往往在招标文件中规定投标人按照某某定额计价,并按照发包人给付的清单进行报价。在此情况下,发包人与承包商约定的计价方式为清单计价,承包人在按照定额计算完价格后,要按照清单计量规则反算出清单的单位价格,合同签订后施工中实际计算工程量应当按照清单计量规则执行。

(二) 注意是否有特别约定

有的施工合同对计量规则的约定并非套用清单或定额的规则,而是在合同中约定某些分部分项工程量的计算规则,对此承包人在报价的时候首先要研究合同中是否有特别约定,其次才是合同约定的计量规则。

【案例说明】

(一) 基本案情

原告佳木斯某建设集团有限公司(以下简称佳木斯公司)、被告鸡西市某棚户改造办公室(以下简称棚改办)建设工程施工合同纠纷

原、被告双方签订《施工协议》,约定:乙方对甲方开发的某居住区C区2、3、4、6、7、8、10、11、12号楼,面积约47 219 m^2 进行施工,按竣工图实际面积进行结算;施工费按建筑面积920元/m^2 计算;工程量清单的工程数量有误或者

设计变更引起工程量增减,不超过合同价款的±5%,合同价款不予调整,超过的经甲乙双方协商处理。

双方后就案涉工程补办了招投标手续。棚改办编制了项目编号为YXGC2009-13的招标文件,招标文件记载工程计价方式为"工程量清单报价",在招标文件后附的《工程量清单》中,对"项目名称""计量单位""工程量"进行了表述,但未对"项目特征"进行表述。佳木斯公司就案涉工程进行投标,在投标文件中,佳木斯公司以定额计价的方式编制了《工程预(结)算书》,确定了 32 318 066.01 元的投标总报价。棚改办向佳木斯公司出具中标通知书,通知佳木斯公司为中标人。

2014 年 10 月,棚改办对佳木斯公司承建的 2、3、4、6、7、8、10、11、12 号楼及裙房进行了工程结算审核(审核方法为按照 920 元/m²,并按照定额计价对部分工程价款进行了调整),审核造价为 45 997 203.87 元,截至 2015 年 5 月 31 日,棚改办向佳木斯公司共计支付了工程款 45 960 500 元。

2015 年,佳木斯公司对棚改办审核结算的工程价款有异议,提起诉讼。

在审理过程中,佳木斯公司申请对案涉工程造价按照工程所在地建设行政主管部门制定的工程计价标准(定额计价)、取费标准及材料价格信息鉴定工程造价,一审法院依法委托了造价咨询有限公司进行了鉴定,鉴定结论为 65 427 144.07 元。棚改办申请对案涉工程造价按照合同约定价款 920 元/m² 的固定价款鉴定工程造价,另按照实际施工日期鉴定案涉工程材料及人工差价,一审法院亦依法委托工程造价咨询有限公司进行了鉴定,鉴定结论为:53 506 377.87 元。

一审法院认为,关于案涉工程,双方先后签订了《施工协议》《施工合同》,棚改办依据《施工协议》约定审核确认了工程造价(并按照定额计价对部分工程价款进行了调整),佳木斯公司对此不认同。本案中,虽招标文件中要求工程计价方式为"工程量清单报价",但作为招标文件附件的工程量清单缺少"项目特征"描述,导致投标单位无法报价投标,因此佳木斯公司通过定额计价的方式编制了《工程预(结)算书》向棚改办投标,棚改办亦认可了此投标方式,佳木斯公司中标。如前所述,因招标文件中的"工程量清单"有瑕疵,故在本案审理中亦无法委托鉴定机构依据该工程量清单确认案涉工程造价。故此采纳按照定额计价方案的鉴定结论 65 427 144.07 元。

一审判决后,双方均提起上诉。

其中棚改办上诉认为,一审判决中未按照双方约定的 920 元/m² 计算工程款,而是采用定额计价的方式鉴定本案的工程款是错误的。即使建设工程施工合同无效,双方约定的价款支付标准仍然应该是结算依据,约定并不无效,故原审法院应该按照双方约定的 920 元/m² 鉴定工程款。

二审法院认为:按照清单计价规范,构成分部分项工程量清单应当含有"项目特征",对拟建工程项目的实际予以描述。由于诉争工程的招标文件所附工程量清单缺少清单报价所必须的"项目特征"描述,且 2009 年之前,当地建设行政主管部门未编制与清单规范配套的估价表,国有投资项目采用定额投标,佳木斯公司作为投标单位按照定额编制预算投标报价并中标,导致本案无法依据投标文件进行清单计价结算,原审法院根据佳木斯公司的定额投标文件,参照定额计价方式确认工程价款并无不当。棚改办该上诉请求不能成立,本院不予支持。

(二) 案例分析

本案的最大焦点在于采用哪种方式进行工程计价。

按照清单计价规范的项目,构成分部分项工程量清单应当含有"项目特征",对拟建工程项目的实际予以描述。由于诉争工程的招标文件所附工程量清单缺少清单报价所必须的"项目特征"描述,导致事实上投标人无法按照清单报价方式进行投标报价,为此佳木斯公司作为投标单位按照定额编制预算投标报价,最后中标该项目。

根据《建设工程工程量清单计价规范》(GB 50500—2013)4.1.2 规定:"招标工程量清单必须作为招标文件的组成部分,其准确性和完整性应由招标人负责。"

显然,本案中由于招标人棚改办自身过错,缺失了清单报价所必须的"项目特征"描述,导致事实上案涉项目已经无法执行清单报价的规则,该过错责任应归结于棚改办。因为无法依据投标文件进行清单计价结算,主审法院根据佳木斯公司的定额投标文件,参照定额计价方式确认工程价款,符合合同履行的实际情形。

十三、工程暂估价问题

【风险点】

在施工总承包招标阶段,对于一些已经确认的专业工程项目,由于标准不明确,可能无法在当时确定准确价格,为了不影响招标效果,由发包人在招标工程量清单中给定一个暂估价,即专业工程暂估价。专业工程暂估价在实际建设过程中,总承包单位如果认识不清、重视程度不足,投标报价时没有充分考虑,可能在后续施工中无法获得预期利润,并影响项目进度。

【风险防范】

1. 注意"暂估价"与"暂列金额"的区别

2013 清单计价规范工程量清单中"其他项目清单"包括暂列金额、暂估价、计日工、总承包服务费。其中,暂估价和暂列金额均是在招标过程中预估的一笔价款。但在概念上有所不同,所起的作用也是不一样的。

暂列金额是指招标人在工程量清单中暂定并包括在合同价款中的一笔款项。用于工程合同签订时尚未确定或者不可预见的所需材料、工程设备、服务的采购,施工中可能发生的工程变更、合同约定调整因素出现时的合同价款调整以及发生的索赔、现场签证确定等的费用,即暂列金额是可能发生也可能不会发生。招标人可将暂列金额用于现场可能发生的签证、索赔、变更等;而暂估价则是肯定要发生,只是价格暂不能确定。

2. 暂估价项目的实施主体问题

《招标投标法实施条例》第二十九条规定:"招标人可以依法对工程以及与工程建设有关的货物、服务全部或者部分实行总承包招标。以暂估价形式包括在总承包范围内的工程、货物、服务属于依法必须进行招标的项目范围且达到国家规定规模标准的,应当依法进行招标。"

根据《建设工程施工合同(示范文本)》(GF—2017-0201)通用条款 10.7 规定,暂估价项目可以分为:

(1) 依法必须招标的暂估价项目

对于依法必须招标的暂估价项目,可以由承包人组织招标,由承包人与中标人签订暂估价合同,也可以由发包人和承包人共同组织招标,确定中标人后,由发包人、承包人与中标人共同签订暂估价合同。

(2) 不属于依法必须招标的暂估价项目

不属于依法必须招标的暂估价项目,由承包人通过洽谈方式确定分包人并报发包人同意,发包人认可后由承包人与分包人签订合同。当然承包人也可以通过招标确认分包人。

(3) 承包人直接实施的暂估价项目

承包人具备实施暂估价项目的资格和条件的,经发包人和承包人协商一致后,可由承包人自行实施暂估价项目,合同当事人可以在专用合同条款约定具体事项。

当然,发承包双方也可以在专用条款中约定别的方式确定暂估价项目。

《建设工程工程量清单计价规范》(GB 50500—2013)9.9条暂估价中规定:专业工程依法必须招标的,应当由发承包双方依法组织招标选择专业分包人。其中:①承包人不参加投标的专业工程发包招标,应由承包人作为招标人,但拟定的招标文件、评标工作、评标结果应报送发包人批准。与组织招标工作有关的费用应当被认为已经包括在承包人的签约合同价(投标总报价)中。②承包人参加投标的专业工程发包招标,应由发包人作为招标人,与组织招标工作有关的费用由发包人承担。同等条件下,应优先选择承包人中标。

3. 施工总承包单位投标报价建议

(1) 专业工程暂估价部分作为不可竞争费,须按照招标人给定的金额计入投标报价其他项目工程量清单中,计取规费、税金后汇总至投标总价。投标人要视该部分内容为分包工程,综合考虑管理费和利润计入投标报价。(通常施工总承包单位分包的工程,施工总承包单位会收取分包工程合同价(结算价)8%～10%不等的管理费和利润,该部分费用应计入投标总价。)

(2) 招标文件中明确招标主体是建设单位,可认为专业工程暂估价部分施工总承包单位可以参加投标,且可以不考虑专业工程暂估价招标的招标费用。若明确招标人是总承包单位,投标报价中还要考虑该部分招标的组织费用。

(3) 工程招标过程中设置专业工程暂估价,若招标文件中没有明确总承包单位与暂估价项目单位之间的具体施工、管理界面,则有可能在日后施工过程中,造成双方或多方在管理界面上产生大量的矛盾、争执,从而影响工程的质量和进度。所以投标人在面对有暂估价项目的招标项目时,应注意招标文件有无清楚划定施工管理界面,以及界面的划分是否影响施工的连贯性和可操作性,以免界面不清导致报价遗漏或者重复。对于界面划分不清的,可以请招标人予以明确。

(4)施工总承包单位投标时,总承包服务费计算基数不得计取专业工程暂估价部分,但投标报价时应综合考虑实际会发生的管理成本。专业工程暂估价部分招标时,可列明总承包单位所能提供的条件和要求,请专业工程投标人自行考虑总承包管理费用。

【案例说明】

(一)基本案情

贵州轻工职业技术学院(以下简称轻工学院)与中铁十一局集团建筑安装工程有限公司(以下简称中铁十一局)施工合同纠纷

轻工学院因案涉工程发布招标信息。2012年5月21日,贵阳市公共资源阳光交易中心上传了案涉工程拦标价通知(暂估材料价)。2012年5月26日,中铁十一局对上述通知进行了查看,但由于招投标系统原因未能显示暂估材料价具体内容。2012年6月5日,轻工学院通过招投标将其所属的××××校区一组团建设项目施工二标段发包给中铁十一局施工。由于对暂估材料价、综合单价等问题存在分歧,双方未及时签订施工合同。案涉工程于2012年6月开工,2013年8月至10月陆续完工后交付给轻工学院使用,2013年9月,双方补签《建设工程施工合同》。合同约定,材料和工程设备暂估价:暂以招标时《贵州轻工职业技术学院××××校区一组团项目建设施工二标段未计价主材暂定价通知》内容执行,最终结算按照专用合同条款25补充条款相关内容执行。合同由双方及其法定代表人加盖公章。专用合同条款25条补充条款第25.7条的约定,发包人在收到承包人的结算资料后三个月内完成竣工结算内部审计,若非承包人原因造成内部审计未完成,发包人应按承包人所报结算支付工程款。第25.9条约定了与暂估材料相关的单价以及暂估价项外单价结算。其中25.9.1单价结算约定:原则上依据招标文件内容处理,由学院委托相关单位对分部分项工程(暂估材料项外单价)投标单价进行清理,以清理核算结果为依据,对投标报价清单进行调整,并以调整后的报价清单作为结算单价;暂估材料项根据参建各方核定的价格作为暂估项的材料结算单价,根据招标文件约定的投标综合单价组价方式重新组价作为结算单价。25.9.2分部分项工程(暂估材料项外单价)结算单价:由参建各方根据招标文件条款(贵州省2004定额及相关文件、2012年第一期造价信息)对施工方投标单价中分部分项工程单价测算,若有项目单价达到招标文件约定的不平衡报价标准,双方根据实际情况重新组价。

后双方因工程款事宜诉至法院。

一审法院认为:

(1)关于暂估材料价格结算标准问题,应当按照轻工学院向中铁十一局发出暂估材料结算价格通知确定的价格进行结算。双方在合同中关于暂估材料价格和暂估材料价格项外单价进行了分别的约定。其中暂估材料价格约定:"根据参建各方核定的价格作为暂估项的结算单价,依据投标文件约定的投标综合单价组价方式重新组价,作为结算方式"。鉴定报告依据的暂估材料价计算方式系轻工学院将暂估材料价格调整后,向中铁十一局发出暂估材料结算价格通知确定的价格,符合双方结算约定。

(2)关于暂估材料项外单价结算标准问题。应当以施工方投标价格进行结算。本案中,因中铁十一局暂估材料投标价格未响应招标方要求,中标应属无效,但在此情况下其中标继续施工并完成了案涉工程并交付使用。按照合同中独立存在的有关解决争议方法的条款,25.9.2分部分项工程(暂估材料项外单价)结算单价约定:由参建各方根据招标文件条款(贵州省2004定额及相关文件、2012年第一期造价信息)对施工方投标单价中分部分项工程单价测算,若有项目单价达到招标文件约定的不平衡报价标准,双方根据实际情况重新组价。招标文件中,关于主要材料的不平衡报价:主要材料价格高于市场价15%或高于有效投标人对应的主要材料单价算术平均值10%的;低于市场价20%或有效投标人对应的主要材料单价算术平均值15%的情况下成为不平衡报价。以上述标准对暂估价项外单价进行清理,以清理结果作为结算依据。根据鉴定意见,施工方投标报价不存在招标文件约定的不平衡报价情况,因此应当按照投标报价计算工程造价。

最高院二审认为:

首先,本案案涉工程价款由暂估材料项和暂估材料项外两部分构成,双方约定暂估材料项根据参建各方核定的价格作为结算单价标准;暂估材料项外单价的结算标准应根据招标文件对投标单价中分部分项工程单价进行测算，若有项目单价达到招标文件约定的不平衡报价标准，双方根据实际情况重新组价。因轻工学院在施工过程中对暂估材料价格进行调整，并向中铁十一局发出暂估材料结算价格的通知，故一审判决以该通知上载明的价格作为暂估材料结算单价，符合合同约定，并无不当。而暂估材料项外单价经鉴定机构认定不存在不平衡报价的情形，一审判决以投标单价确定暂估材料项外单价，进而采信以该单价标准计算得出的工程造价亦无不当。

（二）案例分析

1. 暂估价的确定

一个项目是否适用暂估价及适用暂估价的材料、工程设备或专业工程的范围以及所给定的暂估价的金额，由发包人自行决定。发包人在工程量清单中对材料、工程设备或专业工程给定暂定价的，该暂定价构成签约合同价的组成部分，不参与竞价，承包人根据发包人所给定的暂估价签订合同。

而在签订合同之后的合同履行过程中，发包人与承包人还需按照合同中所约定的程序和方式确定适用暂估价的材料、工程设备和专业工程的实际价格，并根据实际价格和暂估价之间的差额来确定和调整合同价格。

本案中，双方在合同中对暂估材料价格的确定方式进行了约定："根据参建各方核定的价格作为暂估项的结算单价，依据投标文件约定的投标综合单价组价方式重新组价，作为结算方式"。所以庭审中鉴定报告依据轻工学院将暂估材料价格调整后向中铁十一局发出暂估材料结算价格通知确定的价格作为计价依据，符合合同约定。

2. 合同中独立存在的有关解决争议方法的条款的效力

《工程建设项目施工招标投标办法》第八十六条规定："依法必须进行施工招标的项目违反法律规定，中标无效的，应当依照法律规定的中标条件从其余投标人中重新确定中标人或者依法重新进行招标。中标无效的，发出的中标通知书和签订的合同自始没有法律约束力，但不影响合同中独立存在的有关解决争议方法的条款的效力。"

本案在有关解决争议方法的条款中单独约定了分部分项工程（暂估材料项外单价）结算方式，因此被一、二审法院认定，即使合同无效，也可以单独适用此条款处理纠纷。

十四、工程建设项目招投标投诉的问题

【风险点】

投标过程中遭到了不公平公正待遇,但未准确掌握投诉要点,失去维护自身利益的机会。

案例:某县农村环境连片整治工程共分 7 个标段,在开标现场投标人 A 公司和 B 公司投标函报价中第一标段报价完全相同,后 C 投标单位开标现场就要求两公司以串标全部作废标处理,在评标中评标专家发现 A 公司投标函报价与清单报价一致,B 公司投标函报价与清单报价不一致。只有投标函中的第一标段投标报价相同,无法认定有串标可能。C 投标单位在评标结束后就进行了书面投诉。后招标人组织了评标专家进行复议,了解到两公司在我县同一打字社打投标函,由于打字社工作失误造成。

【风险防范】

在工程建设项目的招投标中,法律赋予了投标人等主体依法投诉的权利,投标人等应正确使用这项救济权利,把握好投诉的程序、时效、形式要求,从而切实维护自身权益不受侵害。

(一)投诉主体

根据《工程建设项目招标投标活动投诉处理办法》的规定,投诉人应该是投标人或者其他利害关系人。这里所称的其他利害关系人,主要包括招标人、招标项目的使用人、与工程建设有关的货物或者服务的特定供应商或者分包人以及潜在投标人等。知悉招标人公布的招标项目的有关条件和要求,有可能参加投标竞标的法人等可以被认定为潜在投标人。

(二)部分事项在投诉前需要先提出异议

异议和投诉是不同的,异议是对部分事项进行投诉的前置程序。异议指的是投标人或者其他利害关系人对资格预审文件、招标文件、开标或者评标报告、定标结果可能存在的违反法律、法规和规章规定的问题,依法向招标人提出不同意见的行为。潜在投标人对资格预审文件和招标文件中可能存在的遗漏、错误、含义不清甚至相互矛盾等问题提出疑问的,不属于异议。而投

诉是指投标人或者其他利害关系人认为招标投标活动不符合法律、法规和规章规定，或者其自身合法权益受到侵害，以及异议人对招标人的异议答复不服，依法在规定的期限内向行政监督部门提出要求制止违法行为或者保护其合法权益的行为。

在政府采购法中，供应商进行投诉的前提条件是要对采购人进行质疑。然而，在工程建设项目的招投标中，并不是所有的投诉事项均需要事先向招标人提起异议。按照《招标投标法实施条例》第六十条的规定，针对下列事项的投诉，需要先行提出异议：①投诉人对资格预审文件、招标文件有异议；②投诉人对开标有异议；③投诉人对依法必须进行招标的项目的评标结果有异议。

如果，针对上述事项，投诉人没有先行向招标人提起异议便进行投诉的，那么有关行政监督部门将不予受理。

（三）投诉的时效期限，超过投诉时效的，行政监督部门将不予受理

《招标投标法实施条例》规定，投标人或者其他利害关系人认为招标投标活动不符合法律、行政法规规定的，可以自知道或者应当知道之日起 10 日内向有关行政监督部门投诉。投诉应当有明确的请求和必要的证明材料。

但是，需要注意《招标投标法实施条例》中的一些特殊时效规定：潜在投标人或者其他利害关系人对资格预审文件有异议的，应当在提交资格预审申请文件截止时间 2 日前提出；对招标文件有异议的，应当在投标截止时间 10 日前提出。对开标有异议的，应当在开标现场提出；对评标结果有异议的，应在中标候选人公示期间提出等。

（四）投诉书的形式要求

投诉书应当包括下列内容：①投诉人的名称、地址及有效联系方式；②被投诉人的名称、地址及有效联系方式；③投诉事项的基本事实；④相关请求及主张；⑤有效线索和相关证明材料。

对依法应当在投诉前提出异议的事项，投诉时应当同时附上异议签收书、不予受理通知书或者异议答复函等可证明投诉人已提出异议的材料；已向其他行政监督部门投诉的，应当予以说明。

投诉人在进行投诉书的撰写时，一定要按照要求，将相关信息填写完整，否则行政监督部门极有可能以形式不合格为由，不受理投诉。以下情形均属

于投诉书形式不合格:投诉书未署具投诉人真实姓名、签字和有效联系方式;以单位名义投诉的,投诉书未经法定代表人签字并加盖公章的;委托代理人没有相应的授权委托书和有效身份证明复印件,或者有关委托代理权限和事项不明确的。

【案例说明】

（一）基本案情

江苏京城装饰工程有限公司（以下简称京城公司）与苏州高新区（虎丘区）住房和建设局（以下简称虎丘住建局）行政合同纠纷

京城公司在2015年3月30日投标国发资管金融创新业务楼改造项目。2015年4月20日开标,4月23日由招标代理人操作发布公示,公示期自2015年4月23日至2015年4月26日,京城公司中标为第一候选人,公示拟确定京城公司为中标人。2015年4月28日招标代理操作发布公示（公示期自2015年4月28日至5月1日）的中标第一候选人为苏州柯利达装饰股份有限公司,京城公司被废标,原因是企业有不良行为。经核实系宜兴招标办2015年4月20日在网上公布因京城公司有不良行为而作出"关于限制江苏京城装饰工程有限公司市场准入的通知"的决定,京城公司遂向宜兴招标办发出投诉书。2015年4月29日宜兴招标办作出《关于撤消"关于限制江苏京城装饰工程有限公司市场准入的通知"的决定》。京城公司在4月30日向苏州高新区招标办申诉,招标代理人作出《回复》称评标委员会维持4月27日的复议。苏州高新区招标办在该回复上盖章。

京城公司委托江苏某律师事务所向虎丘住建局投诉。2015年5月21日,江苏某律师事务所发律师函给虎丘住建局,函告受京城公司委托,指派郭某新律师负责处理京城公司投诉事项,请求虎丘住建局进行审查,纠正错误做法,并请求在收到函后三日内作出回复,逾期将按司法程序办理。京城公司在律师函委托单位处盖章。虎丘住建局在5月25日收到律师函后没有作出回复。京城公司不服,提起本案诉讼,请求判决认定被告不履行法定职责并判决被告履行法定职责。

被告辩称:原告发送的律师函不属于《工程建设项目招标投标活动投诉处理办法》所规定的投诉书范畴,被告没有在三个工作日内必须进行回复的法定职责;且律师函所涉及的内容,原告之前已向招标办申诉过,招标办已进行了回复,因此没有重复答复的必要。

一审法院认为,京城公司委托江苏某律师事务所向虎丘住建局投诉,江苏某律师事务所未按《工程建设项目招标投标活动投诉处理办法》第七条、第十条的规定向被告提交投诉书、授权委托书,仅向虎丘住建局发律师函,其形式及内容均不符合规定,该律师函不属于《工程建设项目招标投标活动投诉处理办法》规定的投诉书范畴。虎丘住建局在收到该律师函后,未作回应和指导欠妥,但虎丘住建局对该律师函不作回复不构成未履行《工程建设项目招标投标活动投诉处理办法》规定的职责,故对虎丘住建局的答辩意见,予以采纳,对京城公司的诉讼请求不予支持。判决驳回京城公司的诉讼请求。

京城公司不服,提起上诉。

二审法院驳回上诉,维持原判。

(二)案例分析

1. 投标人进行招投标投诉必须按照法律规定的模式和程序进行,否则将导致投诉失败。

本案属于典型的投标单位未按照法律规定利用投诉权,导致投诉失败的案例。

根据《工程建设项目招标投标活动投诉处理办法》第七条、第十条规定,投诉人投诉时,应当提交投诉书。投诉书应当包括:(一)投诉人的名称、地址及有效联系方式;(二)被投诉人的名称、地址及有效联系方式;(三)投诉事项的基本事实;(四)相关请求及主张;(五)有效线索和相关证明材料。投诉人是法人的,投诉书必须由其法定代表人或者代表签字并盖章。投诉人可以自己直接投诉,也可以委托代理人办理投诉事务,代理人办理投诉事务时,应将授权委托书连同投诉书一并提交给行政监督部门。授权委托书应当明确有关委托代理权限和事项。

本案中原告2015年5月21日委托江苏某律师事务所向被告投诉,江苏某律师事务所未按《工程建设项目招标投标活动投诉处理办法》第七条、第十条的规定提交投诉书、授权委托书,仅向被告发律师函,其形式及内容均不符合规定。

2. 投标人纂写投诉书应当符合《工程建设项目招标投标活动投诉处理办法》规定的"投诉书"的形式要求和实质内容要求。

本案投标人之所以投诉失败,正是因为投诉书不符合法律规定的投诉书的形式要求和内容要求。

(1)投诉书形式上,江苏某律师事务所发出的"律师函",名称就不是投诉书,也未经法定代表人或者授权代表签字,并且没有将授权委托书一并提交给被上诉人,不符合《工程建设项目招标投标活动投诉处理办法》规定的"投诉书"的形式要求。

(2)在实质内容上,律师函没有写明"被投诉人""地址及有效联系方式",上诉人认为是投诉,但究竟投诉招标人、招标代理人还是高新区招标办,或者是"律师函"所提的"相关部门"。因此,律师函并没有包含《工程建设项目招标投标活动投诉处理办法》规定的投诉书内容,在实质上也不属于《工程建设项目招标投标活动投诉处理办法》规定的投诉书范畴。被告对该律师函不作回复不构成不履行《工程建设项目招标投标活动投诉处理办法》规定职责的情形。

第二章 合同签订阶段

一、合同工期约定不明

【风险点】

1. 合同中未约定工期,未约定开竣工日期认定的标准,或未明确工期是日历天还是工作日,导致约定不明,产生争议。

2. 合同中约定工期严重偏离工期定额参考指标,无法按约定工期竣工,产生争议。

【风险防范】

(一) 注意开工日期

施工单位要注意以下方面:

1. 协议书中应注明开工时间以开工通知或开工报告为准。有开工通知或开工报告的,一般认定开工通知或开工报告中记载的开工日期为开工日期。

2. 如果发包人下达了开工令,但施工场地没有达到"三通一平",即通水、通电、通路及场地平整,或者存在其他导致施工无法进行的因素,承包人应做好记录,让监理或者发包方代表签字确认并明确实际开工日期,并以此作为顺延工期的证据。

3. 如果没有开工报告的,承包人有证据证明实际开工日期的,认定该日期为开工日期,承包人的证据可以是发包人发出的通知、工程监理的记录、当事人的会议纪要、施工许可证等。

4. 如果承包人和发包人无任何证据证明实际开工日期,亦无开工报告,则以合同约定的开工日期为准。

5. 对于承包范围不包括桩基、土方等分项工程的项目,应注意要求建设单位以施工单位实际承建的工程范围开工日来作为工期起算日。

6. 工程资料中应填写对施工单位有利的开工日期和竣工日期,避免填写不同日期。

(二) 注意竣工日期

1. 在协议书专用条款内,应避免对承包人不利的确定竣工日期的约定。注意在专用条款中响应通用条款中的相关内容:工程经竣工验收合格的,以承包人提交竣工验收申请报告之日为实际竣工日期,并在工程接收证书中载明;因发包人原因,未在监理人收到承包人提交的竣工验收申请报告42天内完成竣工验收,或完成竣工验收不予签发工程接收证书的,以提交竣工验收申请报告的日期为实际竣工日期;工程未经竣工验收,发包人擅自使用的,以转移占有工程之日为实际竣工日期。

2. 在竣工资料中要特别注意竣工日期,尽量避免填写对承包人不利的竣工日期。

3. 发包人拖延验收情况下的竣工日期确定及承包人应对策略。

(1) 关于竣工日期,《最高人民法院关于审理建设工程施工合同纠纷案件适用法律问题的解释(一)》第九条有规定:当事人对建设工程实际竣工日期有争议的,人民法院应当分别按照以下情形予以认定:①建设工程经竣工验收合格的,以竣工验收合格之日为竣工日期;②承包人已经提交竣工验收报告,发包人拖延验收的,以承包人提交验收报告之日为竣工日期;③建设工程未经竣工验收,发包人擅自使用的,以转移占有建设工程之日为竣工日期。

(2) 承包人的应对措施:应及时提交竣工验收报告,并要求对方签收,取得对方已经收到完整的竣工验收报告的证据。如对方拒绝签收,可采取EMS邮寄送达(邮寄底单上写清楚双方名称、送达文件的名称、文件主要表达的意思等内容,底单要求邮局盖邮戳并留存),必要时可采取公证送达等形式。

(三) 注意协议书、专用条款、补充协议等书面文件中关于工期条款的约定

1. 承包人应对专用条款因发包人或自然条件、施工现场原因导致工期延误的其他情形充分考虑,把天气、隐蔽工程地质条件、发包方增加工程量等因素纳入工期延误的范围。

2. 审核发包人发过来的合同版本中,对工期问题通常应注意以下几个方面:

合同规定的不能顺延工期的情形是否公平合理,应避免合同中约定不在

规定时间内提出工期顺延申请视为工期不顺延之类的条款;对于工期顺延的主张期限、所需提交的证明材料、所需经过的流程等规定是否合理;是否有逾期提出工期签证即丧失权利的条款等。

3. 要按合同约定的期间提出工期顺延。施工单位发生工期延误应及时对工期延误进行分析,在专用条款规定的时间整理成资料向监理、发包人报送,同时保留邮政快递单原件和签收记录。如果错过了期间,也不要放弃,还是要在法定的诉讼时效期间内提出。

【案例说明】

(一)基本案情

原告 A 建筑公司与被告 B 物流公司建设工程合同纠纷

发包人 B 物流公司与承包人 A 建筑公司签订《合同协议书》,约定 A 公司承建某"仓储物流园"工程,合同工期:2012 年 3 月 20 日开工,2012 年 11 月 30 日竣工。开工日期具体以开工报告为准。2014 年 3 月 11 日,双方签署了《仓储园区工程竣工资料移交目录》。2014 年 5 月 10 日签署了《"仓储物流园"工程实体移交手续》,2014 年 9 月 26 日,双方进行了结算,审定工程造价 209 043 300.00 元。2016 年 1 月 25 日,双方签订《工程款抵房协议》:两项抵款房共计 11 452 144.00 元抵顶于乙方;乙方同意抵顶,为办理产权的需要双方就该房屋抵顶于 2016 年 1 月 25 日签订房屋买卖合同。A 建筑公司认可收到 B 物流公司支付的工程款 135 126 099.00 元(包括以房抵款 10 008 376.00 元),扣除甲供材料款 65 902 500 元,尚有 8 014 701 元未付。

后因 B 物流公司未支付工程款,A 建筑公司起诉至一审法院,请求支付工程款 8 014 701.00 元,并承担利息 730 413.73 元。

B 物流公司向一审法院反诉请求判令 A 建筑公司支付迟延竣工违约金 510 万元。

一审法院认为,A 建筑公司的诉请有事实和法律依据,予以支持。至于 B 物流公司的诉请,建设工程施工单位应在取得施工许可证后三个月内施工,未取得建设工程施工许可证擅自施工的属违法建设。本案中,双方关于工期的约定违反了上述法律规定,应属无效条款。依据查明的事实,B 物流公司于 2013 年 6 月 3 日才取得涉案工程的《建设工程施工许可证》,A 建筑公司依法应在取得施工许可证后三个月内施工。双方在合同中也约定了"开工日期具体以开工报告为准"。但是双方在审理中均未提交开工报告,应视为双方对涉案工程工期约定不明。由于双方对涉案工程的工期约定不明,B物流公司主张A建筑公司迟延竣工无事实依据,故其要求A建筑公司支付迟延竣工违约金510万元的反诉请求,不予支持。

(二) 案例分析

1. 本案主要纠纷点在对工期起始点争议。

本案中,发包人B物流公司认为合同约定了工期为2012年3月20日开工 2012年11月20日竣工,事实上工程到2014年才竣工,因此要求承包人A建筑公司承担延迟竣工违约金510万元。

但因为B物流公司于2013年6月3日才取得涉案工程的《建设工程施工许可证》,A建筑公司认为涉案工程工期应依法顺延,且工期顺延的原因在B物流公司。

2. 涉案法院审判认为双方关于工期的约定违反了《中华人民共和国建筑法》(简称《建筑法》)关于施工许可证的规定,应属无效条款。既然工期条款无效,因此案涉工程属于工期约定不明。

根据《建筑法》第七条第一款规定:"建筑工程开工前,建设单位应当按照国家有关规定向工程所在地县级以上人民政府建设行政主管部门申请领取施工许可证;但是,国务院建设行政主管部门确定的限额以下的小型工程除外。"该法第九条规定:"建设单位应当自领取施工许可证之日起三个月内开工。因故不能按期开工的,应当向发证机关申请延期;延期以两次为限,每次不超过三个月。既不开工又不申请延期或者超过延期期限的,施工许可证自行废止。"

根据上述规定,建设工程施工单位应在取得施工许可证后三个月内施工,未取得建设工程施工许可证擅自施工的属违法建设。本案中,双方关于工期的约定违反了上述法律规定,应属无效条款。既然工期条款无效,因此案涉工程属于工期约定不明。

依据双方2014年5月10日签署的《"仓储物流园"工程实体移交手续》第四项的记载,A建筑公司已在不同时间段完成了各部分工程的移交,已经履行完毕合同义务。由于双方对涉案工程的工期约定不明,B物流公司主张A建筑公司迟延竣工无事实依据。

3. 工期约定不明对施工单位的不利影响。

一般来说,工期约定不明发包人难以追究承包人的违约责任。但是工期约定不明对承包人的不利影响可能有：因为工期约定不明,本应属于发包人履行的义务延迟履行,比如甲供材料延迟供应,工程款延迟支付,因为工期约定不明,承包人难以以超过约定工期为由要求发包人承担违约责任。

4. 根据《最高人民法院关于审理建设工程施工合同纠纷案件适用法律问题的解释(一)》规定,施工许可证完成时间与实际开工时间不一致的,以实际开工时间为准。

根据新的《最高人民法院关于审理建设工程施工合同纠纷案件适用法律问题的解释(一)》第八条规定：当事人对建设工程开工日期有争议的,按照以下情形予以认定：①开工日期为发包人或者监理人发出的开工通知载明的开工日期；开工通知发出后,尚不具备开工条件的,以开工条件具备的时间为开工日期；因承包人原因导致开工时间推迟的,以开工通知载明的时间为开工日期。②承包人经发包人同意已经实际进场施工的,以实际进场施工时间为开工日期。③发包人或者监理人未发出开工通知,亦无相关证据证明实际开工日期的,应当综合考虑开工报告、合同、施工许可证、竣工验收报告或者竣工验收备案表等载明的时间,并结合是否具备开工条件的事实,认定开工日期。

以上三种情形归纳起来可以这样理解：实际开工日期优先于开工通知(或开工报告),实际开工日期和开工通知(或开工报告)优先于合同约定。施工许可证载明开工时间不必然作为开工时间的认定标准。据最高院的条文释义,有个其他文件证明力的强弱排行,总的来说是开工报告时间证明力＞施工合同时间证明力＞施工许可证时间证明力＞竣工备案表时间证明力。

二、合同内容不完整

【风险点】

1. 合同缺乏必要的条款。
2. 相关内容约定不明。
3. 履行过程中容易产生争议。

【风险防范】

（一）施工合同的必备条款

1. 合同主体。

合同中明确建设单位信息和施工单位资质等信息。

2. 工程范围。

施工合同中对合同工程范围条款应进行明确的约定，应在合同中附上工程项目一览表及其工程量，主要包括建筑栋数、结构、层数、资金来源、投资总额以及工程的批准文号等。

3. 建设工期。

合同对工期的约定要准确、完善，如果存在中间交工工程，对中间交工工程的开工、竣工日期，也应在合同中做出明确约定。

4. 工程质量。

作为承包人，关于工程质量条款的约定应确保己方能够满足，并且，对于质量条款的约定应尽量做简单有效的约定。

5. 工程造价。

合同造价是双方共同约定的条款，价款数额及付款日期应当明确具体。暂定价、暂估价、概算价都不能作为合同价款，并且采用的合同价款组价方式双方要作出明确的约定。

6. 工程进度款的拨款和结算。

对于承包人，工程进度款的约定尤为重要。对于工程进度款，通常是按月付款或按工程进度拨付。

（1）约定按工程进度拨付的，应注意约定审核的时限及未能在时限内确认的违约责任，如约定"甲方应在收到乙方月进度款申请报告后7日内审核完毕，逾期则以乙方送审的工程进度款为准"。有的发包人为了加大对审核进度款的约束，故意约定复杂的审核程序，如约定工程量审核需经项目经理、财务部长、主管经理、董事长签字并加盖公章。此时承包人应引起重视，并采取相应的对策。

（2）约定按月支付，支付额度为上月完成工程量的相应比例。但某些建设项目大量增加合同外的工作量，使工程造价成倍增长，而工程款支付以合同价款为基数，并根据形象进度付款，造价的不准确必然导致工程款支付严重不足。合同外增加的价款，应约定当月签证，纳入当月支付。

7. 材料和设备供应责任。

若材料和设备的供应采用发包人供材、发包人指定、发包人审核,则承包人应注意在合同中详细的约定以下内容:

①应详细填写材料设备供应的具体内容、品种、规格、数量、单价、质量等级、提供的时间和地点;②应约定供应方承担的具体责任;③双方应约定供应材料和设备的结算方法;④约定清楚由发包人指定材料时的材料名称、品牌、型号、厂家、价格调整方式等内容;⑤如发包人限价时应注意约定发包人审核的程序及期限,以免耽误工期。

8. 技术资料交付时间。

承包人应注意在合同中约定发包人向承包人提供与本工程项目有关的全部施工技术资料的时间,并且约定若发包人未按时提供资料,造成的工期损失或者工程变更应由发包人负责。

9. 竣工验收。

此条款的约定应以住建部颁发的《房屋建筑和市政基础设施工程竣工验收备案管理办法》《房屋建筑和市政基础设施工程竣工验收规定》《建筑工程施工质量验收统一标准》(BG 50300—2013)和其他有关的竣工验收规定及施工图纸说明书、施工技术文件为依据。

10. 质量保修范围和质量保证期。

承包人应当注意在合同中约定建设工程的质量保修范围和质量保证期。《建设工程质量管理条例》专门对地基基础、主体结构、防水、管线、供冷采暖等项目规定过保修期,合同约定的保修期少于法律规定的保修期的,约定无效;约定保修期超过法定保修期的约定则有效。承包人应当予以注意。

11. 违约责任的约定应具有可操作性以利于执行。

对工程合同中的违约条款的设定,要需要根据工程的具体内容、可能出现的违约情形予以约定,当事人既可以在合同中约定违约的责任形式,也可以约定违约责任的范围及损失的计算方法。如当事人可事先约定违约金的数额、幅度,可以预先约定损害赔偿额的计算方法甚至确定具体数额,同时也可以通过设定免责条款限制和免除当事人可能在未来发生的责任。

12. 其他条款。

(1)作为承包人或者发包人,由于工程大,或者工程数量多,因此要办理授权手续。对于双方各自委派有人员,要向对方列出名单,明确职责和权限。

特别应将具有变更、签证、价格确认、验收确认等具有签认权的人员、签认范围、程序、生效条件等约定清楚,防止无权人员随意签字,或超出权限签字。

(2) 争议管辖的约定不能违反级别管辖、专属管辖的规定,选择仲裁的,仲裁委员会的名称应当准确无误,以免发生争议。

(3) 如果合同各方对合同履行有特殊要求的,均应当在合同中予以明确约定。

(二) 版本选择

建设、工商行政主管部门颁布的 2017 版示范文本更倾向于保护承包人利益,承包人选择合同范本时需结合项目实际情况选择有利于自己的版本。

【案例说明】

(一) 基本案情

原告浙江增原汽车配件有限公司(以下简称增原公司)与被告浙江鼎泰建设集团有限公司(以下简称鼎泰公司)建设工程施工合同纠纷

原、被告签订《建设工程施工合同》,约定由被告承建原告的厂房、办公楼、仓库等工程,原告共支付被告工程款 1029 万元。工程开工后,原、被告双方因工期问题及房屋质量问题产生纠纷,2013 年 1 月 14 日被告承诺在 2013 年 3 月 25 日前完工,若未完工则承担每天 1 万元违约金。2013 年 5 月 22 日被告给原告发出解除建设工程施工合同的通知,要求解除合同,原告于 2013 年 6 月 12 日回复不同意解除合同。至今本案诉争工程中的厂房均已竣工,仓库、办公楼主体已完成但至今未竣工。

因此本诉原告增原公司起诉要求:被告提出解除建设工程施工合同的行为无效,并应当继续按建设工程施工合同的约定完全履行合同义务;被告承担因工程延期的违约金 380 万元(自 2013 年 3 月 25 日起计算至起诉日止,每天 1 万元)。

本诉被告鼎泰公司认为:项目已如期交付没有延误,双方 2013 年 10 月 11 日签订的《关于增原汽配施工界面的说明》其中"未完工部分"实际上是保修部分,合同约定不明才产生了认识差异。

同时,鼎泰公司反诉称:本案诉争工程,已完工程的造价为 1 260.513 8 万元,实际已经支付工程款 1 029 万元,尚欠工程款 231.513 8 万元,但被反诉人一直拒绝支付。故反诉要求:判令被反诉人支付工程款 231.513 8 万元以及自起诉之日按银行同期贷款逾期利率计算的利息损失至工程款付清之日。

增源公司答辩称：第一份施工合同是为办理施工许可证而签订的，施工合同条款不全，内容不完整，无法履行，应当以第二份合同为准；反诉原告说反诉被告擅自将铝合金、门窗工程分包不事实；反诉原告称工程已完成并不事实，应当提供相应的证据予以证明，因反诉原告至今还没有完工，故未到支付期限请求驳回原告的诉讼请求。

在案件审理过程中，因合同确实存在不完整、条款不全的情况，存在较大争议，经法庭调解，双方对下述事实达成了一致意见：①原告已支付工程款1 029万元；②尚欠工程款192.513 8万元未支付；③原、被告均同意解除合同，未完及修复工程由原告自行完成；④被告仅对工程的基础及主体部分质量负责，其他质量问题由原告自行负责，由被告配合原告办理相关证照手续。

(二) 案例分析

1. 本案纠纷产生的原因在于合同约定不完整。

本案中存在的一个较大的问题是原、被告双方签订并备案的合同条款不全，合同不完整，导致按照备案合同履行合同义务存在问题，而后期签订的《关于增原汽配施工界面的说明》，正是因为前期施工合同的不完整，导致"说明"其中"未完工部分"实际上到底是"未完工部分"还是"保修部分"存在争议。

2. 合同约定不完整导致支持任何一方都缺乏依据，最后双方只能各让一步。

被告认为所谓的"未完工部分"实际上是保修部分，因此其不存在未完工的违约情况。原告不能提出充分的证据证明所谓的"未完工部分"就是原始合同规定的施工单位应当履行的施工义务。在这样的条件下，原被告双方只能各退一步，在法庭达成一致意见，增源公司认可了被告施工的工程总量，因此确定了未付款数额；鼎泰公司则认可了工程存在未完工情况，并承担了部分违约金。于是法院根据双方意见作出了判决。

3. 签订合同时注意合同的完整性和可履行性。

因此，在签订合同过程中，施工单位应当注意合同的完整性和可履行性，以便合同顺利履行，若建设单位未能按约履行的，则可依据合同约定追究对方的违约责任，合理保护自身利益。

三、承包范围、内容约定不明

【风险点】

对承包范围、内容约定不明，导致在合同履行过程中容易产生争议。常见的约定不明的情况：①发包方设置有歧义或语句模糊的条款；②为承包人行使权利设置苛刻条件；③举证责任条款。

【风险防范】

（一）承包范围条款的重要性解读

1. 承包范围影响承包人的合同主体身份。

按我国《建筑法》及相关法律法规的规定，施工单位应当依法取得相应等级的资质证书，并在其资质等级许可的范围内承揽工程。通过招标程序签订施工合同的承包人一般能够满足资质要求。但实践中总包人对下游的专业分包和劳务分包可能不会经过严格的招投标程序，这种时候要注意专业施工单位和劳务分包单位同样须满足资质规定。否则与缺失相应资质的单位签订的分包合同将会面临合同无效的法律后果。

2. 承包范围是固定总价合同价款结算的依据。

固定总价合同价格是建立在合同承包范围和内容固定基础上的，若发生合同承包范围变更容易引发合同价款结算争议。

要应对上述问题，承包人如果投标固定总价合同，应在《建设工程施工合同》签订前，注意解读发包人提供的招标文件、图纸、工程量清单，这三个文件将确定合同承包范围。

而构成固定总价合同承包范围的这三个文件可能存在如下问题：工程量清单项目与图纸不符；招标用图纸内容不详细，造成工程量清单不准；清单漏项。这些问题都将引起工程承包范围的不确定性。

3. 承包范围等于保修范围。

工程竣工验收合格后，承包人须承担法定的保修义务。施工单位应依据《工程质量保修书》中约定的保修范围承担保修义务。有些工程《工程质量保修书》和《建设工程施工合同》是同时签订的，承包范围和保修范围约定了相同的内容；对于后签订《工程质量保修书》的，合同履行中造成的承包范围的变更相对应的保修范围也随之变更。但不管如何,承包范围等同于保修范围。工程完工之后,可能因为各种原因导致结算款不能及时拿到,但如果在保修范围内的工程出现问题,承包人依然具有保修义务。

4. 承包范围是工程变更索赔的依据。

工程变更一般包括合同外变更和合同内变更两种。合同内变更是指在合同规定的承包范围内,由于设计图纸的深化或者发包人需求的变化或不可预见的情况的发生,需要对合同中部分工程项目实施方式、工程形式、工程数量、工程质量要求及标准等方面的变更。合同外变更通常是指在合同规定的承包范围之外,须由原合同施工单位进行施工的变更,即追加承包范围。因此工程变更可能改变合同承包范围。承包范围的改变将产生合同价款的变更。初始承包范围的确定是承包人后续进行工程变更索赔的依据。

5. 承包范围影响举证责任的承担。

因为承包人只有完成承包范围内工作才可以获得全部合同价款,所以当发包人认为某项工作属于承包范围内的,而承包范围约定得又比较含糊不清时,承包人不能直接依合同中承包范围条款作为抗辩理由,而需要承担证明案涉纠纷非承包范围内的举证责任。承包人需要用招标文件、图纸、工程量清单等文件相互印证承包范围,对承包人而言,举证工作量大,且不一定能得到法院采信。

6. 承包范围决定工程担保的内容。

《建设工程施工合同》专用条款第41.3条是关于担保的约定。近年来,承包人为发包人提供履约保证已成为工程承包领域的惯例,其中以银行无条件支付履约保函的形式居多。该保函增加了承包人的履约风险,一旦发包人认为承包人违约,即可申请银行支付承包人保函项下的款项。因此工程担保文件填写内容就显得非常重要,施工单位提供的保函所担保的内容注意要在主合同承包范围内。

(二) 承包范围条款填写建议

承包范围条款是《建设工程承包合同》的一根主线,上述分析的其他条款应围绕该条款全面履行。为维护承包人合法权益,减少合同风险,建议承包人在填写该条款内容时注意以下几点:

1. 承包人在报价时应仔细审阅招标文件、图纸,以免遗漏报价内容。如果发包人声明不对工程量清单负责时,承包人应当将工程量清单与施工图纸进行认真核对,发现工程量清单内容有遗漏,应要求发包人明确是否可以在报价时增加上去。切忌抛开图纸只按工程量清单报价,造成清单报价内容与施工图纸不一致。

2. 承包人必须依据正式的施工蓝图进行报价和签订施工合同,约定承包范围。如发包人提供白图要求投标报价,承包人要书面要求发包人对白图的有效性及因与蓝图差异后果予以澄清。

3. 签订固定总价合同时工程范围必须清楚明确,报价的工程量应准确而不是估计数字。承包人做必要的现场调查、复核工作量、分析招标文件。

4. 该条款建议填写为:"本工程施工图纸范围内的全部土建、安装工程,详细内容见本合同附件《承包人承揽工程项目一览表》",其目的是把承包范围锁定,与中标价格相一致,即承包合同价格限制在图纸所含工程内容范围内,不能任意扩大。如果只是一般性的填写"本工程项目范围内的所有工程内容"等含糊不清的概念,后期容易发生争议,涉及工程变更等需要进行索赔时,承包人会陷入比较被动的局面。

【案例说明】

(一)基本案情

四川永发建筑公司(以下简称永发公司)、成都利尔药业公司(以下简称利尔公司)建设工程施工合同纠纷

2012年2月1日,永发公司就利尔公司都江堰生产基地进行投标,投标报价29 034 463元,并附投标报价清单,该工程包含综合原料车间、原料库、仓库、制剂车间及动物房、动力中心、600 m³ 水池、200 m³ 水池、工程排污池、总平。2012年2月20日永发公司发出《终选承诺书》,承诺在利尔公司中成药及生物药品生产项目第一标段(质检楼和办公楼)和第二标段(制剂车间、综合原料车间、总平、原料库、仓库、动力中心、200 m³ 水池、600 m³ 水池、排污池钢建部分及土建部分工程)公开招标中,最终以2 300万元的价格参与竞标。

2012年3月2日,永发公司与利尔公司签订《建设工程施工合同》,约定工程内容:土建工程,详见技术附件。工程承包范围:详见技术补充协议及清单。合同工期:开工日期为2012年3月10日,总工期为第一标段200天,第二标段150天。合同价款为2 300万元,该价款为技术补充协议工程范围内

(即利尔公司生产基地项目工程第一标段招标范围及技术要求和第二标段招标范围及技术要求)拟定的所有项目内容总包价,施工过程中不做任何调增。结算时只根据完成的工程量和清单报价工程量进行核减。合同价格为限高价格。

后双方因项目工程款价款发生纠纷,永发公司认为自身在2 300万元包干价以外,其实际合同外的施工,利尔公司应当据实支付工程款;利尔公司则认为永发公司所说的合同外工程量其实包含在了2 300万元包干价内。双方无法达成一致意见,永发公司遂起诉利尔公司要求就所有已完工程量据实支付工程款。

一审法院做出判决后,永发公司不服提起上诉。四川省高院认为,双方《建设工程施工合同》约定工程承包范围为技术补充协议及清单。合同价款2 300万元对应为技术补充协议工程范围内拟定的所有项目内容总报价。双方合同专用条款约定合同价款结算方式为固定单价合同。因合同未附清单,导致合同约定的"技术补充协议及清单"承包范围不明确。因此,原判决认定2 300万元的合同价款为整个工程承包范围的包干价的依据不足,导致案涉工程总价款认定有误。原判决认定基本事实不清,证据不足,裁定发回成都中院重申。

成都中院重一审认为:

1. 关于二标段装饰工程项目涉及的工程造价问题。永发公司和利尔公司均对鉴定意见认定的造价3 238 102.48元无异议,永发公司主张该部分不属于原合同范围内的项目,属于按建设单位要求新增项目,应根据合同约定增加相应费用,而利尔公司则认为该部分已包含在原清单范围内,不应该增加费用,双方的争议点集中在该部分是否属于合同包干价范围、应否单独计价的问题。一审法院认为,永发公司投标清单中载明的施工内容是针对4 200余万元投标报价而作出的,双方签订的《建设工程施工合同》中约定的2 300万元包干价则是"技术补充协议工程范围内(即成都利尔药业生产基地项目工程:第一标段招标范围及技术要求和第二标段招标范围及技术要求)拟定的所有项目内容总包价,施工过程中不做任何调增"的价格。其所附的《第二标段招标范围及技术要求》中第1条、第2条中只包含土建工程、安装工程、消防工程,确实不包括装饰工程,永发公司主张该部分工程应当另行计价的理由成立。

2. 关于永发公司主张在专业工程暂估价合同外还应增加相应金额的问题,该部分涉及第二标段中是否增加压型彩钢板屋面费用3 386 408.04元的问题。永发公司认为,根据《第二标段招标范围及技术要求》的约定,压型彩钢板屋面属于新增项目,应该计算,而利尔公司则认为,屋面压型彩钢板和外墙彩钢板都属于钢架结构施工部分,应该包含在合同范围内。一审法院认为,根据《第二标段招标范围及技术要求》第5条关于"所有钢结构厂房,主钢结构为国内十大钢厂材料。外墙板为宝钢彩钢板,厚度不小于0.5 mm,规格型号为330模板"的约定,双方并未将屋面的施工及所需的材质写入《第二标段招标范围及技术要求》之中,只能认定该部分施工不包含在2 300万元包干价范围之内,利尔公司主张钢结构房屋必须有屋面虽然具有一定的合理性,但并非唯一结论,故一审法院对永发公司要求计入该部分工程价款的主张予以支持。

四川省高院重二审认为,二标段彩钢屋面工程和装饰工程应属于2 300万元包干价范围内。理由如下:虽然双方合同约定的工程承包范围(技术补充协议及清单)与2 300万元的价款对应的范围(技术补充协议)不同。但合同明确约定:合同价款为2 300万元,该价款为技术补充协议工程范围内(即利尔药业生产基地项目工程第一标段招标范围及技术要求和第二标段招标范围及技术要求)拟定的所有项目内容总包价,施工过程中不做任何调增。结算时只根据完成的工程量和清单报价工程量进行核减。合同价格为限高价格。因此,判断2 300万元价款对应的范围还是要回到《招标范围及技术要求》上看。其一,《第二标段招标范围及技术要求》约定"除以上标示出的未含项目及技术要求,其余项目均按照图纸要求验收及结算",装饰工程和彩钢屋面工程不属于《第二标段招标范围及技术要求》标示出的未含项目,双方均不否认施工设计图纸包含了彩钢屋面和装饰工程,因此应当理解为《第二标段招标范围及技术要求》包含了上述两项工程内容。其二,永发公司"公司函"反映了永发公司以利尔公司提供的图纸和清单,进行预算,并进行调整,最后得到2 300万元价格的过程。经本院询问永发公司降价的过程及调整的项目,永发公司回复"二标段2 910万元降到1 650万元是当时投标完成后,利尔公司要求永发公司不做图纸范围二标段所有装饰工程、取消投标内的暂列金额1 000万元,1 650万元降到1 375万元是利尔公司要求永发公司不做彩钢板工程"。但永发公司没有提交足以支撑上述说法的证据。其三,永发公司自己所做进度款申请表上,所施工内容包含了装饰工程和彩钢屋面。2013年1月30日其所报进度款以总价2 300万元为基础,载明开工累计进度1 057万元,本次应付工程款进度553万元,占合同价70%(2 300×70%=1 057+553),正好相等,佐证装饰工程和彩钢屋面工程是含在2 300万元范围内的。

(二)案例分析

1. 本案例原二审否决一审判决的理由是承包范围约定不明。

原一审判决认为合同约定的2 300万元总价款就是案涉工程的决算价款,二审法院却认为案涉合同因为未附清单,导致合同约定的"技术补充协议及清单"承包范围不明确。因此案涉工程承包范围约定不明,2 300万元不应当认定为案涉工程总价款。因此,原一审的审判结果直接被原二审法院否决发回重审。后重一审认真审核,并针对合同外的工程量进行司法鉴定,才确认了工程总价款。所以合同范围约定是否清楚明确,对承包人获取决算款有着至关重要的作用。

2. 承包范围不明确会导致总价合同变单价合同。

总价合同一般变动极小,有利于双方结算。若承包范围约定不明,则将导致总价合同变单价合同。这对承包人来说,有利有弊,对于有些不得不总价下浮包干的项目,突破合同总价限制或许对承包人有益。但总体上来说,清楚明确地约定承包范围有利于结算,有利于承包人尽快拿到工程款。如本案中,2012年的项目,直到2020年终审判决才下来,这样即使突破了合同总价,法院给永发公司计算了合同外的工程量,但时间成本也过于巨大。如果合同签订之时能明确约定承包范围,就能避免上述情况。

四、约定的工程质量标准不规范

【风险点】

1. 将不存在的优良质量标准约定为验收标准。
2. 将应由发包人申请评选的奖项约定为验收标准。

【风险防范】

1. 应当按照国家、地方、行业质量标准作为质量验收标准。

承包人应当注意尽量以国家、地方、行业质量标准作为质量验收标准,避免约定优良标准或其他不规范的奖项作为验收标准。否则容易产生纠纷。

2. 明确应由建设单位申请评选的奖项标准不得作为验收标准。

有些奖项必须要发包人作为主体申请评选,但是发包人喜欢将获得××奖项作为验收标准。后期工程完工后可能发包人自身资料不全或者人员变动导致没有顺利评选到的,反而据此追究承包人责任。

因此承包人要注意约定奖项作为验收标准时,明确奖项申报主体问题,申报主体是发包人的,最好准确划分承包人在奖项申请中需要承担的义务。

【案例说明】

(一)基本案情

原告鲁美装饰公司(以下简称鲁美公司)与被告世纪金榜公司(以下简称世纪金榜)建设工程施工合同纠纷

原告鲁美公司起诉认为,世纪金榜办公楼建设工程系由济南汇邦建设服务中心(以下简称汇邦中心)开发建设,由济南城安建工有限公司(以下简称城安公司)总承包。该工程在建设过程中,汇邦中心将该在建工程转让给本案被告世纪金榜公司。原告负责该办公楼的幕墙装饰工程施工,目前他们承建的办公楼工程已经完工,被告尚欠原告 521 755.11 元,应当支付全部欠款并支付利息。

被告世纪金榜辩称:根据原被告及本案涉及的其他当事人之间的证据材料,被告不需要支付原告任何款项,实际上,被告尚保留追究原告违约责任的权利。根据原、被告之间签订的《石材订货合同》第 15 条的约定,由原告向被告承诺涉案石材幕墙工程能够获得"泰山杯",如不能获得,原告自愿支付被告违约金 30 万元。该约定为原告自愿向被告承诺的,但涉案幕墙工程并没有获得"泰山杯",原告应为自己所作出的承诺承担相应的履行义务,故被告支付石材款项时,扣除了 30 万元作为原告应承担的违约金。

原告鲁美公司认为合同中对此内容确有约定,工程也确实没有获得"泰山杯",但认为该工程的总包单位系城安公司,城安公司没有申报所以其也无法申报。其还说明城安公司向其解释未申报的原因:一是发包方没有提供完整的申报资料;二是城安公司与汇邦中心约定的工程质量标准是合格,没有约定为优良,导致不符合申报的条件,所以无法申报。

主审法院认为,关于"泰山杯"的评选办法在双方签订《石材订货合同》前即已存在,也就是说原告鲁美公司应当知晓"泰山杯"如何评选及其向被告世纪金榜供应石材是否存在当选的可能性,其在此情形下仍然将该项内容约定进入双方的合同中,其即应当有承担这种后果的预期,而不是在签订合同时简单地进行约定,而在面临承担责任时又想办法进行推卸。其为不承担该项违约金还提出城安公司与汇邦中心约定的工程质量标准是合格,没有约定为优良,导致不符合申报的条件。但汇邦中心与城安公司的《建设工程施工合同》在前,而原告鲁美公司与被告世纪金榜约定30万元违约金承担的合同签订时间在一年之后。如果按原告鲁美公司所述,因工程质量标准为合格,不可能参加"泰山杯"的评选,从两份合同签订的时间先后来说,原告鲁美公司对此应为明知,其却仍然与被告世纪金榜的《石材订货合同》中进行了约定,那么其自己应当承担该项违约责任。

(二) 案例分析

1. 分包单位以总包合同约定的"合格"标准对抗分包合同约定的"泰山杯"标准的失败原因。

本案中原告疏忽大意,理所当然地认为,被告在与总承包商签订的总承包合同中约定的验收标准只是"合格",达不到获取"泰山杯"的标准,因此即使发包人要求自己一定要获取"泰山杯",也是无效的。

但是法院对其辩护意见不予认可。法院认为原告鲁美公司应当知晓"泰山杯"如何评选及其向被告世纪金榜供应石材是否存在当选的可能性,其在此情形下仍然将该项内容约定进入双方的合同中,其即应当有承担这种后果的预期,而不是在签订合同时简单地进行约定,而在面临承担责任时又想办法进行推卸。既然已经约定了原告必须获得"泰山杯"的条件,否则要承担30万元的违约责任,那么原告未能履行该项约定,自然应该承担30万元的违约责任。对分包单位来说,真是得不偿失。

2. 承包人忽视质量条款后果严重。

工程质量条款是施工合同的重要条款,一个项目的工程质量标准直接决定项目的验收标准,以及施工单位的成本投入标准。对施工单位而言,自然是质量标准越低越好,标准越低,其越能通过低成本完成工作量。

但承包人又常常忽视质量条款,原因之一是因为承包人在签订合同中处于弱势地位,不太具有话语权,只能屈从于发包人的意思表示;原因二是对质量条款认识不够,认为如果工程本身达不到一定的标准,即使约定了高标准的验收条款也是无效的,对自己没有约束力。但是合同一旦签订是有法律约束力的,一旦约定了高标准的验收条款,后期又意图以"显失公平"理由对抗,常常招致失败。

3. 适用"显失公平"有特定的适用前提。

承包人往往以"显失公平"来对抗合同中对自己不利的条款,但是"显失公平"的适用有特定前提,对承包人而言"显失公平"的适用有很大难度。一者承包人难以取证证明存在"显失公平"情形;二者对"显失公平"合同法律规定了一年的撤销权,而施工合同往往工期长久,而对验收标准的纠纷往往在最后决算阶段才会暴露出来,这时候往往已经过了撤销权行使时间,对承包人非常不利。

五、逾期竣工违约金约定过高

【风险点】

逾期竣工违约金约定过高,且没有最高限额的约定,若逾期竣工,将可能导致承担过高的逾期竣工违约金,并影响承包人主张工程款。

【风险防范】

1. 以约定赔偿实际损失代替约定逾期竣工违约金,或者约定与同期银行固定资产贷款利率等值的违约金。

2. 主动约定违约金上限。

承包人应注意尽可能约定工期违约金的最高限额,如不能超过合同总金额的2%。可以考虑在合同中约定:"承包人在任何情况下在本合同中累计的全部责任,包括但不限于违约金、赔偿金等,不超过合同价款总额的2%。承包人不对发包人的利润损失、合同损失,或与合同有关的任何间接或引发的损失或损害负责。"

3. 约定的违约金过分高于造成的损失的,承包人可以请求人民法院或者仲裁机构予以适当减少。

根据司法解释规定,当事人主张约定的违约金过高请求予以适当减少的,人民法院应当以实际损失为基础,兼顾合同的履行情况、当事人的过错程度以及预期利益等综合因素,根据公平原则和诚实信用原则予以衡量,并作出裁决。当事人约定的违约金超过造成损失的百分之三十的,一般可以认定为"过分高于造成的损失"。

4. 存在工期违约时,应积极应对。

在建设工程施工承包合同中,发包人的主要义务包括做好施工前的各项准备工作、为施工人提供必要的现场条件和配合承包人的工作、按照合同规定向施工人支付工程价款、进行必要的监督检查、组织竣工验收和竣工结算等。如果合同约定由发包人提供场地、技术资料,而发包人未按约定的时间和要求提供这些条件,或发包人未按约定支付工程款,发包人应承担违约责任,承包人可以顺延工程日期,并有权要求赔偿停工、窝工等损失。

因此在发生工期逾期的情况下,应主动核实情况,寻找发包人违约事由,固定证据材料,作为后期对抗发包人工期违约金诉求的证据。

【案例说明】

(一) 基本案情

邢建集团有限公司(以下简称邢建公司)与璞润投资有限公司(以下简称璞润公司)建设工程施工合同纠纷

邢建公司承建被告下属某项目,双方于2014年8月21日签订《补充协议》,约定:"自本协议签订之次日,乙方(邢建公司)组织工人复工,甲方(璞润公司)在双塔主体封顶后七日内支付乙方进度款陆佰万元,在2014年12月15日前,再支付进度款壹仟万元;如甲方未在约定的期限内支付工程进度款、工程竣工结算款和保证金,应支付乙方违约金,违约金以甲方实际欠款金额为基数,每逾期一日,按逾期金额的千分之一支付违约金;鉴于甲方知晓乙方是通过社会融资的方式建设,仅对本协议第一条第一款金额(1 600万元)和第一条第二款金额(150万元),融资费率每月为融资额度的5%,因此,甲方对上述违约责任约定的合理性有充分理解,并承诺在违约以后,无权请求人民法院减轻违约责任。"

2018年邢建公司起诉请求:①因质保期已过,璞润公司支付剩余工程款890万元;②因璞润公司逾期支付工程进度款,应向邢建公司支付违约金,按月利率2%计算,暂计3 224.144 3万元(详见违约金计算明细)。

邢建公司认为,双方约定的违约金为日千分之一,即年利率36.5%,现邢建公司自愿降低违约金的计算标准,按年利率24%主张,符合法律规定,并不过高,应予支持。

一审判决璞润公司按月息2%向邗建公司支付逾期支付工程进度款的违约金。

二审法院认为:

(1) 对逾期支付工程进度款1 000万元的违约金的确定。在《补充协议》中,双方对违约后果进行了特别约定,璞润公司知晓邗建公司是通过社会融资的方式建设,融资费率每月为融资额度的5%,璞润公司对逾期付款应承担的后果已充分认知,并承诺在违约后无权请求人民法院减轻违约责任。现邗建公司对其中逾期支付的1 000万元进度款,自动降低违约金计算标准,按照月息2%主张违约金,低于双方特别约定的标准,不属于相关法律及司法解释规定的违约金约定过高应予调整的情形。

(2) 关于已生效判决确定的90%的进度款中剩余未付4 635.7万元工程款的违约金的确定。案涉《补充协议》约定"如璞润公司未在约定的期限内支付工程进度款、工程竣工结算款和保证金,应支付邗建公司违约金,违约金以璞润公司实际欠款金额为基数,每逾期一日,按逾期金额的千分之一支付违约金"。二审法院认为,本案合同当事人之间违约金的约定是否过高,应以璞润公司违约给邗建公司造成的实际损失为基础来认定。邗建公司未举证证明具体的损失数额,也未提供其主张违约金月息2%标准的相应事实根据,故其主张按照月息2%标准来确定违约金依据不足。予以纠正,应当按照同期银行贷款利率上浮30%确定损失。

(二) 案例分析

1. 本案的裁判要点。

本案裁判要点:合同当事人之间违约金的约定是否过高,应以违约方造成的实际损失为基础来认定,而守约方的实际损失如何确定,应由守约方举证证明给其造成的具体损失数额或提供造成损失的相应事实依据。如果事先双方承诺在违约后无权请求人民法院减轻违约责任,对该部分违约金主张无需再行举证证明。

2. 本案中每日千分之一违约金的约定是否过高,应以璞润公司违约给邗建公司造成的实际损失为基础来认定。

根据《中华人民共和国民法典》(简称《民法典》)第五百八十五条:"当事人可以约定一方违约时应当根据违约情况向对方支付一定数额的违约金,也可以约定因违约产生的损失赔偿额的计算方法。约定的违约金低于造成的损失的,人民法院或者仲裁机构可以根据当事人的请求予以增加;约定的违约金过分高于造成的损失的,人民法院或者仲裁机构可以根据当事人的请求予以适当减少。"本案合同当事人之间违约金的约定是否过高,应以璞润公司违约给邗建公司造成的实际损失为基础来认定。而邗建公司的实际损失如何确定,应由邗建公司举证证明给其造成的具体损失数额或提供造成损失的相应事实依据。这里,将邗建公司的实际损失分为了两部分。

(1) 合同约定的 1 000 万进度款违约金约定是否偏高解读:

本案中双方仅对逾期支付进度款 1 000 万元的违约金进行了特别约定,璞润公司对逾期付款应承担的后果已充分认知,并承诺在违约后无权请求人民法院减轻违约责任,故对该部分违约金主张无需再行举证证明。

(2) 对 4 635.7 万元进度款的违约金计算是否偏高解读:

对主体封顶后欠付的工程进度款 4 635.7 万元的违约金承担,双方并未特别约定,邗建公司未举证证明具体的损失数额,也未提供其主张违约金月息 2% 标准的相应事实根据。

违约金从性质上看主要以补偿损失为主,兼具一定的惩罚性,对案涉《补充协议》同一合同项下的进度款违约金,已生效判决认定按照中国人民银行发布的同期同类贷款利率上浮 30% 支付违约金,体现了违约金补偿和惩罚功能的并用。故对案涉《补充协议》同一合同项下的 4 635.7 万元工程进度款的违约金按此标准确定,既符合案件实际又体现法律适用的统一性。因该 4 635.7 万元系剩余工程欠款而非借款,不应当参照《最高人民法院关于审理民间借贷案件适用法律若干问题的规定》(法释〔2015〕18 号)第二十六条关于借贷利率未超过年利率 24% 的规定,支持邗建公司月息 2% 的违约金主张。(注:该司法解释经法释〔2020〕修正,最新规定为约定利率不超过合同成立时一年期贷款市场报价利率的四倍)

3. 合同约定违约金上限的,操作会更方便。

如果合同中约定了损失赔偿金的计算方法(包括赔偿金上限),按照约定优先的原则,守约方有权主张的赔偿金数额将难以突破按照合同约定计算出的赔偿金数额或赔偿金上限。即使约定的违约金数额较低,导致不足以覆盖守约方所遭受的损失时,守约方要求增加赔偿的部分也将难以突破约定的损失赔偿金或损失赔偿金上限。

六、争议解决条款约定不当

【风险点】

争议解决条款约定不当,将可能导致争议解决条款无效,甚至增加诉讼成本,延长解决纠纷的期限,以及其他不利的后果。

【风险防范】

1. 施工合同纠纷诉讼的专属管辖。

根据《最高人民法院关于适用〈中华人民共和国民事诉讼法〉的解释》第二十八条的规定:"民事诉讼法第三十四条第一项规定的不动产纠纷是指因不动产的权利确认、分割、相邻关系等引起的物权纠纷。农村土地承包经营合同纠纷、房屋租赁合同纠纷、建设工程施工合同纠纷、政策性房屋买卖合同纠纷,按照不动产纠纷确定管辖。"

也就是说建设工程施工合同等纠纷纳入了法院专属管辖范围,属于专属管辖范围,具有排他性。当事人在约定管辖法院、提起管辖权异议的时候都不能违反专属管辖的有关规定。因此,建设工程施工合同纠纷当事人,只能约定由不动产所在地即建设工程所在地法院管辖案件,不能约定其他法院管辖。

2. 不想接受工程所在地机构管辖的,可将约定管辖法院变更为约定管辖仲裁机构。

当事人约定的仲裁条款能够明确表达选择仲裁的意思表示,且能够明确唯一的仲裁机构,就应当认可其效力,即使合同无效,也不应影响仲裁条款的效力。因此约定仲裁机构的时候,务必要清楚地描述仲裁机构的全名,并清楚明确地表达双方一致同意接受所选定的仲裁机构的仲裁管辖。

3. 签订合同时对于选择仲裁还是诉讼解决方式应明确约定一种方式,避免出现两种方式。

合同专用条款的争议解决条款给予了合同双方一个二选一的选择权,如果想要约定仲裁管辖,必须清楚表示接受第一种方式,即:"(1)向_____ _____仲裁委员会申请仲裁"。

4. 若存在"黑白合同",则应该按签订在后的协议确定争议解决方式。

实际履行是一个实体问题,不在管辖权异议成立与否的判断中进行考察。在备案合同与未经备案合同约定的管辖条款不一致时,应当以签订在后的合同确定案件的管辖问题。

【案例说明】

(一) 基本案情

青田胜源鞋业有限公司(以下简称青田公司)与温州华杰建设工程有限公司(以下简称华杰公司)建设工程施工合同纠纷

青田胜源鞋业有限公司向一审法院起诉,要求华杰公司提交全部竣工验收资料与竣工报告,配合办理竣工结算并确定结算造价(最终以工程造价司法鉴定结果为准);并在竣工结算中扣减相应费用781 594.55元,并承担违约金和预期利益损失等。被告华杰公司提出管辖异议,认为双方之间达成过仲裁合意,因此双方纠纷应通过仲裁解决,应驳回原告起诉。

一审法院经审查认为,原、被告于2007年12月16日签订了《青田胜源鞋业有限公司新建厂房工程施工合同》。在该合同履行过程中,双方发生纠纷,被告向温州仲裁委员会申请仲裁,原告参与了仲裁并提出了反请求申请。温州仲裁委员会一并审理并作出了〔2012〕温仲裁字第951号仲裁裁决书,该仲裁裁决书认定的受理根据系申请人的申请及《青田胜源鞋业有限公司新建厂房工程施工合同》中约定的仲裁条款,现裁决书已发生法律效力并经执行和解。鉴于温州仲裁委员会已确认了案涉合同的仲裁条款效力,且原告在温州仲裁委员会对〔2012〕温仲裁字第951号案件首次开庭前未对仲裁协议的效力提出异议,故被告在本案中对原审法院受理该案提出的异议成立,原告应向仲裁机构申请仲裁。

一审法院裁定:驳回青田胜源鞋业有限公司的起诉。

青田公司不服,提出上诉:撤销原审裁定,指令原审法院继续审理。

在二审程序中,上诉人青田胜源鞋业有限公司向温州市中级人民法院申请确认仲裁协议效力。因该审理结果影响本案的处理,二审法院裁定中止审理。温州市中级人民法院审理后作出〔2016〕浙03民特67号民事裁定,认为对具体采取何种方式解决争议并未作出选择,在双方无进一步明确约定的情况下,双方实际并未达成由温州仲裁委员会仲裁的意见。因此,在双方未达成仲裁协议或者仲裁条款的情况下,青田公司请求确认仲裁协议无效的请求不成立,故裁定驳回青田胜源鞋业有限公司的申请。

二审法院认为,温州市中级人民法院作出〔2016〕浙03民特67号民事裁定已经确定双方当事人对具体采取何种方式解决争议并未作出选择,双方未达成仲裁协议或者仲裁条款。故在此情况下,双方因履行《青田胜源鞋业有限公司新建厂房工程施工合同》产生的纠纷应由人民法院管辖。原审裁定驳回起诉错误,本院予以纠正。

二审法院裁定如下:一、撤销浙江省青田县人民法院〔2016〕浙1121民初3576号民事裁定;二、本案指令浙江省青田县人民法院审理。

(二) 案例分析

本案是典型的针对仲裁协议效力问题的一个纠纷。原告起诉要求一审法院对建设工程施工合同纠纷进行审查并作出判决,一审法院以原、被告曾在此前就相关工程纠纷在温州仲裁委员会开庭审理为由,认为双方之前已经形成有效仲裁协议,因此案件应当由仲裁委员会审理,据此驳回原告诉请,原告不服进行上诉,二审法院认为双方之间并未达成有效仲裁协议,因此撤销了原审裁定。本案中针对仲裁协议约定效力问题有两个关键的裁判点:

1. 仲裁协议的约定必须明确具体,否则将导致约定无效。

按照《最高人民法院关于适用〈中华人民共和国仲裁法〉若干问题的解释》第七条的规定"当事人约定争议可以向仲裁机构申请仲裁也可以向人民法院起诉的,仲裁协议无效",故涉案施工合同中的仲裁协议不符合法律规定,系无效条款,自始不发生任何法律效力。原、被告曾于2007年12月递交青田住建局备案的"施工合同"其专用条款第37条中规定了以下内容:"本合同在履行过程中发生的争议,由双方当事人协商解决,协商不成的,按下列第一种方式解决:(一)提交温州仲裁委员会仲裁;(二)依法向人民法院起诉。"这种约定并未明确指出温州仲裁委员会的管辖权,因此视同未约定。

2. 原审法院无权对仲裁条款的效力进行审查,裁定程序违法。

按照《最高人民法院关于适用〈中华人民共和国仲裁法〉若干问题的解释》第十二条第一款规定:"当事人向人民法院申请确认仲裁协议效力的案件,由仲裁协议约定的仲裁机构所在地的中级人民法院管辖"。原审法院受理本案后,若被告对原审法院管辖权有异议的,应按照上述法律规定向仲裁协议约定的仲裁机构所在地的中级人民法院即温州市中级人民法院申请确认仲裁协议效力。按照上述法律规定,除温州市中级人民法院外,原审法院及其他任何法院对约定温州仲裁委员会仲裁的仲裁协议效力均无审查权。

七、签证约定不清

【风险点】

1. 签证约定不清,施工单位要求签证依据不足。
2. 发包人以理由不足拖延签证,签证不足影响后期结算。

【风险防范】

施工合同是后期施工、签证、索赔的基本依据,为避免签证陷阱,最好在施工合同中对签证人员、签证送达方式和签证审批时间作出明确约定,这是后期可以按步骤进行签证的前提,也可有效避免监理和建设单位找借口拖延或者拒绝签证。一般来说,需要在施工合同中做如下约定:

1. 有权签证或签收的人。最好将名字、职位、联系方式写上,实践中可能会区分签证金额的大小而约定不同权限的人。

2. 签证索赔文件的送达方式。如约定邮寄地址或约定对方拒签时,邮寄至指定地址即视为送达。

3. 签证与索赔的办理时限及法律后果。如约定建设单位在收到签证索赔单多长时间内给予答复,否则视为认可施工单位的主张。

【案例说明】

(一)基本案情

广西壮族自治区融水苗族自治县建筑工程公司(以下简称融水县建筑公司)与广西融水广海房地产开发有限公司(以下简称广海公司)建设工程施工合同纠纷

2009年6月8日,广海公司与融水县建筑公司签订《建设工程施工合同》,合同约定:建筑面积约43 000 m^2,工程价款采用包干价格合同方式,双方协商确定590元/m^2结算,不存在工程变更签证及材料价格调整;甲方因销售需要或其他原因对工程进行的变更,乙方必须无条件执行与配合,严格按甲方确定的工期完成相应变更(不产生任何签证及费用)。合同还对双方的其他权利和义务作了相应约定。

而备案的合同中的专用条款对工程变更没有约定。

施工中发生了工程变更。

2012年9月4日,建设工程竣工经验收合格并交付广海公司使用。截至2011年12月31日,广海公司共支付融水县建筑公司工程款26 615 315元。融水县建筑公司要求广海公司支付工程尾款及变更、增加工程量的工程款未果,遂向法院起诉。

一审法院认为:本案存在两份合同,除了2009年6月8日签订的合同外,在建设局还有一份备案合同,本案应当以备案合同为准。经鉴定,主体工程量为28 413 358.3元;围墙、排水沟等增加工程量208 219.04元;基础部分变更签证的工程量为1 158 700.16元;三部分合计工程量为29 780 277.5元。扣除广海公司已支付工程款26 615 315元,广海公司尚欠3 164 962.5元未付。判决:广西融水广海房地产开发有限公司支付广西壮族自治区融水苗族自治县建筑工程公司工程款3 164 962.5元和利息。

广海公司不服一审判决上诉,认为:①本案讼争工程所依据的合同依法只应为双方于2009年6月8日签订的《建设工程施工合同》,而不应是仅作为报建备案用途的《建设工程施工合同》,因为本工程并不是必须招标的工程,而且事实上并没有进行工程施工招标,因此自然不存在所谓的"中标合同"之说。②关于车库、杂物房、架空层层高部分和基础新增部分,本案讼争的全部工程均未变更层高设计,而现在发现实测层高数据高于工程施工图设计的根本原因是被上诉人不按图施工所致(被上诉人并未按设计要求回填至工程施工图纸标高,就直接进行工程上部施工),而这完全由于被上诉人的施工过错所导致的结果,依法应由被上诉人承担完全的过错责任。③关于工程量增加部分,本案合同为总包干价,合同已经约定项目工程不存在任何变更也不存在任何签证。且签证单上的监理人员签字和建设单位人员签字并不是合同指定的总监人员和建设单位项目负责人,签证无效。

二审法院认为:①本案应当适用2009年6月8日签订的合同。首先,根据本院二审查明的事实,本案双方当事人均无备案的《建设工程施工合同》原件,该合同上也无具体签订日期,其形式要件存在重大瑕疵。其次,双方在履行合同中都未以备案合同作为依据。再其次,本案的工程并非通过招投标程序确定,因此在融水县住房和城乡建设局备案的《建设工程施工合同》仅为备案合同,并非备案的中标合同,与《最高人民法院关于审理建设工程施工合同纠纷案件适用法律问题的解释》第二十一条的规定不符,一审法院适用第二十一条有误,应当予以纠正。②对于工程的车库及杂物房是否应当按照全面积计算工程价款问题。广海公司虽主张车库及杂物房的高度与原设计不符,但根据本案证据,广海公司在本案工程的施工及验收过程中均未对此提出异议,仅在请求工程款时提出抗辩,有不符常理之处。融水县建筑公司举出工作联系单、车库及杂物房修改的平面图、竣工图等证据,处于优势地位。③关于基础部分的工程变更造价问题,本案双方于2009年6月8日签订的合同中约定"本合同造价采用包干价格合同方式,双方协商确定590元/m^2结算,不存在工程变更签证及材料价格调整",因该基础工程属于合同规定的本案承包范围之内,其是否变更不影响双方按照建筑面积以590元/m^2结算价款,故该变更部分签证价款应当不予另行计算,一审法院支持工程的基础部分变更签证的工程造价共计1 158 700.16元有误,本院予以纠正。

(二) 案例分析

1. 争议焦点分析:合同约定了不存在签证变更,事后产生了签证变更,是否需对施工单位据实结算。

本案最主要的争议点在于,在《建筑工程施工合同》中约定了"不存在工程变更签证及材料价格调整""工程变更甲方因销售需要或其他原因对工程进行的变更,乙方必须无条件执行与配合,严格按甲方确定的工期完成相应变更(不产生任何签证及费用)"等字眼,实际施工中发生了工程变更,并产生了并不规范的签证单,对此是否应当对施工单位据实结算。这个问题没有标准答案,只能在实际案例中通过事后的资料进行具体的论证,这对施工单位而言是极为不利的,因为在合同明确规定不存在签证、风险全由施工单位承担的情况下,施工单位需要在事后推翻这一约定存在极大的难度。这样的条款等于施工单位将自己的权利义务置于不确定的风险境地。本案中施工单位因为工程变更增加的工程量,只有部分得到了法院的采信和支持,对施工单位而言是个巨大的损失。

2. 备案合同不一定能对抗"黑合同"。

本案中还争议到究竟以哪一份合同为判案依据,6月8日的合同约定不存在任何变更和签证,备案合同则无此规定。施工单位认为应当适用《最高人民法院关于审理建设工程施工合同纠纷案件适用法律问题的解释》第二十一条规定:"当事人就同一建设工程另行订立的建设工程施工合同与经过备案的中标合同实质性内容不一致的,应当以备案的中标合同作为结算工程价款的根据。"但案涉项目并未进行过招投标,建设单位反驳此备案合同并非二十一条所述"备案的中标合同",不能适用该条款。最终二审法院采纳了6月8日合同作为定案依据,对施工单位大大的不利。

注意,根据最新的《最高人民法院关于审理建设工程施工合同纠纷案件适用法律问题的解释(一)》,上述内容体现在第二条:"招标人和中标人另行签订的建设工程施工合同约定的工程范围、建设工期、工程质量、工程价款等实质性内容,与中标合同不一致,一方当事人请求按照中标合同确定权利义务的,人民法院应予支持。"而根据《最高人民法院新建设工程施工合同司法解释(一)理解与适用》的规定,"黑合同"的无效须以"白合同"有效为前提。若招投标程序违法,仍可能导致"白合同"无效。同时,"白合同"必须是中标合同,与是否备案无关。

3. 施工单位应重视合同中对工程签证相关事项的约定。

对施工单位而言,签订《建设工程施工合同》时务必注意签证条款,不可因为着急揽工程而对施工合同权利义务掉以轻心或者采取无所谓的态度,认为可以通过事后的签证、变更推翻合同约定。须知,事后的签证变更要推翻合同约定是件比较困难的事,即使尽到全力,也未必能取得完全的效果。本案中施工单位最后也只拿到部分的签证、变更工程款。

本案中,事后双方当事人以及监理人员作出涉案的全部签证、签发的工作联系单的行为已经改变、取代了双方当事人持有合同中专用条款第八条"工程变更"约定的事实,所以对施工单位超出设计层高的施工予以了按全面积进行计算。但是对基础增加部分,受困于6月8日合同约定的包干单价,二审法院并未支持该部分的签证费用。所以,一旦合同将签证事项约定死了,想通过事后的签证变更改变合同约定是存在极大难度的。

而对于签证单的效果问题,涉及实际签证签字人员与合同约定的不符,导致双方存在争议,建设单位有了不认可签证单的理由,幸亏施工单位提供了其他证明资料佐证监理人员和建设单位人员签字的效力性,否则签证费用能否得到还是个未知数。

八、发包人直接分包问题

【风险点】

发包人直接将相关部分另行分包,分包工程拖延工期,影响承包人总工期和质量安全。

【风险防范】

发包人直接分包对承包人而言弊大于利,指定分包存在的风险更大,总包单位为维护自身利益,签订分包协议时应注意以下几点:

1. 避免直接与指定分包人签订指定分包合同,必须签订的要求发包人参与。

(1) 总包单位要避免指定分包人带来的风险,首要的是尽量避免与指定分包人签订指定分包合同,争取使发包人与指定分包人签订指定分包合同,使分包工程变为总包合同外工程。这样一旦指定分包人发生违约,可以避免因为分包施工工期、质量等问题影响总包单位主张工程款。对总包而言,也更容易避开因为分包与发包人的矛盾导致自身被卷入诉讼。

(2) 若发包人要求必须由总包与指定分包签订合同的,可以要求发包人参与指定分包合同的签订,最好签订三方合同,明确约定建设单位、分包单位和总包单位责任,特别对付款、工期、质量等条款约定清楚,对总包人的配合管理义务要约定明确、切实可行。最好在合同中约定总承包人仅仅履行总包管理之责,付款义务在发包人一方。

(3) 总包单位在总包合同或三方合同中均需约定清楚分包性质,分包单位是由发包人指定的,因为《最高人民法院关于审理建设工程施工合同纠纷案件适用法律问题的解释(一)》第十三条明确规定,发包人直接指定分包人分包专业工程造成建设工程质量缺陷,发包人应当承担过错责任。

(4) 总包单位应在总包合同中对建设单位指定分包范围约定清楚,避免建设单位指定分包范围没有限制。

2. 注意签订"背靠背"条款。

分包合同的"背靠背"条款,是指总承包人在分包合同中约定,其向分包人支付款项的前提条件是其已获得建设单位支付的工程款。

我国现行的《建设工程施工专业分包合同(示范文本)》第 19.5 条规定"分包合同价款与总包合同相应部分价款无任何连带关系",即格式文本中不支持"背靠背"条款。但合同双方依然可以就付款条款做特殊约定。如果约定了"背靠背"条款,指定分包人向总承包人追索工程款时,需要承担较大的举证责任,对总承包人来说是比较有利的。

3. 总包单位要注意对分包工程的代扣税约定。

大部分指定分包工程通常做法是由总包单位统一开具工程款发票给建设单位,而后由分包单位开具分包工程款发票给总包单位,总包单位应在合同中约定开具发票的种类、时间、税率,而不能以税务部门有规定为由而不在合同中约定。

4. 注意审核分包单位是否具备专业资质。

建设单位指定分包的,因是建设单位介绍过来的单位,总包并不一定了解,因此在签订合同之前,要注意审核分包单位是否具备专业工程承包资质。无法核实的,应当向建设单位发函说明情况,如建设单位及分包单位不配合的,保留书面证据。

5. 加强项目施工管理。

在指定分包中,指定分包人通常与业主有着较为密切的关系,有时甚至存在不正当关系,导致指定分包人的素质不高,不具备相应的承包能力;业主往往会介入总承包人对指定分包的管理,甚至绕过总承包人直接与指定分包人沟通,增加了总承包人对建设工程的管理难度。总承包人应充分行使合同赋予的权利,加强对项目施工的管理,包括进度管理、质量管理、安全管理等,承担其对指定分包人的监管责任,并保存好项目施工中与指定分包人之间的往来函件、签证、会议纪要等原始书面的证据资料。

【案例说明】

(一) 基本案情

岳海建设集团公司(以下简称岳海公司)与鑫澳置业公司(以下简称鑫澳公司)建设工程施工合同纠纷

岳海公司与鑫澳公司签订了《建设工程施工合同》,合同签订后岳海公司进行了施工,完成了部分约定工程量,但未最终完工。后鑫澳公司以岳海公司从项目建设开始,始终未组建符合法规规定的项目管理班子,没有在合同约定的工期内完工，工期严重拖延为由，向岳海公司发出《解除合同通知书》，通知解除双方签订的 YJ－0709、YJ－0710 号《建设工程施工合同》及补充协议，并限岳海公司于收到通知之日起五日内移交完整的前期施工技术资料，以备双方办理结算手续。此后，岳海公司撤出施工现场。岳海公司起诉要求鑫澳公司支付剩余工程款，鑫澳公司则反诉要求岳海公司承担工期延误造成的系列损失。

岳海公司认为本方不存在违约。关于涉案工程的工期，鑫澳公司对于工期的主张只是依据合同的约定机械计算得来的，其刻意回避了因鑫澳公司的原因而造成工期延误的事实。岳海公司已经向法庭提交了八组证据证明涉案工程工期延误是因开工日期延后、图纸会审逾期、价格审批超时、设计变更、工程量增加和变更、拖欠工程进度款、鑫澳公司对外分包单项工程延误工期等一系列原因造成的，但工期延误的过错均不在岳海公司。鑫澳公司在合同履行过程中单方违约解除合同，又另行委托他人对剩下的工程进行施工，但在计算岳海公司的工期时，鑫澳公司却一直计算到工程整体竣工验收，明显不符合案件事实，岳海公司没有义务为他人的工期延误承担责任，更无义务支付所谓的违约金。关于工期延误的原因。按照岳海公司主张的工程款，鑫澳公司支付的进度款远远未达到合同约定的 75%，即便按照一审鉴定值计算，鑫澳公司目前欠款 1 745 万余元，约占总结算款 6 306 万元的 28%，由此也可以看出鑫澳公司支付进度款并未达到合同的要求。鑫澳公司未按进度付款也是造成工期延误的事实之一。

一审法院判定鑫澳公司支付原告岳海公司工程款 17 450 427.65 元，并承担违约金。

鑫澳公司不服原审判决提出上诉。

二审法院认为：关于原审对上诉人鑫澳公司主张的工期延误违约金不予支持是否正确的问题。虽然从合同约定的竣工日期上看，工程已经延期竣工，但是由于鑫澳公司提供的证据不能证实工程延期竣工是岳海公司的原因造成的，而从岳海公司提供的证据看，是由于鑫澳公司图纸会审晚于合同约定、设计变更、工程量增加、拖欠工程进度款、分包工程延期完工等导致了工期延误，工期延误是由于鑫澳公司的原因造成的；双方签订的《补充协议》《备忘录》亦证实由于鑫澳公司自身原因导致工期延误，并对岳海公司进行了补偿。因此，鑫澳公司的该主张证据不足。

（二）案例分析

1. 本案争议焦点在于工期延误是谁的责任及因工期延误造成的损失应当由谁承担。

本案尚算权利义务较为清晰，施工单位提供了大量证据证明工期延误的责任在于建设单位，且建设单位的擅自分包行为不但损害了施工单位的利益，也成了导致工期延误的重要原因，法院基于此判定工期延误责任在建设单位，应当给付施工单位工程款及违约利息，至于建设单位因工程未能及时竣工验收导致的损失，由其自行承担。

2. 建设单位直接指定分包人时，施工单位要注意应对策略。

国家法律规定，建设单位不得直接指定分包人。然而在实践中，由于施工单位在市场竞争中处于劣势，总包被迫接收建设单位指定分包的现象屡见不鲜，并常以合法的形式出现。建筑市场属于甲方市场，存在着各种复杂的社会关系及人为背景，这些社会因素导致了建设单位需要平衡各种利益。建设单位在签订合同前占据了非常强势的地位，建设项目发包给承包人后，往往可以通过指定分包要求某个特定的分包人承担一部分分包工作，甚至可以随意将指定分包作为总包承接项目或支付工程款的前提条件。这对总包方是极为不利的。总包一定要注意从前文所述的 5 个方面规避风险隐患。

九、工程垫资问题

【风险点】

如果建设单位后期建设资金无法筹集或难以到位，将可能致使施工工程款及垫资款项难以及时支付，也有可能导致工程停工，形成"烂尾工程"，从而使施工单位的垫资款变成呆坏账。

【风险防范】

2004 年《最高人民法院关于审理建设工程施工合同纠纷案件适用法律问题的解释》出台以前，针对垫资条款是否无效一直存在争议，司法解释出台后，首次承认了垫资条款有效。

既然现在垫资施工是有效的，施工单位应当关注招投标文件和施工合同中约定的垫资条款，对于约定垫资施工的合同，应当控制由此可能发生的风险。

1. 尽量不垫资。保险起见,能不垫资尽量不垫资。

2. 约定以支付垫资作为工程交付的前提。

必须要承接垫资项目的,为避免风险,承包人可以在施工合同中约定发包人应当在工程竣工交付前支付全部或大部分垫资款,否则承包人可以拒绝交付已经完工的工程,损失由建设单位承担。

3. 明确约定垫资利息及违约金。

《最高人民法院关于审理建设工程施工合同纠纷案件适用法律问题的解释(一)》第二十五条规定:"当事人对垫资和垫资利息有约定,承包人请求按照约定返还垫资及其利息的,人民法院应予支持,但是约定的利息计算标准高于垫资时的同类贷款利率或者同期贷款市场报价利率的部分除外。当事人对垫资没有约定的,按照工程欠款处理。当事人对垫资利息没有约定,承包人请求支付利息的,人民法院不予支持。"

所以存在工程垫资的,承包人应当在施工合同中明确约定垫资款的利息,并约定垫资幅度和计算标准及起始点。可根据自身的资金情况和施工形象进度或施工节点约定垫资幅度。同时,承包人应当在施工合同中约定发包人逾期支付垫资款的,应承担违约金的数额。

4. 垫资施工的合同,要约定因为发包方的原因造成工期延误的,或者工程变更增加工程量的,发包方应当适当支付工程款。否则,很容易突破承包方在签订合同时,对于工程垫资的风险预期,陷承包方于非常被动的局面。

5. 建设单位提供垫资担保。如有可能,施工单位可以要求建设单位提供垫资担保。灵活设定担保形式,如房地产开发项目,可以约定开立共管账户用于接收售房款,优先用于支付工程款。也可以设定保函,甚至在合同中设定留置权。

6. 有的工程项目未能办理合法的用地手续,没有办理建设工程规划许可证,这样的项目绝不可以垫资。因为工程项目违法,到时候,发包方拖欠工程款,而又不能以工程项目变卖,承包方可能面临人财两空的被动局面。

【案例说明】

(一) 基本案情

某一建设工程项目,建设单位 A 公司在招投标文件中约定了承包方垫资施工,投标人 B 响应招标文件进行了投标并中标。但双方在签订《建设工程施工合同》时，又在合同中约定了工程预付款、进度款支付方式。

合同签订后，B公司按时进场施工。在施工过程中，因为A公司没有按照合同约定支付进度款，B公司多次向建设单位发出催告，未取得答复，遂进行了停工，造成了工期延误长达一年以上。

后B公司提起诉讼，请求A公司赔偿因逾期支付工程款，给B公司造成的各项停工损失费。A公司提出了反诉，要求B公司按照合同约定支付工期延误的违约金。

法庭上，B公司以施工合同文本作为A公司未能按照合同约定，支付工程进度款的证据；A公司以招投标文件作为B公司已经同意垫资施工的证据。合同文本与招投标文件的规定相互冲突，再看合同文件的解释顺序，招投标文件优先于合同文本的解释顺序，应当以招投标文件的规定为准。因此，法院判决：承发包双方，已经约定了垫资施工，此约定为双方当事人真实的意思表示，不违反法律规定，双方均应遵守。现承包方以发包方未付工程进度款为由，停止施工，无合同依据及法律依据。

（二）案例分析

1. 司法解释确认了垫资效力。

2005年1月1日实施的《最高人民法院关于审理建设工程施工合同纠纷案件适用法律问题的解释》（简称《解释》）针对建设施工合同中垫资问题做了规定。《解释》第六条规定："当事人对垫资和垫资利息有约定，承包人请求按照约定返还垫资及其利息的，应予支持，但是约定的利息计算标准高于中国人民银行发布的同期同类贷款利率的部分除外。当事人对垫资没有约定的，按照工程欠款处理。当事人对垫资利息没有约定，承包人请求支付利息的，不予支持。"该司法解释第一次明确地提出对工程垫资条款不作无效处理，这也是从法律上第一次明确地认可工程垫资的合法性。对于我国建筑市场上工程垫资的现象合法与否长期以来众说纷纭，新规定可谓是一锤定音，引起法律界、建筑界高度重视。

2020年新的《最高人民法院关于审理建设工程施工合同纠纷案件适用法律问题的解释（一）》依然保留着这一规定。

2. 施工单位应谨慎对待垫资条款。

垫资条款有效，而垫资条款有时候方便施工单位承揽到工程，因此施工单位在心理上往往偏向于接受垫资条款。但是垫资条款对施工单位的资金压力和资金链断裂风险影响巨大，因此在对待垫资条款时务必要小心谨慎。是否接受垫资条款，施工单位应当综合考虑自身的垫资实力、建设单位的履约实力、项目当地的垫资环境等因素，综合考量。而不能只看重眼前利益，更不能侥幸地认为事后可以通过停工等其他手段迫使建设单位改变垫资条款。

案例中所述 B 公司就是太过掉以轻心，只注意施工合同中约定的预付款、进度款支付条款，理所当然地认为未得到工程进度款就可以单方面决定停工，却忽视了招投标文件中对垫资的规定，以及合同中对招投标文件效力顺序的规定，导致了自身巨大的利益损失。

3. 预付款、进度款条款不一定能对抗垫资条款。

施工单位还应当注意，有的施工合同中，虽然约定了工程预付款、工程进度款，但同时还约定了，一旦工程款未能及时到位，承包方应当按照施工计划继续施工。这是变相垫资的合同条款，应当引起重视。

十、安全费用问题

【风险点】

1. 未确定建设工程安全作业环境及安全施工措施所需费用，导致预算与实际不符，并影响向发包人申请支付费用。

2. 未按规定向分包支付安全文明施工措施费，导致对安全事故承担主要责任。

3. 未合理利用安全文明施工措施费，被建设主管部门处罚。

【风险防范】

1. 注意在合同中单独约定安全防护、文明施工措施费条款。

原建设部印发的《建筑工程安全防护、文明施工措施费用及使用管理规定》第七条规定："建设单位与施工单位应当在施工合同中明确安全防护、文明施工措施项目总费用，以及费用预付、支付计划，使用要求、调整方式等条款。"

承包人可按法律规定，主动要求在施工合同中明确上述条款。

2. 主动确认安全防护、文明施工措施费提取比例。

根据财政部、国家安监总局印发的《企业安全生产费用提取和使用管理办法》规定,各建设工程类别安全费用提取标准为1.5%～2.5%,视项目性质而定。

同时,《建筑工程安全防护、文明施工措施费用及使用管理规定》要求:"建设单位与施工单位在施工合同中对安全防护、文明施工措施费用预付、支付计划未作约定或约定不明的,合同工期在一年以内的,建设单位预付安全防护、文明施工措施项目费用不得低于该费用总额的50%;合同工期在一年以上的(含一年),预付安全防护、文明施工措施费用不得低于该费用总额的30%,其余费用应当按照施工进度支付。"

3. 注意按照规定向分包单位支付安全防护、文明施工措施费。

承包人作为总包单位的,有义务将安全费用按比例直接支付给分包单位并监督使用,分包单位不再重复提取。否则,若因总承包单位不按本规定和合同约定支付费用,造成分包单位不能及时落实安全防护措施导致发生事故的,总包单位将承担主要责任。

4. 避免随意挪用安全防护、文明施工措施费用。

承包人应注意不能随便挪用安全防护、文明施工措施费,否则可能导致建设主管部门责令整改甚至处以挪用费用20%以上50%以下的罚款。若因承包人挪用费用造成损失的,承包人将依法承担赔偿责任。

5. 在合同中明确约定安全文明施工费不作为竞争性费用。

承包人与发包人签订《建设工程施工合同》有时会约定工程结算按照某某比例下浮作为最终结算价,那包含在工程总价款中的安全文明施工费是否按同等比例下浮?

虽然《建设工程工程量清单计价规范》3.1.5规定了措施项目中的安全文明施工费必须按国家或省级、行业建设主管部门的规定计算,不得作为竞争性费用。但关于《建设工程工程量清单计价规范》的强制性规范条款是否高于合同文件效力是存在争议的,司法审判中也存在不同的裁决结果。因此为了确保合同效果,可以在合同中明确约定安全文明施工费不作为竞争性费用,不参与下浮。

【案例说明】

(一) 基本案情

甲公司就本公司2 500 t/d水泥熟料生产线建设项目进行发包,并最终与承包人乙公司订立《施工合同》,对工程概况、工程质量要求、工期要求、付款方式、结算方式、隐蔽工程验收、工程付款审核时间及违约等进行了约定。其中,第五条第七款约定:乙方同意按税前造价给予甲方 12% 优惠。项目完工后双方就工程计算发生争议,乙公司起诉甲公司要求支付拖欠的工程款及利息、违约金。

案件审理过程中,甲公司申请对工程进行造价鉴定。鉴定报告明确:措施、文明施工费按规定不能下浮,但鉴定造价是依据双方补充合同约定,即同意按税前造价给予 12% 优惠,下浮前××××元,下浮 12% 后×××××元,相差×××××元,是否下浮具体由法院判决。

一审法院认为,当事人订立的合同内容不违反法律和行政法规强制性规定,应尊重当事人的意思自治。一审法院认可工程造价下浮 12% 的约定的效力,即安全文明施工费下浮 12% 亦为有效。

乙公司不服一审判决提起上诉认为:本案存在两份合同,双方签订并备案的合同中没有造价下浮 12% 的约定,应以备案合同为准;甲公司未经乙公司同意,擅自将利润高的钢结构、水电、消防等项目肢解或分解发包给他人,下浮造价对于乙公司不公平;而且安全文明施工费作为不可竞争费用,政府有明确规定不应下浮,否则达不到安全文明施工的目的。原审认定下浮,属于不当曲解政府文件。

二审法院认为:工程造价由包括安全文明施工费在内的多种费用构成,而整体工程造价的确定属于当事人意思自治范畴,以当事人协商一致为原则,除非法律、行政法规有强制性规定。在原审已正确认定本案施工合同合法有效的情形下,双方关于工程造价优惠下浮 12% 的约定亦应认定为当事人的真实意思表示,且已实际履行;因本案工程并非规定的必须招投标工程项目,故《最高人民法院关于审理建设工程施工合同纠纷案件适用法律问题的解释》第二十一条的规定(该内容在 2020 年新《解释》中体现在第二条里),并不适用于本案情形;而且有关建设主管部门对劳保费、安全文明施工费用要求予以单列明确且作为不可竞争费用等规定,并不影响市场主体在签约时基于其自身实力和对市场行情的自主判断,从工程造价其他具有竞争优势的费用构成中进行调整以充实这些费用,达到有关建设主管部门该相关规定的要求;如果市场主体在作出工程造价优惠承诺后,不予信守,而是机械地或有意地不作此种调整,必然会违反上述行政管理规定,其应承担的是相应行政性处理后果,而不是转嫁到原先订立的有效合同之上。综上,乙公司有关上诉主张及理由,缺乏依据,不予支持,原审判决的相关认定并无不当。

(二) 案例分析

本案例的争议焦点之一为,双方在补充协议中已经约定工程造价下浮12%,在合同未明确将安全文明施工费排除在下浮项目范围外时,安全文明施工费是否应当按照同等比例下浮? 或者说,合同约定的下浮12%的约定是否有效? 合同约定与规范安全文明施工费的政府文件相违背时,该条款效力应如何认定?

1. 对于合同条款违反强制性规定是否有效的判断,司法审判中要求结合案件事实慎重判断。

《民法典》第一百五十三条规定:"违反法律、行政法规的强制性规定的民事法律行为无效。但是,该强制性规定不导致该民事法律行为无效的除外。"强制性规定分为效力性强制性规定和管理性强制性规定。违反效力性强制性规定的,民事法律行为无效。

《全国法院民商事审判工作会议纪要》(以下简称《九民纪要》)第30条规定:人民法院在审理合同纠纷案件时,要慎重判断"强制性规定"的性质,特别是要在考量强制性规定所保护的法益类型、违法行为的法律后果以及交易安全保护等因素的基础上认定其性质。下列强制性规定,应当认定为"效力性强制性规定":强制性规定涉及金融安全、市场秩序、国家宏观政策等公序良俗的;交易标的禁止买卖的,如禁止人体器官、毒品、枪支等买卖;违反特许经营规定的,如场外配资合同;交易方式严重违法的,如违反招投标等竞争性缔约方式订立的合同;交易场所违法的,如在批准的交易场所之外进行期货交易。关于经营范围、交易时间、交易数量等行政管理性质的强制性规定,一般应当认定为"管理性强制性规定"。

关于违反规章的合同效力,《九民纪要》第31条规定:违反规章一般情况下不影响合同效力,但该规章的内容涉及金融安全、市场秩序、国家宏观政策等公序良俗的,应当认定合同无效。人民法院在认定规章是否涉及公序良俗时,要在考察规范对象基础上,兼顾监管强度、交易安全保护以及社会影响等方面进行慎重考量。

2. 安全文明施工费属于管理性规定,并不必然导致合同条款无效。

安全文明施工费不可竞争的要求,主要适用于编制概预算、工程量清单、招标控制价等施工前阶段,强调建设单位应当预留充足的费用,供施工单位按照国家、省、市建筑施工安全、施工现场环境与卫生标准和有关规定,购置和更新施工安全防护用具及设施、改善安全生产条件和作业环境,防止施工过程对环境造成污染等。根据《建筑工程安全防护、文明施工措施费用及使用管理规定》及其他法律规定,建设单位违反上述规定的,更多的是承担行政性处理后果。

因此本案二审法院认为,有关建设主管部门对安全文明施工费用要求予以单列明确且作为不可竞争费用等规定,并不影响市场主体在签约时基于其自身实力和对市场行情的自主判断,从工程造价其他具有竞争优势的费用构成中进行调整以充实这些费用,达到有关建设主管部门该相关规定的要求。

关于安全文明措施费的规定,并不能对抗合同约定并直接导致合同条款无效。

3. 有关地方文件明确合同约定的安全文明施工费的金额,在结算时可予以调整。

安全文明施工费不可竞争,但并非不可调整。各地对于安全文明施工费的结算均有规定。

如《深圳市建设工程安全文明施工措施费管理办法》第十三条规定:"安全文明施工措施已按阶段安全防护要求落实并达到规定标准的,安全施工费、文明施工费和环境保护费的可计量部分应当按实计量并予支付,不可计量部分可按约定办法或比例支付。"

《四川省建设工程安全文明施工费计价管理办法》第六条规定:"安全文明施工费分基本费、现场评价费两部分计取。……现场评价费……由承包人自愿向安全文明施工费费率测定机构申请并经测定费率后获取的安全文明施工措施增加费。"第十条规定:"安全文明施工费结算费率的确定:安全文明施工现场评价费费率……最终综合评价得分低于70分(不含70分)的,只计取安全文明施工费中的临时设施基本费。"第十二条规定:"安全文明施工费的结算管理:……承包人未向安全文明施工费费率测定机构申请测定费率的,只能按本办法第十条规定计取基本费。"可见,四川省对安全文明施工费是划定了不予变动、直接按标准计取的基本费和可以变动计取的现场评价费的。对现场评价费部分可以按照实际情况进行调整。

4. 安全文明措施费不符合规定并不减轻或免除承包人的安全文明施工责任。

当事人约定对于安全文明施工费的计取及结算等,即使存在不符合地方的法规、规章及规范性文件之处,但只要不存在法定的合同无效情形,司法实践中依然认定有效。承包人如认为发包人未按规定给付安全文明施工费,因此偷工减料、减少安全文明施工费的投入,依然会导致建设主管部门的行政处罚。如果因承包人偷工减料导致安全事故的,依然要承担行政乃至刑事责任。

十一、谨慎对待专用条款问题

【风险点】

未慎重对待专用条款,不利于维护自身利益。

【风险防范】

1. 专用条款优先于通用条款。

建设工程合同文件一般有如下构成:①合同协议书;②中标通知书;③投标函及投标函附录;④专用合同条款;⑤通用合同条款;⑥技术标准和要求;⑦图纸;⑧已标价工程量清单;⑨其他合同文件。

通用条款是根据法律、行政法规规定及建设工程施工的需要订立,通用于建设工程施工的条款;专用条款是发包人与承包人根据法律、行政法规规定,结合具体工程实际,经协商达成一致意见的条款,是对通用条款的具体化、补充或修改。在适用上,专用条款优先于通用条款。

2. 在合同中保留通用条款,保证合同的完整性。

通用条款的适用要根据专用条款的约定。对《建设工程施工合同》的修改往往在专用条款中进行。现实中,因为发、承包人双方地位问题,发包人往往在专用条款中对承包人约定比较严格的责任;而如果在专用条款中没有对通用条款的某一条款进行修改的,则执行通用条款。

因此在签订合同时,承包人应当注意,无论是否执行通用条款,通用条款都应作为合同的一个组成部分予以保留,不应只把协议书和专用条款作为全部合同内容。

3. 对承包人有利的默示条款，注意在专用条款中予以明确。

建设工程施工合同履行中，一般是执行"专用条款未修改的则执行通用条款"的约定，但有一些特殊情况也应当予以注意，比如默示条款。

以 2017 版《建设工程施工合同（示范文本）》通用条款来说，就有工程进度款支付默示条款、竣工验收默示条款、竣工结算默示条款、最终结清默示条款、索赔处理默示条款等。其中，竣工结算默示条款直接涉及工程价款结算，对施工单位的利益尤为重要。

根据《最高人民法院关于审理建设工程施工合同纠纷案件适用法律问题的解释（一）》第二十一条规定："当事人约定，发包人收到竣工结算文件后，在约定期限内不予答复，视为认可竣工结算文件的，按照约定处理。承包人请求按照竣工结算文件结算工程价款的，人民法院应予支持。"

而最高人民法院〔2005〕民一他字第 23 号《关于发包人收到承包人竣工结算文件后，在约定期限内不予答复，是否为认可竣工结算文件的复函》中表述：适用《最高人民法院关于审理建设工程施工合同纠纷案件适用法律问题的解释》第二十条（在 2020 年的新司法解释中是第二十一条）的前提条件是当事人之间约定了发包人收到竣工结算文件后，在约定期限内不予答复，则视为认可竣工结算文件，承包人提交的竣工结算文件可以作为工程款结算的依据。建设部制定的建设工程施工合同格式文本中的通用条款第 33 条第 3 款的规定，不能简单地推论出：双方当事人具有发包人收到竣工结算文件一定期限内不予答复则视为认可承包人提交的竣工结算文件的一致意思表示。

也就是说，如果施工合同只是单纯的纳入了通用条款的内容，在专用条款中没有做出明确约定的话，通用条款中关于工程结算的默示条款，并不能达到默示认可承包人提交的竣工结算材料可以直接作为结算依据的法律效果。

因此承包人在签订合同时要在专用条款中进行明确的约定，约定具体的审价期限，并明确地约定"发包人在约定期限内不予答复，则视为认可竣工结算文件/视为认可承包人报价"等类似字眼。在这种约定下，可以适用"默示结算条款"进行结算。

【案例说明】

（一）基本案情

原告恒盛公司与被告××街道办事处施工合同纠纷

某年某月,××街道办事处就文化中心工程建设进行公开招标。根据施工招标文件第二部分"投标须知"第41.1条,工程采用固定总价承包方式。后××街道办事处对恒盛公司进行询标,根据询标纪要,××街道办事处在问题25中问恒盛公司:"本工程采用固定总价合同形式,在钢材等主要材料市场价格波动较大的情况下,贵方如何确保工程顺利进行?"恒盛公司回答:"按招标文件执行。"

最后恒盛公司以74 465 596元价格中标。双方签订《建设工程施工合同》,其中专用条款第23.2条约定:本合同价款采用(1)方式确定。(1)采用固定价格合同,合同价款中包括的风险范围:根据区建设局和财政局《关于杭州经济技术开发区政府投资项目工程材料价格异常波动结算调整的指导性意见》(简称《指导性意义》),经街道办事处领导班子集体研究决定并达成会议纪要,明确合同价款调整按此文件规定执行。

专用条款第42.15条约定:本合同与询标纪要有矛盾时,以本合同为准。

后双方在结算时,恒盛公司认为:对办事处另请的第三方审计机构以《建设工程施工合同》专用条款23.2条中的《指导性意见》为由扣除恒盛公司送审结算钢材差价不予认可;恒盛公司在65家单位投标竞争中以最低价中标,中标本身已存在亏损隐患,在工程开始时恒盛公司购入大量高价钢筋用于地下室施工,现工程结算审计以低价结算,于恒盛公司又加剧了工程的亏损额度;如各方无法达成一致意见,恒盛公司建议先搁置争议部分造价,××街道办事处先支付无争议部分工程款,有争议部分造价再行协商。××街道办事处支付了无争议部分的工程款。

后恒盛公司认为被告尚需支付争议部分的款项,向法院提起诉讼。

一审法院认为:恒盛公司与××街道办事处之间的建设工程施工合同系双方真实意思表示,对双方均有约束力。虽本案建设工程施工合同为固定价格合同,但双方在最终签订合同专用条款时在23.2条中对价格调整进行了特殊约定,该约定明确、具体,且根据"专用条款"第42.15条具有优先适用效力,故第三方审计机构按照该条款调整材料差价并无不当。同时,恒盛公司对评审报告采用的编制期信息价有异议,但经释明未申请重新审计,系放弃权利的行为,应承担相应不利后果。一审法院判决:驳回恒盛建设公司全部诉讼请求。

恒盛公司不服一审判决,提起上诉称:根据招标文件41.1条及询标纪要25条,体现的真实意思均是案涉合同总价在合同约定的风险范围不可调整的原则。

被上诉人××街道办事处答辩称：虽然在询标时提出如果钢材价格发生波动该如何执行，答复是按招标文件执行，但双方在签订《建设工程施工合同》时首先在专用条款中作出了特别约定，即要按《指导性意见》执行，同时在专用条款第 42.15 条又明确了如询标纪要与专用条款发生争议时以专用条款为准，即本案应以专用条款为准，而专用条款是允许按《指导性意见》执行，故一审法院适用法律正确。

二审法院经审理，判决：驳回上诉，维持原判。

（二）案例分析

1. 专用条款是《建设工程施工合同》的重要条款，效力优先于通用条款，甚至在有特别约定时可以优先于其他条款。本案纠纷点就在于对专用条款的理解运用。

本案中，施工合同专用条款第 23.2 条约定"本合同价款采用（1）方式确定。（1）采用固定价格合同，合同价款中包括的风险范围：根据区建设局和财政局《关于杭州经济技术开发区政府投资项目工程材料价格异常波动结算调整的指导性意见》，经街道办事处领导班子集体研究决定并达成会议纪要，明确合同价款调整按此文件规定执行。"该《建设工程施工合同》系双方真实意思表示，该条款对双方均具有约束力。对于恒盛公司认为的该条款系对《指导性意见》的排除，应当这样理解：该条款中"风险范围"后跟随完整的句式，包含着完整的意思表示，并非对排除风险的罗列，结合出台《指导性意见》的目的及××街道会议纪要的精神，该条款应理解为对涉案工程的价格调整应按《指导性意见》的规定来执行。

2. 恒盛公司对专用条款存在一定的忽视，导致了自身利益损失。

从施工合同整体来看，《指导性意见》规定了工程材料价格调整的条件和范围，与固定价格合同条款并不矛盾，可以认为是对合同价款计算方式的补充。因此最后被主审法院认作了工程结算的依据。恒盛公司忽视专用条款的重要性，导致了自身利益的巨大损失。

十二、自然灾害和不可抗力因素的具体约定

【风险点】

对不利自然灾害和不可抗力因素约定不明确，导致承包人索赔困难。

【风险防范】

1. 掌握不可抗力三个特点：不可预见性、不可避免性和不可克服性。

不可预见性即合同当事人对于不可抗力事件的发生必须根本无法预见。如果能预见或应该能够预见，则不构成不可抗力。不可避免性即出现了不可预见的灾害，如果造成的后果是可以避免的，那么也不构成不可抗力，只有无法采取任何措施加以避免，才具有不可抗力的特征。不可克服性指当事人对该事件的后果无法加以克服，毫无办法加以阻止，比如政策的变化、国家出现政权的交替等。

2. 列举约定构成不可抗力的各种情况。

承包人在施工合同的谈判过程中，应当考虑通过对不可抗力专用条款的细化，尽可能详尽约定属于不可抗力的事件以及处理方式，并在工期和不可预见费的承担方面进行预设性考虑和安排。

《建设工程施工合同（示范文本）》（GF－2017－0201）中17.1条中列举了构成不可抗力的相关情形：地震、海啸、瘟疫、骚乱、戒严、暴动、战争和专用条款中约定的其他情形。容易产生争议和纠纷的在于"约定的其他情形"。

承包人应当尽量量化构成不可抗力的相关情形的各个因素点。例如风、雨、雪、洪、震等自然灾害，以什么地点什么级别的气象部门的气象报告为准，风量达到几级，雨量、雪量达到多少毫米可视为不可抗力，等等。如在某一案例中，项目施工地多年未曾遭遇过暴雨，但在某一年连续遭遇20天暴雨，该情况可以解读为不可抗力；但是在第二年再次遭遇了20多天的暴雨，承包人认为这也属于不可抗力，但是发包人认为，去年本地区已经因为地壳原因遭遇过20天的暴雨，对于成熟的施工单位应当预见到今年依然可能遭遇持续的暴雨，所以今年这种情况不能算作不可抗力。这就发生了争议。如果合同中明确约定了构成不可抗力的暴雨量和天数的因素，则可以具体量化，从而避免争议。

3. 注意避开不可抗力的阻断因素。

《民法典》第五百九十条规定：当事人一方因不可抗力不能履行合同的，根据不可抗力的影响，部分或者全部免除责任，但是法律另有规定的除外。当事人迟延履行后发生不可抗力的，不免除其违约责任。

也就是说，某些情况虽然构成不可抗力，若承包人已经因其他原因在不可抗力发生之前导致或在不可抗力期间因非不可抗力原因导致的施工合同违约，则不能援引不可抗力的条款进行减轻责任或免责；不可抗力解除后又出现其他情形或非因不可抗力影响(如工程处于施工进度计划所列明的冬休状态、人工成本增加、承包人资金问题、图纸变更等)造成的违约,同样不能认定为减轻责任或免责的原因。

4. 约定不可抗力发生后的通知期限、通知方式等。

《民法典》第五百九十条规定:因不可抗力不能履行合同的,应当及时通知对方,以减轻可能给对方造成的损失,并应当在合理期限内提供证明。

不可抗力发生后,承包人负有通知义务,以便防止损失扩大。因此为了更好地执行不可抗力条款,建议在合同中约定发生不可抗力情形后承包人的通知期限、通知方式等。如以何种方式通知,通知到何种地步视为通知到位(如发邮件的,可以约定邮件到达指定接收人视为通知到位),以免后期双方因通知时间和通知效果问题产生纠纷。

【案例说明】

(一) 基本案情

宏冉建筑工程有限公司(以下简称宏冉建筑公司)、路岐河流域水污染治理建设工程管理局(以下简称路岐河流域工程管理局)建设工程施工合同纠纷

宏冉建筑公司与路岐河流域工程管理局签订《施工合同》,合同约定:35. 不可抗力。35.1 不可抗力包含因战争、动乱、空中飞行物体坠落或其他非发包人承包人责任造成的爆炸、火灾,以及专用条款约定的风、雨、雪、洪、震等自然灾害……35.3 因不可抗力事件导致的费用及延误的工期由双方按以下方法分别承担:(1) 工程本身的损害、因工程损害导致第三人人员和财产损失以及运至施工场地用于施工的材料和待安装的设备的损害,由承包人承担……(5) 工程所需清理、修复费用,由承包人承担……"

2016 年 6 月 21 日,宏冉建筑公司向澄江县人民法院提起诉讼。请求:双方签订的《抚仙湖西岸澄江片区路岐河流域水污染治理与清水产流机制修复工程施工合同》第三部分专用条款 35.3 条:"因不可抗力事件导致的费用及延误的工期由双方按以下方法分别承担:(1) 工程本身的损害、因工程损害导致第三人人员伤亡和财产损失以及运至施工场地的材料和待安装的设备的损害,由承包人承担;(5) 工程所需清理、修复费用,由承包人承担";变更为"因不可抗力事件导致的费用及延误的工期由双方按以下方法分别承担:(1) 工程本身的损害、因工程损害导致第三人人员伤亡和财产损失以及运至施工场

地用于施工的材料和待安装的设备的损害,承包人不承担赔偿;(5)工程所需清理、修复费用,不由承包人承担。"

一审法院认为,本案中,2015年12月15日至17日,该工程所在地区遭遇强降温、明显降雨的天气,已经属于极端天气的范畴,达到不能预见、不能避免并不能克服的客观情况,应当认定为不可抗力。民法通则及合同法中均将不可抗力作为法定免责事由,但该免责事由免除的是当事人双方的违约责任,即出现不可抗力条件时,当事人双方均不用承担违约责任。但不可抗力作为法定的免责事由,其作用是在于当事人双方对不可抗力产生的损失没有约定的情况下,可以直接援用法律规定来寻求免责,换言之,法律并不禁止当事人之间对不可抗力造成损失时如何负担进行约定。

宏冉建筑公司不服,上诉请求:撤销原判,进行改判。

二审法院认为:①双方签订了《施工合同》,宏冉建筑公司作为具有相应施工资质的企业,其与路岐河流域工程管理局达成的《施工合同》系双方真实意思表示,未违反国家禁止性法律规定,内容合法,并已实际履行,应为有效合同。②本案双方所签《施工合同》第一部分第六条已经明确,中标通知书等与《施工合同》一起构成合同文件,而招标文件并不属于合同的组成部分,其性质仅为要约邀请,因此,当事人双方在签订《施工合同》时约定招标文件中不存在的条款,并不属于《招标投标法》规定的"招标人、投标人订立背离合同实质性内容的协议"的情形,应为合法有效。③从上述规定的内容看,不可抗力作为法定免责事由,免除的是当事人双方因不可抗力导致不能履行合同的违约责任,而非免除当事人对不可抗力造成损失承担的责任。据此,在不属于法定免责事由的情形下,当事人之间对不可抗力造成损失后如何承担责任是可以进行约定的。故双方在《施工合同》中约定不可抗力产生的损失由施工方承担并不违反法律规定。④宏冉建筑公司认为《施工合同》第三部分专用条款第35.3条第一款、第五款违反了《建设工程施工合同(示范文本)》(GF—2013-0201),对此,经审查,宏冉建筑公司所称建设工程施工合同示范文本并非相关部门强制要求使用文本,故双方当事人在所签《施工合同》中变更示范文本通用条款也未违反相关法律规定,据此,宏冉建筑公司的该主张依据也不充分,不予采信。

(二)案例分析

1. 本案焦点分析。不可抗力导致法定免责事由免的内容是:不可抗力作为法定免责事由,免除的是当事人双方因不可抗力导致不能履行合同的违约责任,而非免除当事人对不可抗力造成损失承担的责任。

本案涉及不可抗力及由不可抗力引出的法定免责事由可否另行约定的问题。在本案中一、二审法院都采纳了将不可抗力导致法定免责事由免的究竟是什么内容进行了区分解读。

《民法典》第一百八十条规定:"因不可抗力不能履行民事义务的,不承担民事责任。法律另有规定的,依照其规定。不可抗力是不能预见、不能避免且不能克服的客观情况。"

从上述规定的内容看,不可抗力作为法定免责事由,免除的是当事人双方因不可抗力导致不能履行合同的违约责任,而非免除当事人对不可抗力造成损失承担的责任。据此,在不属于法定免责事由的情形下,当事人之间对不可抗力造成损失后如何承担责任是可以进行约定的。故双方在《施工合同》中约定不可抗力产生的损失由施工方承担并不违反法律规定。

2. 如无特殊规定,当事人双方在签订《施工合同》时约定招标文件中不存在的条款,并不属于《招标投标法》规定的"招标人、投标人订立背离合同实质性内容的协议"的情形,应为合法有效。

对于该约定是否违反了招标文件,法院认为,本案双方所签《施工合同》第一部分第六条已经明确,中标通知书等与《施工合同》一起构成合同文件,而招标文件并不属于合同的组成部分,其性质仅为要约邀请,因此,当事人双方在签订《施工合同》时约定招标文件中不存在的条款,并不属于《招标投标法》规定的"招标人、投标人订立背离合同实质性内容的协议"的情形,应为合法有效。

3.《建设工程施工合同(示范文本)》非强制文本,可以对通用条款进行变更。

至于宏冉建筑公司认为《施工合同》第三部分专用条款第35.3条第一款、第五款违反了《建设工程施工合同(示范文本)》(GF—2013-0201),法院认为,宏冉建筑公司所称建设工程施工合同示范文本并非相关部门强制要求使用文本,故双方当事人在所签《施工合同》中变更示范文本通用条款也未违反相关法律规定。

4. 承包人应谨防发包人绕过不可抗力免责事由约定承包人承担对不可抗力发生后的修复责任。

综上，从承包人角度出发，不可抗力的免责事由可以灵活加以运用，除了对哪些属于不可抗力范围事项进行明确约定外，还要注意发包人利用优势地位将不可抗力发生后的修复责任进行再分配，将本属于发包人自身应承担的责任转嫁到承包人头上。

十三、合同定价影响财税处理问题

【风险点】

合同价款一般不包含增值税，增值税作为价外税在合同价款外计算，如果没有在合同中注明合同价款是含税价格还是不含税价格，有可能出现因理解不同带来的纠纷。

【风险防范】

1. 对合同价款进行价税分离，分别列示不含税价款和增值税税额，这也符合"营改增"后的做法。

2. 合同中明确提供发票的类型，根据单位类型和承包人的抵扣要求明确提供增值税专用发票还是增值税普通发票。

3. 如明确提供的是增值税专用发票，那么还可以要求对方尽可能提供××‰高抵扣率的增值税专用发票。

【案例说明】

（一）基本案情

原告四川昌泰建筑工程有限公司（以下简称昌泰公司）与被告苍溪县文家角水库管理处建设工程施工合同纠纷

原告昌泰公司起诉请求：判令被告承担因国家税费"营改增"多支付的税款 759 380.46 元。

事实理由：被告苍溪县文家角水库管理处 2016 年 4 月公开招标修建文家角水库灌区的渠堰配套施工工程。原告昌泰公司中标。2016 年 6 月 24 日双方签订施工合同，约定工程总造价为 9 764 691 元，其中建材费、机械设备费、人工费及安全文明施工费，含税金 313 721 元（原营业税率为 3.28％为计算依据）；合同专用条款写明"甲方支付合同价款，采用固定单价方式，所有引起单价调整的因素由乙方考虑，合同履行期间单价不作调整"。2016 年 7 月 5 日，四川省水利厅办公室以〔2016〕92号文件转发了水电部、执行财政部、国家税务总局"营改增"调整办法。2016年9月30日,四川省水利厅办公室以〔2016〕109号文正式下达营业税改增值税《四川省水利水电工程设计概算编制规定》实施办法的规定,此后变动了税款。原告得知税率变动、税款增加时,立即找被告签订补充合同,要求被告依据国家税法变动增加相应的工程款单价。被告答应让原告先按新的税法交税,其多交的部分由被告在决算时承担。合同决算时,原告要求被告补充合同、增加税费。被告请示上级后,2017年11月17日苍溪县发改局以〔2017〕31号文《关于对"营改增"纳入项目总投资请示》答复如下:①"营改增"是国家税收调整,应按税收法规处理。②关于"营改增"后新增税额数据,由审计部门审计。后审计局以增加税额拨款不是审计工作的范围为由未进行审计。原告至今未得到被告的拨款。

主审法院认为,本案双方签订的《建设工程施工合同》约定:"承包人应当按有关法律规定纳税,应缴纳的税金包括在合同价款内"。组成该合同的《通用合同条款》16.2双方约定"在基准日后,因法律变化导致承包人在合同履行中所需要的工程费用发生除16.1款约定以外的增减时,监理人应根据法律、国家或省、自治区、直辖市有关部门的规定,按第3.5款商定或确定需要调整的合同价款"。1.1.4.6约定"基准日期:指投标截止时间前28天的日期"。该工程的投标截止时间为2016年4月27日,因此,基准日期为2016年3月29日。在基准日期之前的2016年3月23日,财政部、国家税务总局就以〔2016〕36号印发了《关于全面推开营业税改征增值税试点的通知》并于2016年5月1日起实施。在"营改增"办法实施后的2016年6月24日原、被告才签订《建设工程施工合同》,因此,原告应当知道"营改增"相关税收政策的变化,在此情况下,仍然与被告签订合同,充分说明该合同是双方当事人真实意思表示,不存在合同无效,合同可变更或撤销的情形,因此,原告称该约定违反法律、行政法规的强制性规定和在订立合同时显失公平的诉称无事实依据,本院不予采。其次,引起工程费用增减价格调整的法律事由根据合同约定也是发生在基准日期之前。再其次,四川珂兴建设工程造价咨询有限责任公司审计时未将因"营改增"增加的税额作为审计内容。最后,原告主张的增加的税额为759 380.46元,系其本公司财务计算得出,被告不认可。该数据的真实性存疑,其证明效力本院不予确认。

据此,主审法院判决:驳回原告的诉讼请求。

（二）案例分析

1. 施工合同签订中需要明确合同价款是否含税及税务信息条款。

"营改增"之后，合同价款一般不包含增值税，增值税作为价外税在合同价款外计算，并最后计入总价。因此施工合同签订时，增值税为价外税，应当在合同中就合同价款是否包含税金做出明确约定，避免后期产生争议。比如合同价款需明确合同含税总价、合同价（不含税部分）及税款金额，如果签订含税价款，一定要附加发票类型（增值税专用发票或增值税普通发票）和税率的限制，否则对项目成本影响很大；如果签订的是不含税价，企业将根据发票类型，决定付款金额。同时，还要明确有关税务信息条款，比如应当就纳税主体信息、应税行为种类及范围、适用税率等内容进行详细约定，确保合同主体信息与发票记载信息一致，同时明确不同种类应税行为的范围及适用税率，从而避免履约过程中产生争议。

2. 承包人应当加强财务部门对最新财税政策的学习吸收。

本案中承包人败诉的一大原因在于，合同签订时间为 2016 年 6 月 24 日，而 2016 年 3 月 23 日，财政部、国家税务总局就以〔2016〕36 号印发了《关于全面推开营业税改征增值税试点的通知》并于 2016 年 5 月 1 日起实施。因此法庭直接认定原告应当知道"营改增"相关税收政策的变化，此时仍然与被告签订合同，充分说明该合同是其真实意思表示，不存在合同无效，合同可变更或撤销的情形。

目前国家关于财税政策变化很快，因此承包人应当加强财务部门对最新规定的学习吸收，避免财税知识盲点，导致不必要的损失。

第三章 合同履行阶段

第一节 项目事务板块

一、项目开工问题

【风险点】

1. 承包人在发包人发出开工通知前进场施工,导致实际开工日期提前,而现场并不具备大规模施工条件,或发包人发出开工通知后现场不具备开工条件,但是承包人未提开工异议,进场后施工进展缓慢,影响总工期。

2. 承包人若在发包人未取得施工许可证的情形下开始施工,很可能被政府勒令停工,甚至面临政府处罚。

3. 对于因发包人原因延期开工的,若承包人在发包人延期开工的情况下并未提异议,将导致索赔艰难。

4. 根据示范文本的约定,若发包人原因造成监理未能在计划开工日期之日起90天内发出开工通知的,承包人也未提出异议,并在发包人发出开工通知后开始施工,将丧失价格调整和解约的权利。

【风险防范】

（一）匹配项目实际情况以编制和报批施工组织设计和进度计划

施工组织设计和施工进度计划是项目在施工过程中重要的履约依据,将构成施工过程履约资料的重要组成部分。承包人在开工前应按照合同约定的计价与支付条件、合同约定的暂定开工时间和项目成本使用计划,编制符合项目实际及对自己有利的施工组织设计和施工进度计划,并报发包人和监理审批。

(二) 不具备施工条件的不轻易开工

在司法实践中,在双方当事人对于实际开工日期有争议时,法院一般以承包人开始施工的时间点作为工期的起算点。一般来说,发包人在开工前有义务将符合开工条件的场地移交给承包人、向承包人提交施工图纸、取得施工许可证、提供基准点、进行设计交底等。若发包人未完成上述义务,现场并不具备大规模施工条件的,不要轻易开工,否则出现争议时,司法审判将确认对承包人不利的工期起算点。同时注意书面催促发包人完成上述义务。

(三) 具备开工条件时,主动申请开工

根据示范文本的约定,承包人应在合同签订后 14 天内,但至迟不得晚于开工通知载明的开工日期前 7 天,向监理提交详细的施工组织设计、施工进度计划、开工报审表,并由监理报送发包人。所以承包人应严格履行合同约定,按照合同要求向监理提交施工组织设计、施工进度计划、开工报审表,并在具备开工条件时,向监理提交开工报告,申请开工。

若因己方原因需要延后开工的,应主动和发包人协商沟通,取得发包人的认同和不追究责任的证据。

(四) 发包人强行要求开工的,提出开工异议

如果项目现场并不具备开工条件,但发包人或监理基于相关原因强行要求开工,并向承包人签发开工通知的,承包人应当提出开工异议,拒绝施工或者要求发包人调整工期。

(五) 发包人原因延期开工的,及时索赔

按照示范文本的约定,对于因发包人原因延期开工的,发包人应顺延工期、承担增加的费用并支付合理利润;因发包人原因造成监理人未能在计划开工日期之日起 90 天内发出开工通知的,承包人还有权提出价格调整要求,或者解除合同。

在这个阶段,承包人应利用自身优势地位,综合各种因素,做出对于自身最有利的选择。如果决定继续履行合同的,应按照合同约定的索赔程序,向发包人提出索赔,要求顺延工期、补偿增加的费用以及支付合理的利润。

索赔要按阶段和发生的事由及时进行,不能拖延到结算阶段再索赔,否则司法审判中一者会认定承包人未及时行使索赔权意味着放弃该项权利,二

者时间太久许多物证将不存在,承包人难以举证自证其说。

【案例说明】

(一)基本案情

案例一:某施工单位房地产项目纠纷

基本案情:某施工单位与开发商签订《施工合同》,付款方式为合同签订后支付500万元,所有建筑物地下室顶板施工完毕一星期内支付2 000万元、主体结构施工至5层支付已完工程量的75%、主体结构施工至10层支付已完工程量的75%,项目验收后付至合同总价款的80%,结算后付95%,5%作质保金。合同签订后,承包人按要求进场施工,但因施工现场还有大量拆迁工作没有完成,承包人无法进行大面积施工,产生了巨大的窝工损失。截至目前,项目产值接近合同总价款的一半,但发包人仅仅支付了500万元的进场费,对于承包人的付款申请,以未达到工程款支付节点为由拒绝支付,导致项目长期停工。

案例二:某施工单位地下广场项目纠纷

基本案情:承包人与发包人就某地下广场项目签订了施工合同,约定:计划开工日期为2018年1月1日,计划竣工日期为2019年8月1日,合同价为1亿元,付款方式为桩基及单体结构封顶后付30%。

合同签订后,在原施工单位未退场的情况下,承包人于2018年2月份进场施工。因现场未交接完毕,承包人无法大面积施工。在施工过程中,承包人未提出过异议,也未及时要求任何的工期顺延、价格调整。截至目前,仅将地下广场桩基工程施工完毕,首层土方施工完毕,发包人认为未到达合同约定的付款节点,拒绝支付任何工程款。双方争议太大,项目陷入长期停工。

案例三:某施工单位道路工程项目纠纷

承包人与发包人就某道路工程签订施工合同,因有20条道路,故分别签订20份施工合同。发包人认为20条道路的土方可以相互利用,不需要弃土费,所以在合同中约定"鉴于××目前缺少土方受纳场地,针对土石方工程,综合考虑20条道路的土方平衡。其中8条道路的取土资源费不考虑,运距包干,其余道路费用由承包人自行解决,相关费用不再另行计算。20条道路的弃土运费、受纳费及其他费用均不考虑"。

承包人开工进场后,发现土方存在如下问题:①某些路段挖出来的土不适合回填,故需要将挖出来的土方外运,填土需重新购买;②需要填土的路未开工,挖出来的土方只能堆砌,但由于场地原因,堆砌的土方需要外运;③若某大道(20条道路其中一条)开工,则可平衡挖土与填土,但此大道未开工。④本项目土方若按照合同执行,则承包人需承担巨额的费用。

承包人发现问题后,及时与发包人协商谈判解决对策。

(二)案例分析

从以上案例可以看出:

1. 在施工现场不具备全面开工条件时,施工单位应提出开工异议,强行开工的,应及时完成索赔程序。

案例一和案例二中,施工单位在项目开工时即清楚现场不可能全面开工,但是未提出开工异议,而是按照发包人的要求进场;在进场后,也没有按程序向发包人提出工期和费用的索赔,导致后期自身遭受极大的停窝工损失。而且工程彻底停工后承包人再索赔时,已经丧失了在施工中的优势地位,发包人直接不予认可。

2. 承包人应重视现场勘察和施工组织设计。

案例三中,承包人存在一个重大的问题就是没有对现场进行仔细勘察,并制订科学合理的施工组织设计和进度计划。发包人认为20条道路的挖土和填土可以平衡,承包人未仔细勘察现场各条道路的土质、开挖深度、填土方量等,就同意了发包人对土方挖填条款的约定,直接放弃了土方相关费用,导致后面发生土方外运时费用难以申请到。

同时因20条一起开工,承包人本应协调各条路的开挖时间,以便土方的外运以及土方回填,但承包人未全盘考虑,导致挖出来的土方无地堆放,自身可能遭受极大损失。

二、无证施工问题

【风险点】

1. 没有取得施工许可证擅自施工的,承包人及其直接主管人员和其他直接责任人员均有受到行政处罚的风险。

2. 未取得施工许可证的情况,政府禁止土方外运、禁止塔吊等大型施工机械进场,甚至勒令停工,断水断电,导致项目无法施工,最终导致工期延误。

3. 施工证书迟迟不能完善,一般都是项目自身存在重大问题,比如土地没有办理出让、土地出让金没有缴纳完毕、建设项目不符合规划需要等等,这些项目手续不完善,难以融资,项目停工风险很大。

4. 发包人无法完成土地出让手续,不能办理土地使用权过户手续,则发生工程款拖欠时,承包人难以通过处置在建工程来回收工程款。

【风险防范】

(一) 对于未取得土地使用权证的项目

对于未取得国有土地使用权证的项目,承包人轻易不要进场施工。未取得建设用地还要进行开发的,一般开发商可能是资信不佳、规模较小,资金支付能力弱,拖欠支付工程款的可能性很大。一旦承发包双方发生纠纷,承包人无法对在建工程进行拍卖处分,也难以享有建设工程价款优先受偿权,垫付的工程价款难以收回。

(二) 对于未取得建设工程规划许可证的项目

未取得建设工程规划许可证的项目有可能完成手续继续施工,也有可能因为无法解决规划手续问题而停工,直到合同解除或被认定为合同无效。

对于这类项目,承包人要对项目的盈利进行分析。如果前期工程是盈利状态,而且发包人资信和开发能力良好,能够取得建设工程规划许可证,则项目风险较小,承包人可以考虑进场;如果发包人资信和开发能力不好,则建议承包人不要进场施工。

另,根据新的《最高人民法院关于审理建设工程施工合同纠纷案件适用法律问题的解释(一)》第三条的规定,未取得建设工程规划许可证的施工合同无效。如果因施工合同纠纷进入诉讼或仲裁程序,没有建设工程规划许可证的施工合同会被司法审判直接认定为无效。

承包人在这种情况下应当全盘考虑合同签订情况。如果项目整体情况是前期部分亏损后期盈利的,或者承包人在报价时采用了前期亏损后期盈利的不平衡报价模式的,如果施工途中发生纠纷,合同最后被认定无效的,工程没有完工,可能导致承包人无法弥补前期亏损。

(三) 对于未取得建设工程施工许可证的项目

未取得施工许可证的最大问题是项目不能正常施工,政府主管部门会以无施工许可证为由责令停工整改,影响整个合同工期,也可能给承包人增加停窝工损失和管理费,甚至业主工期违约责任的索赔。

《最高人民法院关于审理建设工程施工合同纠纷案件适用法律问题的解释(一)》第八条规定:"发包人或者监理人未发出开工通知,亦无相关证据证明实际开工日期的,应当综合考虑开工报告、合同、施工许可证、竣工验收报告或者竣工验收备案表等载明的时间,并结合是否具备开工条件的事实,认定开工日期。"也就是说,实际开工日期并不以施工许可证载明的日期为准。如果未取得施工许可证,承包人提前进场了,后期因为政府主管部门干预导致工程干干停停,进度缓慢的,影响总工期的责任需要承包人自行承担。

另,未取得施工许可证的项目,政府主管部门除了对建设单位做出处罚外,也将对施工单位做出处罚并通报不良行为记录,影响施工单位正常招投标工作,得不偿失。

《建筑工程施工许可证管理办法》第十五条第二款规定:"单位及相关责任人受到处罚的,作为不良行为记录予以通报。"

根据《建筑市场信用管理暂行办法》的规定,承包人受到县级以上住房城乡建设主管部门行政处罚的信息,将作为不良信用信息在各省级建筑市场监管一体化工作平台上公开,公开期限一般为 6 个月至 3 年。不良信用信息的公开将对承包人资质资格准入、工程招标投标、工程担保与保险、评优表彰等工作存在负面影响。

所以,当建设项目没有取得施工许可证的情况下,除非发包人强行要求,否则不要贸然施工。如果发包人强行要求承包人进场施工,承包人应注意落实以下要点:

(1)要求发包人认可承包人因政府处罚不能施工造成的损失和工期责任赔偿。

(2)对于施工现场不能全面展开施工造成的付款节点问题重新梳理,要求发包人重新按照实际情况决定付款节点,避免某些落在后面的节点影响前面已经完成的节点付款。

(3)对于无证施工期间发生的停窝工行为及时向发包人办理工期和费用签证。

【案例说明】

(一) 基本案情

原告某酒店置业公司与被告某建设公司建设工程施工合同纠纷

原、被告于 2018 年 3 月 9 日签订建设工程施工合同,约定开工日期为 2018 年 4 月 1 日(以实际开工日期为准),竣工日期为 2019 年 7 月 4 日(实际竣工日期为准),合同总日历天数为 460 天。

2018 年 7 月 25 日,被告向监理出具开工报告,申请开工,监理签署了"同意开工"的意见,随后工程开工。2020 年 12 月 24 日,被告与原告及工程监理单位办理了工程移交。后双方因结算发生争议,原告诉请法院判令被告赔偿工期延误损失(违约金)416 000 元并承担本案诉讼费用。

被告认为,项目于 2018 年 1 月 17 日取得上述工程的建设用地批准书,2019 年 8 月 19 日取得建设工程规划许可证,2019 年 9 月 8 日取得建筑工程施工许可证。所以项目开工时间应当以施工许可证取得时间为准,所以不存在工期延误。原告诉请被告赔偿损失于法无据,且已超过了诉讼时效,应依法驳回原告的诉请。

一审法院认为,涉案工程的建设用地于 2018 年 1 月依法办理,规划及施工许可在施工期间办理。对此,原告在未办妥有关许可的情况下,进行工程建设,违反了有关建筑及规划法律的规定,引起的法律后果是接受相关行政机关的行政处罚。但相关部门核发的许可证,只能证明建设单位于何时办理了许可,而不能证明工程的实际开工时间。本案应以建立审核的开工报告为开工时间。一审判决:被告于本判决生效后十日内,向原告支付违约金 416 000 元。

被告不服提起上诉称:在没有施工许可证的情况下,法律禁止施工,上诉人要求以施工许可证发放日期作为开工日期符合法律规定。

二审法院认为:①关于一审认定的开工时间是否错误问题,根据上诉人向工程监理单位提交开工报告拟定的开工时间以及工程监理的审核意见,开工时间为 2018 年 8 月,双方没有确切证据证明具体开工时间,应以开工报告拟定开工时间为实际开工时间。②被上诉人提供的付款明细以及 2018 年 10 月 23 日的分部验收记录,可以证明被上诉人从 2018 年 9 月 10 日开始付款给上诉人,至 2018 年底付款约 600 万元,该款项应为工程款;2018 年 10 月

23日验收时工程已经完成至二层,证明该工程的实际开工时间不可能是上诉人陈述的2019年初。③上诉人依据2019年9月8日被上诉人取得建筑工程施工许可证,主张工程开工时间为2019年9月8日,但按照《建筑法》的规定,施工许可证制度属于《建筑法》对于开工的程序性规定,是建设工程行政管理的需要,如果实际开工时间与施工许可证取得时间不一致,应以实际开工时间为准。据此,二审法院判决:维持原判。

(二) 案例分析

1. 人民法院在认定开工时间上以发包人同意的实际进场施工为准,与是否取得施工许可无关。

关于在未办理施工许可证的情况下提前开工建设,后期如何认定开工日期的问题,新的《最高人民法院关于审理建设工程施工合同纠纷案件适用法律问题的解释(一)》第八条规定:"当事人对建设工程开工日期有争议的,人民法院应当分别按照以下情形予以认定:(一)开工日期为发包人或者监理人发出的开工通知载明的开工日期;开工通知发出后,尚不具备开工条件的,以开工条件具备的时间为开工日期;因承包人原因导致开工时间推迟的,以开工通知载明的时间为开工日期。(二)承包人经发包人同意已经实际进场施工的,以实际进场施工时间为开工日期。(三)发包人或者监理人未发出开工通知,亦无相关证据证明实际开工日期的,应当综合考虑开工报告、合同、施工许可证、竣工验收报告或者竣工验收备案表等载明的时间,并结合是否具备开工条件的事实,认定开工日期。"根据该规定,人民法院在认定开工时间上以发包人同意的实际进场施工为准,与是否取得施工许可无关。

2. 无证施工给施工单位带来的风险分析。

人民法院在认定开工时间上以发包人同意的实际进场施工为准,与是否取得施工许可无关。这样对施工单位而言就有了一个潜在的巨大风险:项目未办理施工许可证的情况下建设单位发布开工令要求施工单位进场施工。施工单位进场施工后可能证件不全,面临相关主管部门的检查、停工警告甚至处罚。对于处罚可能因为资料文件齐全可以向建设单位索赔,但是因为检查、整改等事宜可能造成工期延误,而工期延误有时候很难进行工期签证,后期工程逾期竣工了,建设单位很有可能向施工单位进行损失追偿。另外证件不齐可能导致有些分部分项工程不能按照计划开工建设,也会影响工期整体进展。因此施工单位如果要求无证施工的,必须注意做好施工中的工期签证。

三、施工资料管理问题

【风险点】

施工资料管理不到位,影响后期竣工结算和索赔或反索赔。

【风险防范】

建设工程施工资料是处理工程质量事故、合同纠纷等问题的重要依据。在建设工程施工活动中要做好施工资料的收集和整理。根据建设工程施工阶段的不同,我们可把资料的收集分为三个阶段,即施工准备阶段、施工阶段、竣工验收及备案阶段。

(一)施工准备阶段资料的收集

开工前的施工准备工作主要包含以下方面:

1. 施工图审查文件。施工图审查应由有资质的施工图审查机构出具施工图审查意见书,设计单位应根据施工图审查意见进行修改,并出具设计变更文件。

2. 施工组织设计。施工组织设计必须经公司技术负责人进行审批并加盖公章方为有效,并须填写施工组织设计审批表由总监理工程师审定后方可实施。若合同另有规定的,则按合同要求办理。在施工过程中发生变更时,应有变更审批手续。

3. 开工报告、开工令。工程开工前承包人提交《工程开工/复工报审表》,由监理工程师审查施工单位的准备工作,符合要求后由总监理工程师签署开工令。

4. 施工图设计文件会审、设计交底、施工技术交底。开工前发包人应当组织设计、监理、施工等单位进行图纸会审和设计交底、技术交底,并形成书面交底资料。承包人应注意收集上述资料存档。

5. 分包单位资格审批资料。如果项目涉及专业分包、劳务分包的,需要审核分包单位是否具备分包资格。

6. 工程定位、测量放线记录等。

（二）施工阶段资料的收集和整理

1. 用于工程的建筑原材料。凡用于工程的建筑原材料在进入施工现场时，施工单位均应填报表格，并附上相关质量证明材料，主要有产品出厂合格证及技术说明书、质保书抄件和有要求检验的检验或试验报告。此外，涉及见证取样的材料复试报告必须有见证取样章，复试报告才有效。所有见证取样的材料复试报告的实验机构及人员均应有资质、资格，否则报告为无效报告。

2. 隐蔽工程验收记录。隐蔽工程（如基槽、基础、电线管道的铺设、铝合金窗的预埋件和软填等）在被下一道工序覆盖前，应进行隐蔽前的检查验收并填写隐蔽工程验收记录。隐蔽检查的内容应具体，结论应明确。

3. 施工记录。施工记录主要是记录施工单位本工程施工情况的详细记录，主要有施工日记、重要分项工程（如桩基、混凝土等）施工记录、施工测温记录、构筑物沉降观测记录等。

4. 测量复核记录、工程质量验收记录等。

（三）竣工验收及备案资料的收集

工程竣工验收阶段主要是参建单位和有关部门对该工程实施过程的总结和成品验收的结论性意见，主要包括：

（1）工程参建的责任主体的资料；

（2）其他部门对本工程的验收资料等。

【案例说明】

（一）基本案情

原告泓远咨询中心与被告政华建设投资公司合同纠纷

被告与原告签订《工程资料合作协议书》，约定由原告承接被告某道路工程3#标段的工程资料的编制、收集、整理、组卷、移交等事宜，资料移交日期为根据实际竣工验收时间、竣工验收后资料齐全1～3月进行移交。施工资料达到市档案馆及建设单位工程档案资料移交的要求（本工程为"长城杯"工程，建设单位要求按"长城杯"标准进行竣工资料移交）。

后因被告无故拖欠工程款，经多次催要被告拒不支付，原告诉至法院，请求依法判决被告支付原告资料费用40 934.39元被告不同意原告的诉讼请求,其认可还欠付原告40 934.39元工程款,但认为虽然目前竣工验收已经完毕,但是还没有完成移交,待移交完成后,方同意支付100%的工程款。目前尚有系列资料缺失,被告认为原告应当补齐。

法院经审理查明,双方于2013年10月14日签订《工程资料合作协议书》,2017年4月14日,被告与建设单位某城市排水公司签订《中心城区排水管网建设一期广渠路污水(3♯标段)竣工资料移交书》,载明被告按照合同约定向建设单位办理施工竣工资料移交手续。被告认可上述移交书中移交的资料是原告向城市排水公司交付,其公司加盖了公章;认可原告向城市排水公司移交了四套资料。

2017年8月22日,被告与原告签订《结算单》,最终结算金额161 686.39元。原告主张该《结算单》是依据2017年4月14日签订的《中心城区排水管网建设一期广渠路污水(3♯标段)竣工资料移交书》所做的最终结算,被告对此不予认可,称因原告做了一些工作,向建设单位、档案馆、工程接收管理单位等都做了移交,所以先行做了结算,并不具备最终效力。

2017年9月14日,原告与被告签订《工程资料移交书》两份,接收负责人签字为马某某,马某某签名字样下载明:"保证不再找乙方麻烦,有问题由法院解决,乙方保证给甲方详细资料,见移交目录"。被告称认可马某某是其公司员工,但该《证明》是在双方冲突的情况下被胁迫签署的,双方只是进行了简单的移交。

法院认为:原告与被告签订《工程资料合作协议书》《结算单》及两份《工程资料移交书》《证明》均系双方当事人真实意思表示,不违反法律法规强制性规定,均合法有效。双方当事人均应严格履行。被告自述签署《结算单》是因为原告已经向建设单位、档案馆、工程接收管理单位进行了移交,并且认可原告移交了四套材料,被告虽主张原告未完成全部资料移交,但未提供证据证明其在签订两份《工程资料合作协议书》后向原告提出过未完全移交资料的异议,原告亦不予认可,且被告于2017年9月14日出具的《证明》亦可佐证涉案工程资料已经移交,故综合本案相关证据及当事人陈述,本院认定原、被告双方已就涉案工程应付资料费用进行结算并完成资料移交。原告已履行施工项目的全部资料的编制、移交的义务,被告应当支付全部资料费用。原告主张的资料费用金额并无不妥,本院予以支持。

（二）案例分析

1. 施工资料对项目施工至关重要。

施工资料是工程项目的重要组成部分，收集施工资料是施工单位的基本义务，也是进度款申请的基本资料和竣工验收的基本要求。施工过程中注重对施工资料的收集管理，对施工单位竣工结算百利而无一害。

2. 施工资料收集需要专业技术知识。

同时，建设工程资料的收集和整理是一个系统工程，为保证资料收集的及时、完整、真实、有效，这就要求我们从事资料管理的人员不但要有丰富的专业技术知识，还要有高度负责的责任心和事业心，只有这样我们的工程质量才能得到提高。施工单位可以自行收集施工资料也可以委托专门的第三方收集整理施工资料。

四、实际施工人对外融资借贷问题

【风险点】

实际施工人利用项目名义对外融资借贷，或伪造虚假的借贷关系，出借人起诉施工单位，通过表见代理获取非法利益。

【风险防范】

（一）明确、细化对实际施工人的授权范围

承包人应当注意明确、细化对实际施工人的授权范围，并将授权进行公示公告，去除模糊授权领域，防止实际施工人利用模糊授权进行借贷并将债务转移给公司。公示公告可以采取多种方式进行：

1. 建设工程施工合同上面不能出现实际施工人签字。

2. 如必须出具授权委托书，明确实际施工人的项目管理职责，否定其对外签署合同、以项目名义融资借贷的权利。

3. 通过公告、函件等形式向建设单位、监理和相关单位明示实际施工人的权力行使范围。

4. 在项目部的安全公示牌、管理人员名单等组织机构牌的设置上注明"以上人员只做现场管理，无权代表公司或项目部对外签订或签认任何形式的合同、协议、借款、文件等，请大家监督"或类似字样，并摄影摄像存档。

（二）核实借款是否用于项目

实际施工人以项目名义对外借贷并拖延偿还后，出借人往往以表见代理为由起诉实际施工人和承包人，或者直接起诉承包人，要求偿还借款。

根据《最高人民法院关于当前形势下审理民商事合同纠纷案件若干问题的指导意见》规定，人民法院在判断借款合同相对人主观上是否属于善意且无过失时，应当结合合同缔结与履行过程中的各种因素综合判断合同相对人是否尽到合理注意义务，以及所借款项的用途等各种因素，作出综合分析判断。

因此，承包人注意利用借款用途进行抗辩，并注意举证责任的分配，要求实际施工人和出借人举证证明借款用于项目；如果出借人只起诉承包人的，应申请追加实际施工人为共同被告。

【案例说明】

（一）基本案情

案例一：王某、王某勇与罗某富、华升公司借贷合同纠纷案

2013年，华升公司中标承建某棚户区改造工程。后华升公司将该工程承包给罗某富、徐某贵修建，并签订《华升公司工程项目责任合同》。罗某富在承建工程中，先后向王某、王某勇借款9 765 000元。

2016年1月8日，王某、王某勇与罗某富签订《还款协议》，该《还款协议》主要约定：乙方承建棚户区改造工程，甲方向乙方提供借款，经甲、乙双方对账，截至2016年1月1日乙方尚欠甲方借款本金9 765 000元。乙方以其承建的棚户区改造工程款及收益作为归还甲方借款本息及违约金的担保。

后罗某富未按约还款，王某、王某勇起诉，请求罗某富偿还借款及利息，华升公司承担连带责任。一审法院支持其诉请。

华升公司不服提起上诉。二审法院维持原判。

华升公司不服继续向四川省高院申请再审。

再审认为，本案中华升公司与罗某富之间实质上仅为罗某富借用华升公司资质承建工程的挂靠关系。罗某富、徐某贵在借用华升公司资质承建本案工程后，二人之间签订一份《投资合作协议》，该《投资合作协议》能够印证罗某富、徐某贵作为本案工程的实际施工人是完全自行独立组织资金及对外开展活动。罗某富在承建棚户区改造工程中，多次与王某、王某勇发生民间借贷关系，王某、王某勇与罗某富签订《还款协议》，罗某富向王某、王某勇出具

《还款承诺书》,上面均未加盖华升公司印章或项目部印章,借款亦未转入华升公司账户。而华升公司向建设单位出具的委托书中,授权罗某富的代理权限为领取棚户区改造工程中标通知书、签订合同协议,委托期限30天。从该委托书的内容可以看出,罗某富并未取得代表华升公司对外借款的代理权限。结合《工程项目责任合同》中对权利义务的约定,罗某富对外借款行为不属于其代表华升公司履行职务行为,亦不属于受华升公司委托授权所对外实施的行为。即使如罗某富自述的诉争借款用于本案工程项目,但借款的用途并不影响借款合同相对方的建立。因此,根据合同相对性原则,华升公司无承担偿还王某、王某勇款项的责任。王某、王某勇要求华升公司承担连带清偿责任于法无据。

再审判决:撤销一、二审判决,罗某富于本判决生效之日起三十日内偿还王某、王某勇借款本金及支付利息。

案例二:李某生、滕某振与赵某生、金建公司借贷合同纠纷案

李某生、滕某振与赵某生签订《协议书》,该协议书载明:"甲方,赵某生,乙方,李某生、滕某振,今收到李某生、滕某振投资款现金人民币五百万元整,双鸭山项目完工,按本金的80%回报利润,共计人民币四百万元整,本金在2011年7月30日还清,利润在工程交工后50天结清。"

后赵某生未偿还款项,李某生、滕某振遂于2014年诉至一审法院,认为,金建公司在承建黑龙江安邦房地产开发有限公司杜勒里花园小区3号、4号楼工程期间,赵某生作为项目经理与原告签订了协议书,约定借款500万元。到期后,赵某生未偿还借款,因赵某生是作为金建公司承建的杜勒里花园小区3号、4号楼工程的项目经理向原告借款,应属赵某生、金建公司共同行为,依法应由赵某生、金建公司共同偿还。

一审认为,赵某生与李某生、滕某振签订的《协议书》约定了按本金500万元的80%回报利润的保底条款,不符合投资具有风险性的本质特征,结合金建公司向黑龙江省高级人民法院提起的另案诉讼的《起诉状》中,自认其为保证工程施工,从民间亲属朋友处借贷8笔借款而非接受投资款的事实,应认定双方签订的借据名为投资,实为借贷,双方实际构成借贷法律关系。且金建公司自认借款用于杜勒里花园3号、4号楼建设工程,故金建公司为本案实际借款人,应与赵某生共同承担向原告偿还借款及利息。

金建件公司不服一审判决,于2016年提起上诉。

二审法院认为,一审原告与赵某生签订的《协议书》除有"按本金的80%回报利润,共计人民币四百万元整,本金在2011年7月30日还清,利润在工程交工后50天结清"的本金返还和固定利润分配内容外,并没有关于合伙经营的管理、投资风险的负担、经营债务的承担等约定,并不符合法律规定的个人合伙构成要件,即"共同经营、共担风险、共享利润"。三方合同本意并非为通过合伙行为达到联合投资、共同经营的人员、资金的整合目的,而是以合伙投资为名,行民间借贷之实,企图以高额投资回报利润达到规避民间借贷利率上限的合同目的。一审法院关于李某生、滕某振与赵某生之间的协议行为,明为投资,实为借贷,应属于法律规定的民间借贷法律关系,具有事实和法律依据。

另根据《协议书》载明内容,明确合同签订人为李某生、滕某振、赵某生,金建公司并非合同当事人。同时,上述协议书中没有赵某生系接受金建公司委托代为签订协议的内容,李某生、滕某振在本案诉讼中也没有向法院提交金建公司委托赵某生签订协议的相关证明文件。涉案的出借款项是直接支付至赵某生个人账户,李某生、滕某振并没有提交相关证据证明金建公司参与涉案借款往来。尽管金建公司在黑龙江省高级人民法院审理的其与黑龙江安邦房地产开发有限公司一案提交的起诉状中作出"曾向李某生、滕某振借款用于工程项目建设"的陈述,但依据《最高人民法院关于适用〈中华人民共和国民事诉讼法〉的解释》第九十二条关于"……自认的事实与查明的事实不符的,人民法院不予确认"的规定,诉讼上的自认是指当事人就对方当事人主张的不利于己的事实,于诉讼上陈述其为真实的情形。金建公司在本案中并未认可涉案的债务,其在另案中的陈述也不属于生效判决认定和裁判的内容,因此金建公司该项陈述不构成《中华人民共和国民事诉讼法》规定的"自认"情形,其性质仅为一般书证。一审法院仅依据金建公司的该项陈述认定双方存在借款关系,缺乏事实和法律依据。

因此二审改判由赵某生承担还款义务,驳回一审原告要求金建公司偿还债务的诉请。

2018年,李某生、滕某振以本案有新证据为由向最高院申请再审。

最高人民法院再审审查认为:案涉《协议书》成立于李某生、滕某振与赵某生之间,赵某生未在案涉《协议书》上加盖金建公司公章、合同章、项目负责人章等,金建公司不是案涉《协议书》的当事人。赵某生以其个人名义借款,并以其个人财产承担清偿责任,李某生、滕某振在签订合同时对此是明知的,赵某生是否是金建公司的员工、项目负责人及赵某生是否在金建公司授意下借款,均不影响赵某生以其个人财产承担清偿责任。因此,关于赵某生是否是金建公司的员工、项目负责人及赵某生是否在金建公司授意下借款的待证事实,与本案无关联。《最高人民法院关于审理民间借贷案件适用法律若干问题的规定》(法释〔2015〕18号)第二十三条第二款规定:"企业法定代表人或负责人以个人名义与出借人签订民间借贷合同,所借款项用于企业生产经营,出借人请求企业与个人共同承担责任的,人民法院应予支持。"本案中,赵某生不是金建公司的法定代表人或者负责人,赵某生以其个人名义签订民间借贷合同,出借人无权因所借款项用于案涉项目建设就具有向金建公司主张债权的权利,进而突破合同相对性原则。因此,关于赵某生是否将借款用于案涉项目建设的待证事实,亦与本案无关联。

最高院驳回李某生、滕某振的再审申请。

(二) 案例分析

1. 案例的争议焦点分析。

在案例一中,一、二审法院认为王某、王某勇作为自然人已尽到谨慎审查义务,有理由相信罗某富是履行华升公司职务的行为,且该借款实际上用于项目运转,华升公司对借款及利息承担连带责任。

再审法院认为:关于借款主体的认定,借条上表现的借款人为罗某富个人,无华升公司或案涉工程项目部的任何印章,虽表明用途为案涉工程项目,但借款用途并不影响合同相对方的建立,根据合同相对性原则,华升公司无承担偿还王某、王某勇款项的责任。

在案例二中,一审法院认为借款用于金建公司的项目,金建公司也在另案中自认借款用于项目中,所以金建公司应当承担共同还款责任。二审法院认为,原告并无充分的证据证明金建公司有共同参与借款,至于其在另案中的陈述,与生效判决认定和裁判的内容无关,并非自认而是一般的书证,并不能达到对本案相关事实的证明效果,据此驳回了原告要求金建公司承担共同责任的诉请。而最高院认为,赵某生并非公司的法定代表人或公司负责人,不适用《最高人民法院关于审理民间借贷案件适用法律若干问题的规定》(法释〔2015〕18号)第二十三条第二款规定〔注:该规定已于2020年修订(法释〔2020〕17号,该内容在新规定中体现为第二十二条第二款〕,不能突破合同相对性,要求金建公司承担共同责任。

2. 关于借款用途是否影响还款责任主体。

根据合同相对性原则,借款的用途不影响借款主体,根据最高院解释,仅在企业法定代表人与负责人个人借款用于企业生产经营时才有所突破。工程项目部并非独立的法人,项目经理或项目负责人并非司法解释所称企业负责人。案例一中罗某富是实际施工人,而非华升公司的法人或负责人,华升公司不应承担连带责任。案例二同理。

五、实际施工人表见代理问题

【风险点】

实际施工人以项目名义实施融资借贷、采购材料设备等行为,构成表见代理的,公司将承担付款责任。

【风险防范】

（一）代理授权表象的主要形式

（1）项目部的铭示牌。其明确将与相对人交易的人公示为项目部负责人,该信息对相对人判断其具有授权表象有较大影响力。

（2）建筑企业的内部承包合同书、任命状。其将实际施工人确定为项目部负责人,该合同或任命状对相对人判断其具有授权表象有较大影响力。

（3）建筑企业财务章或资料章、项目部印章(及其财务章、资料章、技术章)。如果实际施工人在与相对人交易时在交易凭证上加盖公司财务章,该加盖印章行为对相对人判断其具有授权表象有较大影响力。如果实际施工人对外订立合同时加盖无证据证明经建筑单位同意刻制的相关印章(项目部印章及其财务章、资料章、技术章),相对人能举证该印章在工程施工中正常使用或建筑单位知道或应当知道实际施工人利用该印章从事相关行为的,该盖章行为对相对人判断其具有授权表象有较大影响力。

（二）风险防范

（1）加强印章管理。项目部章(及其财务章、资料章、技术章)、分公司印章等公章是构成表见代理中"权利外观要件"的重要因素,许多纠纷的产生也源于印章管理不规范。承包人应加强各类项目印章的统一管理,建立完善的印章刻制、启用、销毁程序,对于项目部章、资料章、技术章上加刻"对外签订经济合同无效"等字样,可以起到一定的防范作用。

印章管理中绝不能放任实际施工人自行雕刻印章。虽然实际施工人自行刻制的印章没有经过总公司同意或备案,若相对人能举证证明这些印章在业务往来或施工过程中正常使用过,依然会对判断代理权表象产生重要的影响。一旦发现实际施工人私刻印章的,要及时收缴销毁,甚至报案。

(2)加强内部约定及外部公示。承包人可以在内部承包合同或项目经理任命状上明确载明,无权以公司或项目部名义对外签订经济合同和发生交易。还可考虑在项目部铭示牌上明确公示上述内容,以削弱代理权表象存在的合理性,同时增加相对人对主观善意无过失的举证难度。

(3)加强对工程款及往来资金的管理,合同中约定账号,明确要求施工过程中的款项往来通过承包人指定账号,否则付款无效。

(4)对于会议纪要、备忘录等内部资料中记载的内容,以及承包人牵头对工地上参与各方进行协商、调解而形成的材料,要加以重视。因为一旦有项目经理签字或盖章,都可视作承包人做出的承诺。

(5)通过分包方式隔离承包人的挂靠风险。采用分包合同的方式,实际施工人一般以分包单位而非承包人的名义对外签订商事合同,承包人被认定构成表见代理的风险更小。

(6)如果发现实际施工人与第三人相互串通,可考虑及时报警,即使未立案,公安局的调查笔录可帮助承包人在民事诉讼中争取主动。

(7)加强对实际施工人的考察,选择信用较好的作为长期合作伙伴,建立"红名单"和"黑名单"制度,降低损失发生的风险。

(三)对表见代理的抗辩路径

表见代理两大要素:无权代理是否具有代理权表象,相对人是否主观善意无过失。

《最高人民法院关于当前形势下审理民商事合同纠纷案件若干问题的指导意见》(以下简称《最高院指导意见》)第14条、15条、16条意见,明确了从严认定表见代理的基本立场,不仅相对人要证明有权代理的客观表象形式,还要证明自己"善意且无过失"。《最高院指导意见》关于判断合同相对人主观上是否善意且无过失所考量的因素包括"合同的缔结时间""是否盖有相关印章及印章真伪""标的物的交付方式与地点""购买的材料、租赁的器材、所借款项的用途"。

因此针对该两大因素可以考虑从以下方面进行抗辩：

(1) 针对"是否具有代理权表象"的抗辩。这是围绕客观事实进行的抗辩，包括：①交易的时间、地点、标的物的交付与用途是否有违工程项目的实际情况；②交易内容是否明显损害承包人利益；③交易行为、交易方式是否有违商业习惯；④合同的磋商、订立环境、履约过程与承包人有无关系，关系大不大。

(2) 针对"相对人是否善意且无过失"的抗辩。这是对相对人主观心理层面的推断，主要需要证明相对人没有尽到合理注意义务，存在疏忽、懈怠，甚至恶意的可能：①相对人所信赖的权利外观表象是否存在重大瑕疵，而相对人是否对此有过合理的注意行为；②相对人与承包人是否彼此熟悉，是否发生过类似交易；③相对人对权利外观事实的知悉是发生于交易之前，还是为了诉讼而搜集；④交易规模与相对人所尽的注意义务是否相称等。

【案例说明】

(一) 基本案情

2011年8月份，某国企A公司收到一份起诉状，是一个钢管租赁站的老板B，起诉A公司拖欠钢管租赁费及要求偿还所租赁的钢管脚手架等材料，总共起诉金额1 300多万元。A公司就很奇怪，不知公司何时与B签过租赁合同，况且A公司自己名下也有几家中、大型钢管租赁公司，省内的项目大部分都是用自己公司名下的租赁公司的材料设备，不可能去租用外面的材料设备。经查发现，这是一个根本不是自己公司员工的自然人C以A公司名义与B签订的租赁合同，C一直从事脚手架分包业务。但在本诉讼中，B提供了C签字的加盖A公司公章的租赁合同，并且也有完整的出货单、退货单等，出货单上标明供货对象是A公司，收货人是C，也有C的一部分的付款凭证。甚至还有中途B给A公司发催款通知书，A公司法院主管在函件上面的签收记录。后来经鉴定，合同上面加盖的印章是真实有效的。而且C也承接过A公司的几个工程的脚手架分包业务。总体来说，原告B的证据链比较齐全。

(二) 案件处理特点

针对该案，公司认为存在诈骗，遂向公安局控告B、C二人合同诈骗。警察开始做调查询问。开始的时候原告B和他们租赁站的几个合伙人一口咬定,合同就是2010年5月1日和C签订的(这个时间也是合同上显示的签订时间),在此之前他们和C不认识,C是带了A公司已经加盖公章的空白合同来同他们谈租赁的事宜,因为C手上有已经加盖了公章的空白合同,而且C也有A公司的三证复印件(营业执照、税务登记证、资质证),他们理所当然认为C是代表A公司来谈的,因此当场就谈下来了并开始供货。后来C一直拖欠租赁费,B就向A公司发了催款通知书。但是几个月过去了,A公司都没有付款,所以他们才起诉。这个时候C失踪了,案件陷入被动。

后来警察终于找到了C,C就交代了一切情况:原来C和B早就有合作,当时C手上有几个工地,想要租赁钢管和脚手架,开始C是以一个叫亚新的小型公司和B签订租赁合同的,B供了几百吨货之后,觉得亚新公司注册资金太少,不太稳妥,就要求C以一家大公司来重新签合同。C说有办法盖到A公司的章,B认为A公司是大国企,有保障。于是C就想办法拿空白合同盖到了A公司的公章,把合同时间往前提,而且已经供了货的出货单做虚假退单再重新出货,将所有的供货都落到了A公司名下。

有了C的口供,警察再询问B和他的合伙人,并寻找到B提供的民事证据材料中的一些虚假退货倒签提单的痕迹证据,终于查清事实,基本和C说的一致。

因为刑事讯问笔录清楚还原了当时B、C合谋的事实。所以回到民事案件中,A公司充分地证明了C的无权代理事实和B的主观恶意,成功斩断了表见代理。

(三)案例分析

1. 以刑打民的诉讼方法在本案中得到了成功的运用。

本诉讼开始的时候并不利于A公司。因为C本身承包过A公司一些工程的脚手架分包业务,C虽非A公司员工,却是有合作往来的事实。往往遇到这种情况承包人往往陷入有理说不清的境地。

这个案子的一大特点A公司费大力气找到了失踪的C,并且成功说服他招供,还原事实,让真实情况得到了书面的固定。刑事讯问笔录一般具有较大的证明力度,足以证明相对人的主观恶意,表见代理自然也就不成立。

2. 表见代理对承包人影响巨大,应谨慎防范。

在建设工程实践中对外从事法律行为的实际施工人,往往通过挂靠、违法转包、违法分包而以项目负责人或施工全权受托人的身份,在外观上取得商事代理的身份。虽然承包人不会愿意授权实际施工人代理权,但当实际施工人取得项目负责人或全权受托人的身份,实际施工人外观上取得商事代理的概括授权,包括以项目经理或负责人的身份在工地成立项目部并开展对外办公,表明项目经理或负责人的身份的工地工程公示牌,或者概括授权委托书等。因其在承包人授权下取得项目负责人或全权受托人的身份,相对人如果不知承包人和实际施工人之间的违法转包、违法分包或挂靠等内部关系,实际施工人以被代理人的名义,以项目负责人或全权受托人的身份对外从事法律行为,容易被认定为表见代理。

当然还有一种情况是,实际施工人不具有项目负责人或全权受托人身份,但其一些行为满足表见代理客观要件。行为相对人应举证证明存在客观事实足以使其相信实际施工人有具体法律行为的代理授权,包括是否以被代理人或项目部名义,是否使用被代理人或项目部公章,是否被授权签订施工合同或者行为人是否实际施工,被代理人有无实际履行或接受行为,标的物的用途是否用于相关工程,交易时间、交易习惯,等等,这种情况也可能被认定为表见代理。

3. 私刻印章并不能成为否定表见代理的关键理由,但可以成为辅助理由。

工程管理中实际施工人往往违法私自刻制多枚印章(如私刻公司印章、公司财务章、项目章、项目资料专业章、技术专用章等)并在项目中使用,这些印章虽然与备案章不同甚至存在违法,但并不能简单以签订合同印章为私刻为由否定表见代理。从事交易的相对人很难知晓实际施工人所使用的项目部印章是否私刻,或者所使用的印章是否和备案印章一致,不应当将核实义务强加给相对人。

但超范围使用印章,可以成为判定表见代理客观要件的辅助因素。在实际施工人使用"资料专用章""技术专用章"等对外从事经济活动,这种明显超出印章正常适用范围的行为,相对人必须有其他足够的证据证明他的主观善意相信其有代理权,法院再结合其他外观授权因素或者交易习惯来判断是否构成表见代理。

六、民工工资问题

【风险点】

1. 包工头不支付民工工资,导致民工围堵上访讨薪。
2. 建设单位不支付工程款,导致民工讨薪。
3. 劳监大队不顾施工单位实际是否拖欠民工工资,强行要求施工单位解决问题。

【风险防范】

1. 尽量与正规的劳务公司签订劳务分包合同,且在合同中清楚约定民工工资拖欠的责任承担方和承担方式。
2. 建设单位拖延支付工程款的,可以追加建设单位承担责任。
3. 支付民工工资,注意让劳务公司或施工班组提供完备的民工工资表、身份证复印件、工资支付记录等资料。
4. 劳监大队处理问题时一般强行要求施工单位按照包工头要求全额支付工资,工资支付要求中如包含窝工费的,窝工费是一种经济损失赔偿不属于民工工资,不属于劳监大队管辖范围,而是属于通过民事诉讼等方式解决的民事赔偿的范围。
5. 签订劳务分包合同的,约定窝工费条款,特别约定窝工费性质及支付方式。

【案例说明】

(一) 基本案情

原告朱某波与被告贺某友、赵某军劳务合同纠纷

2010年7月,贺某友承包位于吉林省农安县开安镇许某三家附近食用菌工地厂房建设工程后,赵某军分包了部分工程。赵某军雇佣朱某波提供土建工程劳务,赵某军共欠付劳务费4万元。2015年7月6日,赵某军与贺某友签订协议书1份。该协议书载明,赵某军2010年在吉林省农安县许某三家食用菌基地的工程款已全部付清,赵某军2010年在许某三家工地所欠的其他工程款及债务与贺某友无任何关系,一切由赵某军自行负责。2017年12月13日,赵某军向朱某波出具了欠条1份。后赵某军未支付款项,朱某波遂诉

至法院,要求赵某军、贺某友共同承担4万元的劳务费支付义务。

一审法院判决:①赵某军于判决生效后十日内立即给付朱某波劳务费4万元;②驳回朱某波的其他诉讼请求。

朱某波不服一审判决,上诉请求改判贺某友与赵某军共同承担劳务费给付责任。

二审法院认为,朱某波上诉时主张贺某友是诉涉工程的实际承包人,贺某友欠付赵某军工程款,要求贺某友对本案争议的劳务费承担给付责任。但2015年7月6日赵某军与贺某友签订协议书中已经载明,赵某军的工程款已经全部付清,2010年许某三工地所欠的其他工程款及债务与贺某友无任何关系等内容。赵某军亦未提交证据对此予以反驳,故朱某波以贺某友欠付赵某军工程款为由主张贺某友承担责任,缺乏事实依据。朱某波受赵某军雇佣并提供劳务,应由赵某军支付劳务费。朱某波于二审诉讼时认可工资表均是由赵某军统计并出具,贺某友不负责此事,也没有给朱某波签过字。依照合同相对性的原则,一审判决认定劳务费应由赵某军支付给朱某波并无不当。

朱某波依然不服,申请再审。

再审法院认为:①关于结算协议书真实性的问题。贺某友与赵某军于2015年7月6日签订的协议书载明双方工程款已全部付清,赵某军主张该协议书内容虚假,系为应付第三方而形成。贺某友主张协议书内容真实,但未提交支付凭证证明其付款事实。贺某友主张结清工程款的依据是双方进行了账目抵销,但其提交的抵销凭证并非均系赵某军本人签字确认,其提交的账目系单方形成。赵某军亦对无本人签字的抵销凭证的真实性不予认可。因此,该协议书作为单一证据又无其他辅助证据共同证明的情况下,无法据以确认工程款已结清的事实。且贺某友与赵某军之间在诉涉工地除诉涉工程外无其他合作项目,应当认定双方尚未完成工程款结算。

②关于贺某友是否应当承担工资支付责任的问题。贺某友明知赵某军不具备承包资质,而将诉涉工程的专业工程和劳务作业一并分包给赵某军,已构成违法分包。贺某友既存在欠付工程款的情形,又具备违法分包情形,故依法应对诉涉工程发生的劳务纠纷承担连带责任。

再审法院判决:撤销一、二审判决,赵某军于本判决生效后立即支付给朱某波劳务报酬4万元,贺某友对上述给付款项承担连带清偿责任。

（二）案例说明

1. 国家政策对民工工资处理监督越发严厉。

民工工资是施工单位绕不过去的一个问题，而且在民工工资支付上国家实行非常严厉的支付制度，施工单位一旦实行转包、违法分包的，即使已经向转包人、分包人支付清了工程款，一旦发生民工工资问题，政府主管部门依然会责令施工单位承担民工工资的支付责任。这是施工单位除了面对再无他法的问题。梳理一下国家对民工工资支付问题的政策，可以看到，国家的政策法规定得越来越严厉。

2. 人社部80号文对民工起诉提供便利，将大大增加施工单位的诉累。

人力资源社会保障部、最高人民法院、中华全国总工会、中华全国工商业联合会、中国企业联合会/中国企业家协会《关于实施"护薪"行动全力做好拖欠农民工工资争议处理工作的通知》（人社部发〔2019〕80号）第四部分"进一步强化拖欠农民工工资争议案件审判执行工作"第（一）条规定："完善拖欠农民工工资争议案件审理机制。各级人民法院要畅通立案'绿色通道'，及时审查受理拖欠农民工工资争议案件。农民工以用人单位的工资欠条为证据直接向人民法院起诉，诉讼请求不涉及劳动关系其他争议的，可视为拖欠劳动报酬纠纷，按照普通民事案件受理。审理中，根据诚实信用、公平原则合理分配举证责任，对符合法定条件的，人民法院要主动依职权调查。要积极运用和解、调解等方式，充分发挥简易程序和小额速裁机制及时、简便、快捷的功能，降低诉讼成本、提高诉讼效率、减少矛盾冲突、切实维护农民工的合法权益。同时，对符合先予执行法定条件的，要及时裁定先予执行。"

3. 《保障农民工工资支付条例》要求施工单位实发民工工资，与建设单位是否付款无关。

2019年12月4日通过的《保障农民工工资支付条例》更是实行了史上最严厉的农民工工资保障条款。该条例针对农民工这一特殊群体、拖欠工资这个重点问题来设计的，包括农民工工资专用账户、总承包单位代发、用工实名制、工资保证金等措施上升为法律规范，大大加重了施工单位的责任。①不管工程进度如何，农民工工资必须按月发放。意思就是工程款没到手，农民工工资也照发。②施工总承包单位或分包单位要依法与所招用的农民工订立劳动合同并进行实名制登记和管理，如实记录施工项目实际进场人员、考勤情况，以解决工程建设领域劳动用工确认难、工资核算难问题。③设立专用账户,施工总承包单位通过专用账户直接将工资发到农民工本人的银行账户,确保工资发到本人手中。④对违反规定拖欠农民工工资的,依照有关法律规定执行,也就是由人力资源社会保障行政部门责令限期支付;逾期不支付的,向劳动者加付应付金额50%以上、100%以下的赔偿金。

七、分包合同监管问题

【风险点】

1. 专业分包和劳务分包后,分包商不听指挥。
2. 分包商履行合同偷工减料,影响质量安全。
3. 分包商拖延工期,导致总工期拖延。

【风险防范】

1. 认真选择合适的分包人。选择合适的分包人至关重要,承包人主要可以考虑从以下方面进行防范:

(1) 分包合同要与有独立承担民事责任且有相应施工资质的法人单位签订,分包给个人的属于违法分包,将导致合同无效。

(2) 根据以往的分包经验建立"年度合格分包商名册"。优先从名册中选择分包商。

(3) 需要报备的,开工前向监理项目部提出分包申请,待审核通过后与分包商签订分包合同、分包安全协议,报监理、建设单位备案。

(4) 建立包含劳务分包人员三级安全教育、安全教育培训、意外伤害保险、员工体检等信息的劳务作业人员名册。

2. 分包合同约定清楚分包工程的施工界面和总、分包双方权利义务,以及分包人不及时履行义务应承担的责任。如果是发包人指定分包的,最好签订三方协议,约定发包人在分包中的相关义务,以及因为分包违约造成损失时发包人应给予的工期和费用补偿。

3. 勤于监督管理。工程分包后总包依然要履行监管责任,如实落实技术交底并形成档案,对分包人影响质量安全的行为要及时纠正。检查进场人员是否为分包商在册人员,并定期组织分包商对劳务作业人员进行检查。

4. 分包商消极怠工、未能按工作指令完成工程量时,要及时形成书面证据(会议纪要、通知、影像资料等),严格依照合同予以扣款或罚款,并将扣款或罚款通知以书面形式送达分包商。

5. 对分包商的承包工程及其施工工作,要进行严格的管控,督促分包商认真履行分包合同,把总分包之间可能发生的风险,减少到最低程度,从而避免由总承包人对分包给分包商的工程承担质量、安全、工期等各方面的责任。

【案例说明】

(一)基本案情

原告张某志与被告湖南长大建设集团股份有限公司(以下简称长大公司)、长沙市天心区新开铺街道新天集体资产管理办公室(以下简称新天办公室)建设工程合同纠纷

2009年4月30日,新天村委会(发包人)与长大公司(承包方)签订《施工总承包合同》。2010年3月10日,长大公司(甲方)与张某志(乙方)就新天村安置小区建安工程1#、2#栋签订《项目承包合同》,约定张某志作为项目负责人组织人员进行施工。工程2012年7月1日竣工。2016审计价款为3 229万元。2017年1月24日,新天办公室(原新天村委会)向长大公司出具《承诺书》,表示其2016年由于区财政预付款及开发资金未到位,剩余结算款在2017年4月1日至6月30日支付完毕。但后期依然未付清款项。张某志遂起诉要求长大公司支付剩余工程款15 325 095.59元及利息;新天办公室对上述债务承担连带清偿责任。

长大公司认为,其与张某志之间合同约定,付款条件以业主方付款为前提,业主支付工程款后扣除相关费用张某志派人到财务处领取工程款。因业主没有付清款项,所以公司没有向原告支付工程款,因此不应当承担工程款利息,如果要承担也是业主承担。

一审法院认为,因涉案工程已于2012年9月进行验收,并于2012年10月实际交付使用,张某志要求长大公司自2012年11月1日起向张某志支付利息,具有事实和法律依据,自2012年11月1日起按照中国人民银行发布的同期同类贷款利率计付工程款利息至实际还清之日止。关于新天办公室是否应向张某志承担责任的问题,涉案的1#、2#栋已实际交付使用,新天办公室应支付相应工程款;根据对账单,新天办公室尚欠11 821 332.59元,故新天办公室应在11 821 332.59元的范围内对张某志承担责任。

长大公司不服,提出上诉请求:①驳回张某志的全部诉讼请求;②若要求长大公司承担对张某志支付利息的责任,则新天办公室应对利息支付承担连带责任,利息的计算应当按照新天办公室与长大公司施工合同的约定计算。

二审法院认为,新天办公室只在欠付工程款 11 821 332.59 元范围内对长大公司欠付张某志工程款本金承担连带责任。张某志作为实际施工人,应向其支付工程款的是长大公司,只是因长大公司不积极履行其义务,拖欠支付工程款项,张某志才向发包人新天办公室请求支付工程款,但长大公司的债务不能全部转移到新天办公室身上,因此新天办公室不必承担利息的连带责任。

(二) 案例分析

1. 本案焦点:原告张某志与长大公司的"背靠背"条款是否能让长大公司免除付款责任。

工程款支付背靠背条款,即以业主付款作为总承包人向分包商付款的前提条件,业主不付款总承包人即不付款。本案中实际施工人张某志和总包单位长大公司约定,付款条件以发包人方付款为前提,发包人支付工程款后扣除相关费用张某志派人到财务处领取工程款。因此长大公司抗辩理由为发包人没付款所以公司没有向原告支付工程款,因此不应当承担工程款利息,如果要承担也是发包人承担。

法院认为长大公司与张某志之间是违法分包,"背靠背"条款无效。长大公司怠于向发包人索要工程款,导致 2012 年竣工的项目至今未要齐工程款,因此应对应给付给张某志的工程款承担利息。对发包人单位而言,最终付款条件尚未成就,但工程已实际交付使用,因此应当给付工程款,在欠付工程款范围内对张某志承担连带责任。

2. 一般合法分包"背靠背"条款才能产生法律效力。

违法分包情形,承包人所签订的分包合同因违背法律规定无效,分包的整个合同无效导致约定的支付分包工程款以发包人对总承包人付款为前提的条款也无效,即"背靠背"条款对分包商和总承包人均不具约束力。

合法分包情形,应当认定"背靠背"条款有效。工程分包的目的在于引入专业分包商的技术能力和资金实力,与总承包人共同对工程质量负责,共同对发包人负责。总承包人和分包商对发包人承担连带责任,而连带责任的内容应包含权利和义务两方面,收取发包人的工程款是总分包双方的共同权利,而总分包商约定分包商亦应承担发包人不能付款的风险是承担前述连带责任义务的具体表现。且在签订分包合同时,分包商完全有根据自身风险承受能力决定是否签约的自由,即有是否接受"背靠背"条款的选择权。

3. 总包单位设计"背靠背"条款的,应当对付款前提做清楚明确的约定。

若分包合同中未明确付款期限,仅约定"双方结算以总包方与发包人的结算依据和条款为准",应视为对付款期限的约定不明,按照《民法典》对付款期限约定不明的规定进行处理。若分包合同约定发包人付款后一定期限内支付分包商工程款,期限未届满分包商不得向总承包人主张支付工程款的,其为附期限的合同约定。

4. 总承包方应当积极向发包人催款。

当分包因为工程款支付问题提起诉讼时,总承包人需对其与发包人之间的结算情况以及发包人支付工程款的事实承担举证责任,即证实发包人支付的工程款中用于分包工程的明细,以及发包人未付款并非基于总承包人的原因,总承包人不存在工期延误和工程质量不合格等因素。同时,总承包人还应举证证实自身已积极向发包人主张权利,不存在怠于行使权利的情形。

八、签证表现形式问题

【风险点】

签证不到位,签证无效或效力存在瑕疵。

【风险防范】

签批工程签证,不同的表述形式会产生不同的法律效果,因此要注意监理签证的表现形式,如果存在瑕疵情况,项目部现场人员要注意采取补救措施。

(一) 只签名

这种签字效果表明签证人员并未发表意见同意与否,只能称阅过,不能说明很多问题,可信度值得怀疑,作为结算的依据时容易被否掉。

(二) 签名+"同意"

"同意"二字意思比较含糊,这种签证作为结算依据同样存在不确定性。因为现场监理人员,只有权签署关于确认工程量的签证,对于单价的确认由造价工程师审核后报总监理工程师再行核签,才能作为结算凭证。

(三) 签名+"情况属实"

这种签字效果只能说明事实的存在,并未完全确认所列项目可以结算,可以作为费用与工期索赔的相关证据,但不具有直接确认的效果。

(四) 签名+"以上情况属实,同意结算"

这种签字效果既确认了事实的存在,又同意支付事实的费用。如出现重复计价,一般认为建设单位愿意额外支付此项重复费用。因此此种签证方式是最为稳妥的。

【案例说明】

(一) 基本案情

原告盛某与被告随意居公司、步步高置业公司建设工程分包合同纠纷

原告盛某向一审法院提出诉讼请求:①判令被告随意居公司立即向原告支付工程款 4 482 908 元,并承担利息;②判令被告步步高置业公司承担连带责任。

事实与理由:被告随意居公司与被告步步高置业公司于 2016 年 2 月 4 日签订协议书,步步高置业公司将梅溪湖新天地影院设计、施工工程发包给随意居公司。该协议约定设计图纸范围内工程包干价为 1 500 万元。随意居公司于 2016 年 6 月 23 日与左某恩签订《步步高梅溪湖新天地影院内装工程施工责任书》,将该工程施工转包给左某恩,约定设计施工图纸范围内施工工程采取包工包料方式,价款为 11 356 800 元(不含税)。实际左某恩系与原告及钟某合伙承包该工程,三合伙人在 2016 年 2 月 25 日签订了《工程项目合作合同》,现三合伙人对合伙事务进行了清算,一致约定由原告享有该工程项目工程价款债权,并通知了二债务人。

施工过程中,原告应步步高置业公司要求对施工工程进行了部分变更,原告方出具了变更签证申请单 18 份,建设方、监理方予以签证,签证金额为 3 249 907 元。随意居公司从步步高置业公司处领取了工程款 14 483 666 元。

按图纸内施工范围1 500万元包干以及签证部分3 249 907元计算,步步高置业公司仍有3 766 241元工程款未付。

一审法院认为,对本案的工程款,原告盛某和随意居公司对签订的《步步高梅溪湖新天地影院内装工程施工责任书》所约定的工程款11 356 800元并无异议,予以确认。对盛某所主张的18张签证单所产生的签证费用3 249 907元,其中对左某恩所签字确认无争议的签证部分结算金额395 647.41元,予以确认。对争议金额1 817 064.95元中,原告按照签证单上的申报价格主张的工程款,本院认为,原告所提交的签证上,虽均载有申报价格,但该签证单上发包人项目成本部批注均为:"拟同意直接进入结算,具体以结算为准",因此,在原告与被告随意居公司并未进行具体结算的情况下,原告仅以该签证单上的价格来主张被告支付工程款,缺乏法律依据,本院不予支持。对争议金额1 817 064.95元,步步高置业公司经过成本初审及审计部最终审定,确认结算金额为318 277元。盛某及左某恩不认可建设单位所最终确定的该争议部分的结算金额,但未申请对该争议部分项目的工程造价进行鉴定,故对随意居公司及步步高置业公司结算确认的318 277元,予以确认,对超出部分,盛某如有新的证据证实该争议部分的工程造价高于结算确认的318 277元的价格,盛某可另行主张权利。综上,随意居公司应当支付原告的工程款为12 070 724.41元。步步高置业公司在欠付工程款范围内承担连带责任。

一审判决后,盛某不服,提起上诉。

二审法院认为:现盛某主张案涉18张签订单所产生签订费用为3 249 907元,但其并未提供充分有效证据证明该签证的金额为最终结算金额,亦未提交有效证据证明随意居公司与步步高置业公司就该部分签证的结算金额低于工程造价,且盛某在一审中亦表示不需要就诉争债权进行司法鉴定,而随意居公司与步步高置业公司就争议部分的结算为318 277元,一审法院据此认定随意居公司应支付盛某工程款为12 070 724.41元并无不当,依法予以维持。

(二)案例分析

1. 本案是典型的签证形式不正确导致实际施工人利益受损的案件。

原告所提交的签证上,虽均载有申报价格,但该签证单上发包人项目成本部批注均为:"拟同意直接进入结算,具体以结算为准",这样的签证等于只是确定有签证事实,但未确定量、价,后期是否对原告的量价进行补偿,需要等到结算中再行解决。

这样的签证让原告处于非常不利的地位。果然,后期结算时,结算金额与原告计算的签证金额有很大差距,而法院根据施工单位和建设单位的审计结算金额倒推确定签证的具体费用,与原告计算金额相差超过70%。对原告而言是极大的损失。

2. 施工单位签证应当尽量达到认量又认价的效果。

虽有事实签证,但是签证只是认可某项事,未对该事件是否增加额外的工程量、是否该进入决算等结果进行确认的,签证存在极大风险。施工单位办理签证时应当尽量达到既确认了事实的存在,又同意支付事实的费用的签证效果。

九、签证注意事项

【风险点】

1. 签证前对合同约定不了解,对施工现场和图纸定额不熟悉,影响正确签证。

2. 签证过程中未正确签证,影响签证的法律效果。

【风险防范】

1. 签证前务必先熟悉施工合同。注意根据合同约定的价格形式(总价合同还是单价合同)和签证条款约定,采取正确合法的签证技巧。

2. 涉及总价包干的合同,一般规定在造价变更超过总价的一定比例后(如超过3%)才能签证,所以需要在设计上多进行深化设计和二次设计;单价包干的工程量可以按实结算,可以把原设计做法、材料品质改动提升,经过发包人同意后单价可签证变动。

3. 熟悉施工现场和图纸以及定额;对发生的签证要及时办理,在合同约定的可办签证的情况下,应合理的依据现场情况办理,尽量取得监理和建设单位的信任和同意。

4. 发生需要签证事项时,即使沟通良好也应当做好相关的书面记录,比如设计变更、工程洽商记录、会议记录等,并请相关人员签字认可。签证尽量完整,不能漏项,根据定额合理套价,有理有据,减少监理和建设单位挑错用作拖延办理签证的理由。还应注意不同形式签证的法律效果不同。签证时首选将签证变成由设计单位签发的设计修改变更通知单,其次为建设单位签发的工程联系单,最后才是现场签证。

5. 增强签证单有效性,固定签证成果。

(1) 在填写签证单时,承包人总要使所签内容尽量明确全面,能确定价格最好,减少竣工结算时建设单位审减的空间。

(2) 填写签证时按以下优先次序确定填写内容。能够直接签总价的就不签单价;能够直接签单价的就不签工程量;能够直接签结果(包括直接签工程量)的就不签事实;能够签文字形式的就不附图(草图、示意图)。

(3) 施工单位按有利于计价、方便结算的原则填写涉及费用的签证。如果有签证结算协议,填写内容与协议约定计价口径一致;如无签证协议,按原合同计价条款或参考原协议计价方式计价。签证方式要尽量围绕计价依据(如定额)的计算规则办理。

(4) 根据不同合同类型签证内容,施工单位尽量有针对性地细化填写。可调价格合同至少要签到量;固定单价合同至少要签到量、单价;固定总价合同至少要签到量、价、费;成本加酬金合同至少要签到工、料(材料规格要注明)、机(机械台班配合人工问题)、费。能附图的尽量附图。另外签证中还要注明列入税前造价或税后造价。

【案例说明】

(一) 基本案情

原告长江公司与被告汇源房地产公司(以下简称汇源公司)施工合同纠纷

汇源公司将平安住宅小区一期工程(4栋多层楼房)的施工总承包直接发包给长江公司。半年后工程开始施工。汇源公司、长江公司及设计单位、监理单位共同进行图纸会审,对工程部分建筑、结构进行了变更。两年后工程竣工验收。长江公司、汇源公司就工程价款等相关问题经多次协商,不能达成一致,遂起诉至法院。

一审期间进行鉴定。汇源公司对鉴定意见提出异议:①不应该依据施工单位提供的、无建设单位和监理单位签证的现场资料,强行算入工程费用243 783.81元。②不应该依据施工单位提供的、监理单位签证、无建设单位签证认可的资料,强行算入工程费用905 316.71元。签证手续必须由建设单位签字盖章方可有效,否则无效。因为钱是由建设单位付的,不是监理单位付的。……③施工现场签证部分141 081.43元,暂不能算入长江公司的工程款中。因为建设单位查不到此签证单。请出示证据,看是否符合签证盖章手续。④3号楼纱窗款14 586.25元和4号楼纱窗款14 951.10元,不应该算入长江公司的工程款中。因为现场纱窗根本就没有。

一审法院认为:关于鉴定意见第三部分工程费用243 783.81元,其中第1项门面房前路面硬化及拆除垃圾清运项目117 333.41元,虽无建设单位、监理单位签证,但双方承包合同约定小区绿化、道路、灯光及小区一切配套设施,工程费用另计价,门面房前路面硬化及拆除垃圾清运项目属约定范围,尤其是汇源公司提供的长江公司出具的收到付款100 000元的收据上,明确写明"民主路平安小区室外修路款",汇源公司负责人还在该收据右上角签批"同意"字样,故应认定对该部分工程的施工汇源公司在当时是认可的,该117 333.41元应计入工程总价款。其中第2项平安小区现场签证部分126 450.40元,仅有施工方签证,无建设单位、监理单位签证,亦无其他证据相印证,该126 450.40元不应计入工程总价款。关于有监理单位签证、无建设单位签证的工程费用905 316.71元,因双方承包合同工程结算方法条款约定"依据施工图纸及现场签证(甲方或监理)",故有监理单位签证即符合约定,该905 316.71元应计入工程总价款。关于1号至4号楼挖土方部分61 890.37元,因双方承包合同约定"甲方允许乙方无偿使用现场临时房屋和有关设施,已完成土方工程量不扣除工程款",现汇源公司又要求扣除不应支持,该61 890.37元应计入工程总价款。关于施工现场签证单部分141 081.43元,长江公司在提交鉴定材料环节,已向一审法院提交双方签字的签证单,并经过双方质证,该141 081.43元应计入工程总价款。

汇源公司不服一审判决,提出上诉。

二审法院认为,关于工程款数额问题,①关于门面房前路面硬化及拆除垃圾清运项目117 333.41元的问题,虽然无建设单位、监理单位签证,但双方在承包合同第1.3条明确约定,工程承包范围包括小区绿化、道路、灯光及小区一切配套设施,工程费用另计价。一审判决认定门面房前路面硬化及拆除垃圾清运项目属约定范围具有依据。②关于1号至4号楼室外给排水、道路及零星拆除工程739 038.96元,系汇审公司根据建筑施工图、当事人提交的鉴定材料、现场勘查记录、当事人的质证材料、当事人对工程造价征求意见稿的反馈意见,按照合同约定计算出的工程费用,汇源公司认为长江公司没有施工完的理由无法推翻司法鉴定意见中的认定。③关于有监理单位签证、无建设单位签证的 905 316.71 元是否应当计入工程款的问题,虽然该部分签证无建设单位签字,但是双方在承包合同第 5 条明确约定"依据施工图纸及现场签证(甲方或监理)"进行工程款结算,一审判决将监理单位签证数额计入工程款符合合同约定。⑤关于施工现场签证单 141 081.43 元的问题,汇源公司对其工作人员的签字不认可,但是没有提供充分的证据证明推翻该签证,故汇源公司请求扣除 141 081.43 元的理由不能成立。综上,二审法院驳回上诉,维持原判。

(二)案例分析

1. 工程签证普遍存在且影响结算,应当予以重视。

建设工程项目一般投资大,建设周期长,不确定因素较多,在施工周期内材料设备价格变化较快,施工合同不可能对未来整个施工周期内可能发生的情况都作出预见和约定,施工图预算也没办法对整个施工期发生的费用都做出详尽的预测,实际施工过程中主客观条件的变化也会给整个施工过程带来许多不确定因素。因此,在整个施工过程中,都难免会发生工程签证。

本案中,承包人就很好地对项目施工中的各种变更进行了签证,事后发生纠纷时,承包人执签证单起诉要求签证费用,发包人未能提供证据证明签证的不真实性或无效性,法院自然按照承包人的签证证据判决发包人应当给付的签证费用。

2. 签证对承包人而言重要性不言而喻,为最大限度维护自身利益,承包人在签证中应当注意以下签证技巧:

(1)签证的同时要了解投标阶段发包人所提供的所有文件,如果当时对材料与设备没有指定品牌,而在施工时发包人指定品牌,该部分可采用签证的方式计费。

(2)投标报价时可采用相应的对策,对报价文件中材料价格可以注明价格来源。如实际施工与报价文件不同就有理由产生签证。

(3)建筑材料上涨时要及时办理签证手续后再施工,最好是连当时市场价格一起确定,否则时间过久无法回溯确定当时价格,对承包人会极不利。

(4)因设计原因和发包人原因的返工应及时签证,签证需要走程序的及时拍下返工前的照片或视频并保存好。大的设计变更如果预算书不能及时出(有时发包人因工期紧常常要求赶紧施工),至少应将单价及时签下再组织施工。

(5)若签证中涉及工程量和单价两方面,且双方存在争议一时难以解决的,单价可以后续慢慢谈,先立马将工程量确定下来。

(6)工期方面的延误应及时记录,可以发一些联系单,作为将来签证索赔的依据。

(7)对改动的施工,应按规范的要求将所有改动部位,包括接茬、施工缝、修补等全面计算。

(8)工期签证的同时应注意承包人自身是否按合同进度计划施工,否则最好能够好好地考虑一下,不然容易形成建设方的反索赔。

十、甲供材料问题

【风险点】

发包人为了节省成本、把控工程质量,可能采用甲供材料方式进行工程建设。但甲供材料供应可能存在供货质量问题、供货不及时问题,影响工程整体质量和工程竣工日期。承包人不能举证证明质量、工期责任方的,将面临发包人的索赔。

【风险防范】

1. 把控甲供材料质量问题对承包人的重要性。

甲供材料是发包人自行提供或自行采购的用于工程项目的建筑材料。甲供材料虽然是由发包人提供,发包人需要对材料质量负责,但是承包人不能就此做"甩手掌柜",而更应当履行严格的材料检查验收和控制程序,确保用于项目建设的原材料符合施工和质量要求。

对承包人来说,严控甲供材料质量的重要性主要包括:①有时候发生质量问题并不能确认是否全部是甲供材料问题引起,这种时候承包人承担责任;②有些质量问题虽然是甲供材料质量问题引起,但是过了一定时间后承包人很难证明;③不论是谁提供的材料设备,使用到现场的,作为现场施工主体的承包人都应当确保使用的材料符合要求,否则应当承担监控不力的责任;④原材料不合格导致工期延误,承包人需要承担较大的举证责任,得不偿失。

所以承包人要注重对发包人选定的原材料及设备的质量进行确认和验收,对影响工程使用功能、观感的材料及设备进行重点质量检查,并及时向发包人呈报影响工程质量的材料及设备。

2. 甲供材料合同签订注意事项。

甲供材料签订供货合同前,承包人应会同监理、发包人现场工地负责人进行质量确认,合格后依据样品进行《封样标签》《封样清单》的填写。样品一式三份分别存放于发包人、承包人及监理单位;合同签订后,应要求发包人书面填写《甲供材料(设备)合同及技术要求交底单》,告知到货的名称、数量、质量、品牌等基础资料。

3. 甲供材料进场后验收注意事项。

甲供材料进场后,由发包人、承包人和监理三方相关负责人根据合同要求和样品进行验货、收货。

验货可遵循以下验收方式:①工程主要材料进场时必须具备出厂合格证和材料化验单、复试报告,对检验证明有疑问时,施工单位应抽样复验,监理见证。②工程中所有构配件必须有厂家批号和出厂合格证,钢筋混凝土或钢结构构件,均按施工单位自检数的50%进行抽样检验,对运输安装等原因出现的构件质量问题,及时进行分析研究和处理。③对于进口的材料、设备和关键部位所用的材料进行全部检验。④对重要的构件、材料,在施工单位自检数50%的基础上,酌情增加采样数量。⑤所有使用材料的质量证明、合格证、试验报告,均应符合国标、部标或厂标规定的要求。⑥在现场配制的材料,如混凝土、砂浆、防水材料、防腐蚀材料等的配合比,经试验合格后方能使用。

4. 建立甲供材料现场管理台账和甲供材料复验台账。

对于甲供材料,存在标志不清或认为质量有问题的材料,或对质量保证资料有怀疑或与合同规定不符的一般材料,承包人可根据工程重要程度建立管理台账。对于应进行一定比例试验的材料,需要进行追踪检验以控制和保证其质量的材料,均应进行复验并建立复验台账。需要见证取样的,采用正确的取样方法,并将结果存档。

5. 对因甲供材料供货不及时导致工期拖延的,应及时分析甲供材料不及时导致工期延误的时长和窝工损失金额,及时做好现场影像记录,办理工期签证,方便后期索赔。

【案例说明】

（一）基本案情

某施工企业 A 公司与开发商 B 公司签订《施工合同》,承建 B 公司某商场项目。《施工合同》约定"承包人应对所有进场材料（包括甲供材料）按有关规定进行严格把关,如因材料出现的质量和安全问题由承包人负全责,并赔偿相应损失"。而在此前,B 公司与当地某商品混凝土 C 公司签订了《商品混凝土购销合同》,约定由 C 公司向 B 公司提供工程所用的商品混凝土。施工中承包人 A 公司发现一楼柱子存在质量问题,在当地建筑工程质量检测中心对柱进行钻芯取样时,混凝土芯样成松散状,无法检测其抗压强度。B 公司组织施工、监理、混凝土供应商、当地质监站等相关单位先后召开五次专题会议,质监站认为"主要责任在混凝土供应商",B 公司对此未提异议,但要求作进一步鉴定。参会各方代表在"会议纪要"上签了字。柱子加固完成后,B 公司要求 A 公司就加固费用进行损失赔偿无果,遂将 A、C 公司起诉至法院要求共同承担工程加固费用、工期违约金、工程延误损失。

一审法院认为合同中约定了承包人对进场材料有把关义务,因此判决 A 公司承担全部赔偿责任。

A 公司不服提起上诉。A 公司认为:首先,按照《最高人民法院关于审理建设工程施工合同纠纷案件适用法律问题的解释（一）》规定:"发包人具有下列情形之一,造成建设工程质量缺陷的,应当承担过错责任:提供或者指定购买的建筑材料、建筑构配件、设备不符合强制性标准";也即甲供材料的质量由甲方负责。施工合同将所有责任强加于承包人有失公平,法院应当对此进行衡平。其二,从双方现有的证据看即便不能准确地分清各自的责任,但至少是混合责任,不能把 C 混凝土公司置身事外。其三,混凝土是甲供材料,A 公司与 C 公司无合同关系,A 公司承担全部赔偿责任后,无法向 C 公司索赔。其四,建筑工程主体结构的质量主要取决于钢筋混凝土的质量。通常所说的钢筋混凝土强度即是指混凝土立方体的抗压强度。现在建筑工程主体结构所使用的混凝土都是商品混凝土,其质量应当由商品混凝土生产企业保证。

同时,施工日志和监理记录等证据也排除了离析、漏振等施工工艺方面的问题。因此,商品混凝土不合格应当是案涉柱子强度不足的直接原因。A公司提供的专业鉴定机构出具的咨询报告更进一步明确指出:混凝土芯样呈松散状,应当是作为胶凝材料的水泥用量明显偏少引起的。这与当地质监站的最初意见是一致的。B公司以"施工企业分批取样所做的混凝土试块合格"证明其产品是合格的,显然是以偏概全。按照规范要求,每 100 m³ 混凝土中抽取一组制作混凝土立方体试块送专业机构检测其抗压强度。由于混凝土的生产批一般为每批次 2 m³ 或 3 m³(H公司为 2 m³),也就是说每个检验批(100 m³)是由 50 个生产批组成的,因此一个检验批抽检的试块合格,并不代表 50 个生产批每批质量都合格。在取料拌制商品混凝土时,如果料桶内水泥已用完而未及时添加时,机器就会自动掺入粉煤灰,从而导致该生产批中没有水泥。

二审法院采信了A公司的证词,认定造成案涉工程质量问题的主要原因在于C公司生产的商品混凝土质量不合格,A公司存在对甲供材料质量把关不严的责任,据此作出终审判决:撤销原判,就案涉工程损失费用,C公司承担 75% 的责任,A公司承担 25% 的责任。

(二) 案例分析

1. 承包人不能轻易签署对己方不利、显失公平的兜底条款。

本案的施工合同约定"承包人应对所有进场材料(包括甲供材料)按有关规定严格把关,如因材料出现的质量和安全问题由承包人负责,并赔偿相应损失",将所有责任都推给了承包人,这对承包人而言非常不利,最后承担 25% 的赔偿责任也是基于合同有这样的约定而做出。所以对承包人而言,对施工合同中带有"所有""一切""任何""不论"等字眼的条款,尽量避免使用或予以细化和量化,以免过分加重承包人的责任,防止不必要的经济和法律风险。

2. 对显失公平的合同,可以考虑行使撤销权或请求变更。

如果签署了显失公平的施工合同,必要时可行使撤销权。根据《民法典》第一百五十一条规定:"一方利用对方处于危困状态、缺乏判断能力等情形,致使民事法律行为成立时显失公平的,受损害方有权请求人民法院或者仲裁机构予以撤销。"如果施工合同因存在上述情形,将给承包人带来重大经济和法律风险,且与发包人协商不成时,承包人要及时行使撤销权或请求变更。

另需注意,行使撤销权的期限是"自知道或者应当知道撤销事由之日起一年内",否则过了除斥期间,将不能再行使该项权利。

3. 对施工过程中发生的质量、安全、工期逾期等问题的,要及时明确有关各方的法律和经济责任,并形成有效的书面文件。

本案中尽管有所谓的五方"会议纪要",但由于没有形成一致的责任认定意见,实际上仅是一份会议记录,对直接责任者材料商没有法律约束力,导致双方在以后的诉讼中对造成混凝土质量问题的原因和责任存有极大分歧。在实践中,承包人常因工程结算和工程款拖欠问题起诉发包人,而发包人往往会以工期逾期和(或)工程质量问题予以抗辩或反诉。工期逾期和工程质量问题通常由施工过程中的多种因素造成,属于多因一果的事件,但如果承包人在该事件发生时未及时收集排除己方责任的证据,则往往要承担全部或大部分责任。因此,作为相对弱势的一方,承包人要注意在发生质量、安全、工期逾期等问题时,要及时通过工作联系函、会议纪要、补充协议、承诺书、视听资料、监理证明等证据固定对己方有利的事实,做到程序合法、责任明确、证据确凿,尽量避免事后的争议。

十一、材料供应商可能给施工单位带来的风险

【风险点】

1. 虚假供货。
2. 超额供货进行侵占。
3. 真实供货单价虚高。
4. 实际施工人与材料供应商合谋虚假供货骗取工程款。

【风险防范】

(一)采购时要充分考量供应商资信

卖方资信反映了卖方的债务承担能力,不管合同约定的条款多完备、多对采购人有利,只要卖方不具备责任承担能力和偿债能力,合同的追责条款和质量保证条款都失去意义。承包人在采购时要选择正规的、成规模的供应商,对于需要特定资质的供应商,承包人还应考察供应商的资质。

(二) 供货合同签订注意事项

(1) 供货合同中明确约定材料数量、单价、总价、价格变动计算方式;明确约定材料数量的确认必须以项目负责人(或本供货合同指定的材料员,并将指定材料员的基本信息写进合同)签名并加盖项目公章或建筑企业公章的收货单为准,否则不能作为材料商供应材料的依据。

(2) 明确约定结算应经公司总部审批并加盖印章,杜绝实际施工人单人签字或加盖项目章形成决算单的情形。

(3) 约定不得签署补充协议,或者签订补充协议必须和公司的合约部协谈并形成协谈记录;或者约定,如签订补充协议,材料送货、签收及决算等程序必须执行本合同约定不得更改,以免供应商和现场管理人员通过签订补充协议将主合同的相关条款进行更改。

(4) 在合同中,就协议管辖的问题,可进行类似如下条款的约定:双方若改变本合同约定的管辖法院,应当签订补充协议,并由双方法定代表人签字并加盖法人公章后方可生效。

(三) 重视材料的出场验收和进场质量验收

进场验收不仅仅是承包人验收,承包人还要考虑施工合同中对材料设备验收约定,提前通知业主代表、施工监理进行联合验收。

(1) 对现场配置(调配)的砂浆、防水材料、防腐材料、涂料、胶黏材料等要先试配,经检验合格后方可使用。

(2) 对进场水泥要审查出厂质量证明,并核对质量、标号、出厂日期、出厂编号。当水泥出厂超过三个月(快硬硅酸盐水泥超过一个月)时,应复查试验,并按试验结果使用。

(3) 对于进场的构配件(混凝土、金属构件及门窗)应详细检查品种、型号、尺寸、外观质量和加工质量是否符合设计要求和质量标准。

(4) 在施工过程中发现有缺陷的材料,应暂停使用,并及时组织调查,确定是否继续使用该批材料。

(5) 材料送检见证员应严格按照市质监站有关规定进行见证送检。见证取样和送检,施工中严格执行见证取样和送检规定,在监理人员的见证下,由施工单位的现场试验人员对工程中涉及结构安全的试块、试件和材料在现场取样,并送至检测单位进行检测。

另外，进场验收主要是通过外观验收质量，真正的验收需要通过试验才能得出结果。但是试验具有滞后性，等试验结果不达标再去更换材料设备时，会打乱施工进展，影响施工进度，有时也会对承包人信誉造成影响。

所以，对于一些高温高压或需要通过试验检验、破损检验的材料设备，在出厂前充分利用供应商的设备、场地和条件进行检验，确保发货的材料设备质量。

（四）及时提出质量异议

根据《民法典》第六百二十条规定："买受人收到标的物时应当在约定的检验期限内检验。没有约定检验期限的，应当及时检验。"买受人在合理期限内未通知或者自标的物收到之日起两年内未通知出卖人的，视为标的物的数量或质量符合约定，但对标的物有质量保证期的，适用质量保证期，不适用该两年的规定。

也就是说，承包人应在合同约定的异议期内提出质量异议，合同没有约定异议期的应当在合理时间内提出，如果合同约定质量保证期没有约定质量异议期，应当在质量保证期内提出质量异议，没有约定质量保证期的异议期不超过两年，买受人在质量异议期内没有提出质量异议的，视为质量合格。因此，承包人在采购时应当与卖方签订书面合同约定质量保证期，并对质量问题积极提出异议。

【案例说明】

（一）基本案情

2017年11月8日，家合公司与五建公司签订《商品混凝土供货合同》，就桂林师范高等专科学校临桂新校区15♯、16♯主教学楼建设，家合公司向施工单位五建公司提供项目所需的商品混凝土，合计金额为2 067 871元；表中预拌混凝土的数量为订购概算数量，不作为供需双方的结算依据；需方项目负责人为石某静，材料结算员为邓某军，现场指定签单人为邓某军；送货单按上述程序办理，结算单按结算程序办理，且结算单中需要项目经理林某成及合同中指定验收人员共同签字确认方为有效结算凭证。

家合公司提交了一份应收账款单，载明：工程名称为桂林师专临桂校区15♯、16♯楼，供混凝土日期为2017年8月至2019年5月，混凝土方量合计8 917 m³，应收混凝土款金额合计3 427 904.75元，已收混凝土款金额合计

2 050 000 元,累计混凝土款金额合计 1 377 904.74 元。家合公司在该应收账款单下方加盖公章,同时下方对账签字(盖章)处签有"邓某军"并签有日期"2019 年 8 月 29 日"。此外,该应收账款单上用手写字迹对 2017.8—2017.11 月的应收混凝土款金额进行括弧并签写"此数据误差 25 m^3,累计到 2017 年 11 月对账单 416 m^3",对于该手写字迹内容,家合公司表示系其工作人员写的,但该书写内容中的误差的 25 m^3 没有算在家合公司诉请的货款中。

后双方因结算款问题,诉至法院。

一审法院认为,家合公司与五建公司签订的《商品混凝土供货合同》系双方的真实意思表示,合法有效,双方之间的买卖合同关系成立。本案《商品混凝土供货合同》约定"材料结算员为邓某军,现场指定签单人为邓某军",可见邓某军签字确认的应收账款单系双方结算的一种形式,虽然合同约定"结算单中需要项目经理林某成及合同中指定验收人员共同签字确认方为有效结算凭证",但在买卖合同实践中,在项目经理林某成未在应收账款单上签字的情况下,五建公司仍在邓某军签字之前履行了支付部分货款的义务,说明双方已用行为实际变更了上述结算付款条件,且五建公司于庭审过程中认可邓某军的签字,视为对应收账款单的认可。据此,一审法院综合认定邓某军签字的应收账款单可视为双方已进行结算的依据。

一审法院判五建公司向家合公司支付混凝土货款 1 377 904.74 元。

五建公司不服提起上诉。认为:①家合公司 2017 年 8 月的汇总表已经说明与邓某军存在串通、恶意诉讼的情况,将五建公司承建的工程师专 2♯楼使用的混凝土放入五建公司承建的 15♯、16♯楼供货。②家合公司提供的出货单中,从 2017 年 10 月开始向所谓 15♯、16♯楼供货,但这些单据均不是家合公司与五建公司签订的《商品混凝土供货合同》约定的五建公司现场指定签单人签署。③被上诉人提交的所谓向 15♯、16♯楼供货的出货单与家合公司盖章向五建公司提供的"出厂合格证"的数据不符,家合公司提交的资料相互矛盾。

二审法院认为:针对应收账款表中列明的 2017 年 8 月、9 月、10 月的供货量在销售账单中未反映的情况,家合公司陈述称系因该公司工作人员将 2017 年 8 月、9 月、10 月的供货量一并计入 2017 年 11 月的销售账单中,在制作应收账款表时存在笔误,故与销售账单载明的供货量存在出入。经本院核实,在应收账款表中记载的 2017 年 8 月、9 月、10 月、11 月供货量与二审家合公司提交的原始出货单中载明的供货量一致,但从原始出货单也可反映,2017年8月、9月、10月的部分混凝土供应的工程项目为"临桂师专2♯楼附属工程",并非本案供货合同中约定的项目。针对本案"桂林师专临桂校区15♯、16♯楼",家合公司系于2017年10月25日开始供应混凝土,并且系用于生活区办公地面硬化,该出货单中载明的情况也符合二审中五建公司举证的相应开工材料中载明的情况及本案供货合同的签约时间,故家合公司在发货单中记载的用于"临桂师专2♯楼附属工程"的供货量不应在本案中一并处理,应予以扣除。对于家合公司相关陈述本院不予采信。

(二) 案例分析

1. 供货合同约定的签收人有重要作用。

承包人为了确保供货真实,有时会在合同中指定货物签收人,并约定非指定签收人的签字不具有签收的法律效力。也可以约定供货合同结算条款,如指定必须由谁签字确认或者加盖印章(如项目章、总公司公章)的结算单才具有结算效力。这样的约定对承包人而言是有益的,但是在合同履行中需要注意以下事项:

(1) 指定的签收人或结算人必须诚实可靠。

指定签收人或结算人的,可以避免其他非项目人员签字的法律效果,而将形成签字法律效果的对象指向了特定人。这种时候指定的对象就非常重要了,指定对象的签字可以排除他人签字的效果,但如果签字人违反诚信,与供货商勾结沆瀣一气,倒签虚假的供货单据和结算单据,损害承包人利益的,由于合同赋予了其签字的法律效果,承包人要推翻这种法律效果,就必须举证证明供货存在虚假与实际不符。如果项目施工资料不全或者存在缺失的,证明难度会较大。

比如本案中,家合公司的工作人员在应收账款单上签写有"此数据误差25 m^3,累计到2017年11月对账单416 m^3"的字迹,但法院认为,邓某军并未在该应收账款单上提出异议并在对账签字处签字,五建公司亦未能提交证据证实家合公司实际的供货方量与应收账款单上记载的不相符,因此对五建公司提出的辩称意见不予采纳。

(2) 合同约定了具体的结算程序或者指定了具体的结算人,承包人应当主动遵守并严格执行,否则若承包人自行通过实际行动改变了结算程序的,司法审判中将会不再认可合同约定的结算程序。

如本案中,合同虽然约定了"结算单中需要项目经理林某成及合同中指定验收人员共同签字确认方为有效结算凭证",但一审法院认为,在买卖合同实践中,在项目经理林某成未在应收账款单上签字的情况下,五建公司仍在邓某军签字之前履行了支付部分货款的义务,说明双方已用行为实际变更了上述结算付款条件。所以邓某军的签字形成了结算的效率效果。

2. 承包人应注重供货合同履行材料的收集,以对抗供应商可能的虚假供货行为。

本案中,五建公司认为邓某军和家合公司存在虚假供货行为,串通、恶意诉讼的情况,将五建公司承建的工程师专2♯楼使用的混凝土放入五建公司承建的15♯、16♯楼供货。但其缺乏有效的证据证明,二审法院也无法采信其理由。而对供货时间,因五建公司提供了系列证据证明五建公司2017年10月才承包桂林师专15♯、16♯楼;桂林师专及监理单位于2017年11月28日才发出开工令;五建公司与家合公司于2017年11月8日才签订《商品混凝土供货合同》,从而证明了家合公司提供虚假供货证据"应收账款"虚构供货时间从2017年8月开始供货。二审法院对此予以认可,并削减了该部分金额。

十二、建筑企业项目借款问题

【风险点】

1. 以项目名义借款,借款挪作他用。
2. 借款用于项目,但项目亏损无法还债。

【风险防范】

有些项目在施工过程中,项目负责人会以追赶进度为由向公司提出"需公司借款"的请求,若公司不借款,进度拖延,遭建设单位违约追责,借款又可能存在资金被挪用侵占的风险,甚至可能项目亏损无法回款。

(一)项目负责人向公司借款的,施工单位摸底工作

施工单位遇到项目负责人向公司借款的情形,在做出决定之前,应注意就借款事宜进行下列摸底工作:

(1) 借款目的的唯一性摸底：项目负责人是为正常推进工程而借款，施工单位也是为了保证挂在公司名下的项目正常推进才考虑出借资金给项目负责人（若是施工单位和项目负责人合伙做项目而投资借款另当别论，本专题中不做讨论），因此施工单位必须摸底项目负责人借款目的为工程的唯一性，而非存在其他目的。

(2) 已收工程款不足以正常推进项目：施工单位应当摸底核实项目实际已收工程款数额和项目实际进度，确认项目已收的工程款均用在项目上的情况下，项目进度确实还需要借款。避免合作方将已收工程款挪作他用，这边又来借钱施工。

(3) 摸底项目已产生的债务是否合理：项目负责人需要借钱施工的，可能项目上已经产生了一定的债务，这种时候须通过现场摸底和让项目负责人如实向公司上报已经发生的债务，确认债务的真实性和合理性，避免项目负责人用虚假债务骗取借款。

(4) 项目负责人有足够的还款能力且有足够的社会信用：借款之前需要考核项目负责人的实力，确认其有足够的还款能力和社会信用度，不能简单的期待项目回款来抵债。可以让项目负责人提供实物担保或者第三方保证，万一借款不能归还时，担保物能实现担保价值，担保公司有代为偿还的能力。

(5) 如果根据工程实际进展确认借款能在后续工程款中扣回的，应当落实借款何时扣、怎么扣等问题，对借款归还做好合理规划，胸中有数。避免工程款都付得差不多了借款却收不回来。

(二) 施工单位同意借款的，注意完善相关借款手续

(1) 项目负责人应提供借款申请报告。

项目负责人出具借款申请报告，申请报告里应明确项目进展情况、工程收付款情况、债务情况、借款原因、借款金额及使用途径等事宜。为免遗漏，施工单位可以创立借款报告范本，项目负责人按照范本填写报告。借款报告应保证由项目负责人本人填写，如果非本人填写的应当有针对该事宜的具体授权委托书。

(2) 签订借款协议。

施工单位与项目负责人签订借款协议，借款协议明确借款事由、借款金额、借款用途、利息计算方式、违约责任等。还应注意约定纠纷管辖地，最好

约定在公司所在地(虽然借贷纠纷起诉可以在出借人所在地,但涉及建设工程项目借款往往比较复杂,若在借款协议里明确了管辖就更万无一失)。另,协议必须由项目负责人本人签署并最好对签署过程进行摄像留存,以免对方虚假签字事后拒认。

(3) 第三方接收借款的指定报告。

施工单位为了确保借款不被挪用,可以根据需要将项目负责人的借款直接支付给供应商、下游分包商等,这时候要注意必须让项目负责人作为借款人出具指定的将某笔借款支付到某单位、某个人的书面报告。

(4) 提供借款使用流水账。

对于一次性借款,可以在借款合同中约定,项目负责人在多少时日内提供借款具体使用的流水账,以核实借款是否正当使用并存档备案;当然为保证资金安全,可以分多次借款,下一次借款前借款人必须提交上一次借款具体使用的流水账,并逐笔核实。若借款人提交虚假流水的,其信誉度受损,注意暂停借款,提前收回前期借款。

【案例说明】

(一) 基本案情

案例一:原告金厦公司与被告杜某民间借贷纠纷

杜某是金厦公司梦展花园项目部人员,因梦展花园项目部购买材料需要,与2011年4月27日向金厦公司借款50万元,并出具借条一份,约定借款期限一个月,借款利息按月利率1.8%计算。金厦公司于同日向梦展花园项目部账号汇款50万元。一个月后,杜某再次向金厦公司出具借条一份,约定借款50万元,借款利息按月利率1.8%计算,未明确约定借款期限。

后杜某未向金厦公司还款。金厦公司遂于2016年起诉要求,判令被告杜某归还原告借款本金50万元,并支付利息。

被告杜某答辩称:①本案借款是杜某代表项目部所借,用于梦展花园项目部,并未用于个人,其不应承担偿还责任。②两次借条是两次独立借款,并非续借。原告均未向杜某个人交付借款,不应承担还款责任。

一审法院认为:

综合被告杜某关于其系代表项目部向公司借款、该借款并未用于个人生活开支的答辩意见,及其在庭审中关于借款用途是用于项目部购买材料的陈述,可以认定原告第一次向梦展花园项目部的汇款50万元系用以交付被告杜某第一次向原告的借款。对于是否续借问题,第二次借条从借款金额、出具时间、借款利息来看,与第一次的借款金额、借款期限及借款利息相对应,且被告杜某从事工程工地管理近20年,理应具有丰富的资金往来经验,如在前一笔借款未交付的情况下再次向原告出具借条,亦与常理不符。可以认定第二次的借条系对第一次借条的续借。借贷双方未明确约定还款期限的,出借人可随时向借款人催告,要求其在合理期限内返还借款。经金厦公司催讨,杜某至今未归还借款本息,属违约行为,依法应承担相应的违约责任。

一审法院最后判决杜某归还金厦公司借款本金50万元,并自2011年4月27日起支付利息。

一审判决后,杜某不服,提起上诉。

二审法院认为,金厦公司在二审中自认杜某就案涉借款已依约按照月息1.8‰实际支付利息到2012年7月31日。而杜某尚无其他证据证明其已归还案涉借款,故杜某仍应依约向金厦公司归还所欠款项。

二审法院判决杜某归还金厦公司借款本金50万元,并自2012年8月1日起支付利息。

案例二:原告李某与被告管某借款纠纷

原告李某是四川某电力公司云南分公司的副总。2016年五六月份,原告李某与被告管某经他人介绍相识。2016年8月,被告管某承包了李某主管的"某供电局2016年10 kV及以下工程(某县)施工项目",被告管某与该电力公司云南分公司于2016年8月16日签订了《劳务协作协议书》,同年12月又签订了《小城镇、中心村农网改造升级工程项目部劳务协作协议书》。管某施工期间,因施工需要,于2016年9月向李某借款6万元。2017年1月18日,管某再次向李某借款1万元。这两笔款管某都出具了借条。2017年1月21日,李某代管某向张某支付人工费1万元。2017年3月3日、3月15日李某向管某分别转账支付2万元,该两笔款原被告双方没有具备手续。至此,原告李某通过账号直接转账至被告管某账户的金额为12万元(含代付人工费1万元)。

工程完工后,管某施工班组曾因工程结算问题与四川某电力某农网施工项目部协商,在《四川省某电力某农网施工项目部与管某施工班组工程款支付纠纷情况说明》中载明,该项目结算金额为449 742.14元,已支付工程款438 788元。被告管某确认收到工程款为448 350元,包括李某借支的12万元。

2018年,原告李某为讨要这12万元借款,多次催收管某未果,遂起诉到法院。

一审法院审理认为,本案原告主张由被告归还借款12万元,并提供了分四次从银行付款的凭条和借条以及代被告向张某支付的1万元人工工资银行支付凭条。从形式上看民间资金融通的过程已经完成。被告质证过程中,虽然承认了借款事实,但认为其仅是以借支方式取得工程款,被告是通过他人介绍到原告主管范围内承包工程而与原告认识,后被告与原告公司签订承包协议后组织工人施工,施工也在实际进行,工程款的拨付需要原告审批。被告向原告出具借条的两笔款均发生在被告施工刚开始后不久,借据上未约定借款使用期限,也未约定借款利息,并且在旧账没有归还的情况下,还继续发生借支的情况,原告主张双方存在借贷关系,不符合情理。被告收到工程款后均记了流水账,其收到工程款总额448 350元,包括此12万元。这与《四川省某电力某农网施工项目部与管某施工班组工程款支付纠纷情况说明》中写明的已支付工程款438 788元的情况基本吻合。故此,原告主张与被告存在民间借贷关系,但证据不足、理由不充分,一审法院依法判决驳回原告的诉讼请求。

一审判决后,原告不服提起上诉,市中级人民法院经审理后于2019年4月3日依法作出判决:驳回上诉,维持原判。

(二) 案例分析

1. 案例焦点:实际施工人向施工单位借款,该借贷行为能否被法院支持。

案例一是典型的实际施工人因项目资金周转困难向施工单位借款,后不予偿还,施工单位起诉要求其偿还民间借贷的法律纠纷。本案中,施工单位作为原告起诉,有利的因素有:①实际施工人出具了借条;②施工单位有清晰的转款凭证;③借款未约定还款期限。借贷双方未明确约定还款期限的,出借人可随时向借款人催告,要求其在合理期限内返还借款。在项目已经完工了之后,双方之间尚有未结清的债权债务,因为施工单位完善了相应的借款手续,获得了有利的裁判结果。

案例二是实际施工人因项目资金周转困难向施工单位负责人借款,从案中的诉讼证据来看,多处证据可以证明所谓借款实质上是支付或者预支付工程款,且该资金是用于项目施工而非用于个人。因此最后被法院认定为是原告欲以合法借贷形式掩盖建设工程施工中施工方个人垫支工程款的目的。按照《最高人民法院关于审理民间借贷案件适用法律若干问题的规定》的相关条款，原告主张不应得到支持。

2. 司法审判对项目借款问题，会谨慎审查基础法律关系。

《最高人民法院关于审理民间借贷案件适用法律若干问题的规定》（法释〔2020〕6号）第十四条规定："原告以借据、收据、欠条等债权凭证为依据提起民间借贷诉讼，被告依据基础法律关系提出抗辩或者反诉，并提供证据证明债权纠纷非民间借贷行为引起的，人民法院应当依据查明的案件事实，按照基础法律关系审理。"

在建设工程施工过程中，发包方以借支方式支付工程款的现象较为普遍，且形式种类繁多，并且发包方常以公司内部个人名义向承包人预支工程款，并要求承包人以此出具借条。司法审判中并不会轻易通过借条认定双方之间为民间借贷关系，而是倾向于审查基础法律关系，如经审查认定双方之间实质上为工程款结算的，民间借贷关系不成立。若项目存在亏损、烂尾等情形，工程款资金无法到位的，施工单位向实际发包人追偿难度大，对施工单位来说会非常不利。

十三、印章使用管理问题

【风险点】

1. 用印手续审核不严：用印审批手续不全，审核不严；越权用印；忽视用印管理流程；松懈监管；导致表见代理风险大。

2. 印章回收、封存、销毁管理不到位，留下隐患。

【风险防范】

1. 围绕印章的"刻制、启用、领用、保管、使用、登记、回收、销毁"等全过程，要严格落实相关管理要求。

2. 重点加强对项目部、驻外机构等薄弱环节的管控，重视上述机构印章刻制、使用、保管、回收等关键环节，通过加快区域总部建设，形成异地印章使用的监管中心；要严格规范项目部章、分支机构章、部门章的用途范围，通过印文内容明示等方式，限定其用途，防范不当使用引起的表见代理风险；要重视加强印章保管工作,防止失窃风险。

3. 增强全员印章使用风险防范意识。逐级开展针对印章专兼职管理人员的定期指导和业务培训,不断增强印章管理人员的法律意识、风险意识,提高其业务技能和岗位工作水平,防范差错风险。通过定期或不定期抽查等方式,组织开展印章使用管理情况的合规性检查,对存在的隐患和漏洞,要及时落实整改,努力形成印章管理的长效机制。

4. 积极运用信息化手段和其他专业管理工具、方法,探索电子印章等新型印章的使用和风险管控模式,提高印章使用管理的效率。

【案例说明】

(一) 基本案情

翁某某为万翔公司董事长,但非法定代表人。翁某某因投资房地产向游某某融资,游某某分4次向翁某某投入资金总计245万元,翁某某也分别向游某某出具4张"借条",华鑫公司、万翔公司作为担保人在该4张"借条"上盖章表示担保。后游某某、翁某某就上述借款事宜又签订《协议书》一份,该《协议书》对以上4笔借款计利息进行了结算,重新约定了还款期限。华鑫公司、万翔公司亦作为担保人在《协议书》上盖章进行担保。《协议书》签订后,翁某某未及时按约还款付息。游某某遂起诉,要求翁某某还本付息,华鑫公司、万翔公司承担连带保证责任。

一审法院认为:本案"借条"、《协议书》客观真实合法。游某某已履行了"借条"、《协议书》中出借人的245万元的付款义务,庭审中翁某某认可收到借款,并认可利息。游某某与翁某某的借贷关系依法成立,"借条"、《协议书》对游某某、翁某某均有约束力。华鑫公司、万翔公司作为游某某、翁某某签订"借条"、《协议书》中的借款保证人,其依法应对"借条"、《协议书》中的实际借款本息承担连带偿还责任。对游某某提出的要求华鑫公司、万翔公司对翁某某的债务承担连带清偿责任的诉讼请求,予以支持。

万翔公司不服一审判决,提起上诉。

二审法院认为:①关于翁某某伪造万翔公司印章问题,虽有报案,但无定论,不能以此免除万翔公司担保责任。②翁某某作为万翔公司董事长,在其任职万翔公司董事长期间在担保协议上加盖万翔公司印章,游某某作为善意第三人有理由相信翁某某代表万翔公司担保。③由于盖章时翁某某系万翔公司董事长,根据《民法典》第五百零四条规定,法人的法定代表人和其他组织的负责人超越权限,与相对人订立合同,如果相对人知道或者应当知道其是超越权限,则合同对该法人或者其他组织没有效力,如果相对人不知道或者不应当知道其是越权的,则该合同对法人或者其他组织发生法律约束力,法定代表人或负责人订立合同的行为是代表法人或者其他组织实施的行为,以及根据《最高人民法院关于适用〈中华人民共和国民法典〉有关担保制度的解释》第七条规定,公司的法定代表人违反公司法关于公司对外担保决议程序的规定,超越权限代表公司与相对人订立担保合同,人民法院应当依照《民法典》第六十一条和第五百零四条等规定处理:相对人善意的,担保合同对公司发生效力;相对人请求公司承担担保责任的,人民法院应予支持。……翁某某作为万翔公司董事长对外提供担保应认定为有效。

万翔公司仍不服,向最高法院申请再审。

最高院认为:

1. 关于万翔公司应否对翁某某以其名义作出的担保行为承担责任的问题。经查明,翁某某在借条、协议书、借款担保协议书上加盖万翔公司印章时系该公司的董事长,但并非公司法定代表人。故二审判决依据《民法典》第五百零四条和《担保法司法解释》第七条的规定认定翁某某有权代表公司对外签订合同适用法律不当,应予纠正。万翔公司是否应当承担合同义务,应当判断翁某某的行为是否符合《民法典》第一百七十二条关于表见代理的规定。虽然《公司法》第十三条规定公司法定代表人可以由董事长、执行董事或者经理担任,但从实践情况看,在公司设有董事长的情况下,由董事长担任公司法定代表人的情况是普遍现象。并且,董事长虽不一定同时担任公司法定代表人,但根据《公司法》的有关规定,其相较于公司其他管理人员显然享有更大的权力,故其对外实施的行为更能引起交易相对人的合理信赖。同时,翁某某还是万翔公司的股东,且在签订涉案担保合同时持有万翔公司的公章,尽管刑事判决已经认定该公章为翁某某私刻,但结合翁某某在万翔公司所任特殊职务以及股东身份等权利外观,已经足以让交易相对人游某某产生合理信赖,让其负有对公章真实性进行实质审查的义务,对于相对人要求过于严苛,不利于保护交易安全。综上,本院认为,翁某某的行为已构成表见代理,万翔公司应对翁某某的涉案债务承担担保责任。

2. 关于万翔公司未经股东会决议为翁某某的涉案债务提供担保的效力

应如何认定的问题。本院认为,《公司法》第十六条第二款规定并非效力性强制性规定,违反该规定不必然导致合同无效。有限责任公司通常股东人数少,管理层与股东并未实质性分离,股东对公司重大事项仍有一定影响力,且有限责任公司等闭合性公司并不涉及众多股民利益保护、证券市场秩序等公共利益问题,违反上述规定并不会导致公共利益受损。据此,万翔公司未经股东会决议为翁某某的涉案债务提供的担保应认定有效。万翔公司的该项主张不能成立。

最高法院裁定驳回了万翔公司的再审申请。

(二)案例分析

1. 本案败诉原因分析。

翁某某虽然不是万翔公司的法定代表人,但他是该公司的董事长,最高法院据此认为已构成表见代理。虽然有翁某某伪造印章在借条、协议书上使用构成伪造印章罪的判决书,但结合翁某某在万翔公司所任特殊职务以及股东身份等权利外观,足以让交易相对人游某某产生合理信赖,让其负有对公章真实性进行实质审查的义务,对于相对人要求过于严苛,不利于保护交易安全。

2. 证明当事人私刻公章、构成犯罪,并不代表公司可对合同不认账。

伪造印章构成犯罪的,并不当然导致合同无效。根据《最高人民法院关于在审理经济纠纷案件中涉及经济犯罪嫌疑若干问题的规定》第五条第二款的规定:"行为人私刻单位公章或者擅自使用单位公章、业务介绍信、盖有公章的空白合同书以签订经济合同的方法进行的犯罪行为,单位有明显过错,且该过错行为与被害人的经济损失之间具有因果关系的,单位对该犯罪行为所造成的经济损失,依法应当承担赔偿责任。"

从表见代理角度讲,公司相关人员如果构成表见代理的,即便私刻公章构成犯罪了,其签订的合同在民事上还是有效的。在以下几种情况下,即使印章系伪造,公司也不能够否认其效力:①伪造印章对外签订合同的人构成表见代理的;②法定代表人或者授权委托人伪造公司印章对外签订合同;③公司在其他的场合承认过该印章的效力;④公司明知他人使用伪造印章而未向公安机关报案的。

3. 处理伪造印章事宜应当注重刑民交叉,双管齐下。

利用伪造印章签订合同和伪造印章在事实层面上往往是两个不同的问

题,光注重刑事追查并不必然导致民事行为无效,判定民事合同无效必须按照《民法典》的规定来。施工单位应当注意通过刑事侦查获取民事审判需要的证据材料,双管齐下,最终达到胜诉目的。

4. 慎重考虑是否由不同的人担任董事长和法定代表人。

法定代表人可以代表公司对外做出民事行为,董事长虽然并非法定代表人,但根据《公司法》和公司章程规定,董事长往往具备相当大的权限,董事长对外做出的行为容易被认定为表见代理。施工单位在建立公司组织架构时,应尽量保证决策权及代表权的集中,降低公司对外被表见代理和出现决策僵局的风险。

十四、项目中函件签收问题

【风险点】

函件的签收会直接影响其法律效力,对函件的签收应以今后可作为证据使用为原则,注意保证其证明力。

【风险防范】

1. 注意函件的内容形式。函件如有多页,应注意备注页码并盖骑缝章,避免调包换页。

2. 注意函件的签收形式。函件的签收应直接在函件上签收,写签收人及日期,不要只采用签收本签收的方式。因为签收本上只记录函件名称,而且有时记录的函件名称与函件真正名称不一,或者函件名称无法反映内容的,有的施工单位根本不写函件名称,只写一个字"函",这样根本无法证明对方签收的内容是什么。

3. 注意签收人身份。函件签收人应注意最好由合同约定的签收人、或对方代表人、或指定收发人签收,以便于今后证明其身份。因为案件中常有当事人否认签收人为其员工,对签收人身份不认可的情况,故为确保函件签收效力,最好应由上列人签收,如上所列人不能签收的,则应注意需有其他相应文件能证实签收人的身份。

4. 如遇对方拒签时,可采用快递到对方工商注册地址、法定代表人收的形式。此时应注意快递单上写明文件内容、页码;若是比较重要的文件,如结算书等,则建议采用公证快递的方式。

5. 注意保留原件。函件的一个重要作用是万一有纠纷时作为证据,而证据则必须有原件,如无原件则无法辨别真伪,故施工单位应保留好函件签收的原件,作为工程档案长期保管。

【案例说明】

(一)基本案情

原告硚口土地储备中心与被告长华公司合同纠纷

2012年2月15日,硚口土地储备中心与长华公司签订《限价房购房协议》,由长华公司在玉带四村地块建设限价商品房(即长华玉带家园)后由硚口土地储备中心定向回购用于征收安置。硚口土地储备中心支付完毕全部购房款656 457 682元。但长华公司却拒绝按照《限价房购房协议》继续履行义务,对已签订《商品房买卖合同》并交付的482套限价商品房买受人,拒绝配合办理商品房买卖合同备案等手续;对剩余178套限价商品房,拒绝与硚口土地储备中心确定的安置户签订《商品房买卖合同》并办理交付手续,并将安置房对外销售。

硚口土地储备中心遂向本院提出诉讼,请求长华公司继续履行《限价房购房协议》《〈限价房购房协议〉之补充协议》,并判令长华公司返还代收房款91 386 298.75元。

长华公司辩称:①涉案项目属政府采购法和招标投标法调整的范围,应遵循公开招标程序。但硚口土地储备中心在涉案地块尚未挂牌,不具备招标条件的情况下,利用虚假条件和长华公司签署的购房协议无效。②施工过程中硚口土地储备中心屡次延期支付购房款。③根据2010年签订的储备协议预测土地成本价格4亿元左右,因硚口土地储备中心口头未及时督促该地块尽快挂牌。导致土地成本提高到5.4亿元,硚口土地储备中心应支付长华公司土地成本上升的补偿,但长达6年未支付,造成长华公司的损失。

法院审理过程中,组织双方进行了证据交换和指证,其中涉及双方往来函件效力问题,法院认为:

1. 硚口土地储备中心提交的2016年12月26日、2017年4月28日、2017年8月7日关于返还代收长华玉带家园居民补缴房款的函各一份及文件签收登记表、2017年6月19日硚口房产局出具的关于立限停止长华玉带家园违规销售的通知、个人社会保险参保缴费情况查询单,用以证明武汉市硚口区城乡统筹发展工作办公室(系硚口土地储备中心上级单位)于 2016 年 12 月 26 日、2017 年 4 月 28 日、2017 年 8 月 7 日三次向长华公司发函,要求长华公司将前期代收购房款支付至硚口土地储备中心指定账户,硚口房产局于 2017 年 6 月 19 日发通知要求长华公司停止相关销售行为,其中 2017 年 4 月 28 日函件、2017 年 6 月 19 日通知签收人是长华公司负责人曾某文,另两份函件签收人均为长华公司工作人员,但无证据予以证明。本院认为,硚口土地储备中心主张其向长华公司送达过三次函件和通知,并举证证明曾某文系长华公司工作人员,对 2017 年 4 月 28 日函件、2017 年 6 月 19 日通知的真实性本院予以认可,因硚口土地储备中心未举证证明另两份函件签收人员与长华公司的关系,本院对该两函件的真实性不予认可。

2. 长华公司提交的催告函,用以证明长华公司曾委托律师事务所对硚口土地储备中心发函催要付款。硚口土地储备中心表示未收到该函件,该函件系长华公司单方陈述,不符合证据要件,且内容也与事实不符。硚口房产局、六角亭街办同意硚口土地储备中心的质证意见。本院认为,长华公司未提交证据证明其向硚口土地储备中心送达过该催告函,故对该证据的真实性不予认可。

最终,法院判决双方继续履行《限价房购房协议》及《〈限价房购房协议〉之补充协议》约定义务;长华公司返还代收购房款 91 386 298.75 元和 40 套限价商品房购房款 43 387 496 元。

(二) 案例分析

1. 发函件应注意事项:

施工往来中,函件签收非常重要,一旦发生纠纷,一些函件的签收会成为影响判决的重要因素。本案中长华公司的反诉请求未能得到法院支持,一部分原因正是其未能举证曾经向原告主张过损失及损失确定过程等。因此在送达函件时,作为出件方需要注意方式方法:

(1) 可以通过邮寄的方式寄送相关文件,在快递单上写清楚邮寄文件的名称和份数(务必通过邮局寄送,在快递单上保留邮戳),同时向邮局要快递的回执(即签收复印件)或者在 EMS 网站上打印邮件跟踪查询记录(需让邮局盖章),这样就有了发送文件原件、快递单、签收复印件或查询记录等三份证据,注意妥善保管这三份证据,公司有专门档案室的,需存至档案室,以备诉讼时使用。

(2)可以通过投递挂号信并公证的方式,也就是在寄挂号信的同时办理公证。首先挂号信有一个挂号凭证,办理了公证就有了一份公证书,把这两份证据一并留存,和上面的方式具有同样法律效力。

2. 收函件应注意事项:

作为收件方,涉及违约金索赔、费用支付、工期顺延、工程签证等关系重大经济利益的文件,一字千金,所有往来文件,应严格审查,明白其意思,绝不能轻易签字。

(1)如果签收文件时,对相应内容不确定或不认可,可以签"已收到,已看到"等,绝不要仅仅签署名字,因为签字一般会被视为对内容的认可。也可以在签收文件时,表示反对意见,如在文件上注明:"对某某部分表示认可,但在某问题上,不予认可,应该是……"等,如果对这一问题不能轻易下结论,那么应该注明:"此文件已收到,但其中某某问题,需要进一步核实商讨"。

(2)如果收到对方发来的对我方不利的文件,是快递形式的或者是需进一步反驳对方意见的,应该及时回函并保留发文凭证,明确表示自己的反对意见。

(3)如果确实不慎签收了对我方不利的文件,应及时向对方提出异议,明确表示自己的反对意见,如果构成显失公平或重大误解,应及时请求人民法院或者仲裁机构撤销相应文件。

第二节　质量安全管理板块

一、工程质量问题

【风险点】

1. 质量缺陷,即产品质量"未满足与预期或规定用途有关的要求"。除了对于不影响建筑结构的近期使用的轻微缺陷外,建筑物若存在使用缺陷甚至危及承载力缺陷的,将影响工程的验收和有效使用。

2. 质量问题,即工程产品质量没有满足某个规定的要求,也称之为质量不合格。工程发生质量不合格的,将无法进行工程竣工验收,也无法进行工程结算。

3. 质量事故,即工程产生结构安全、重要使用功能等方面的质量缺陷,造成人身伤亡或者重大经济损失的事故。如因施工单位原因引起的质量事故,将面临巨额损失赔偿。

【风险防范】

(一) 产生工程质量问题的主要原因

1. 违反基本建设程序:国家规定了严格基本建设程序,从工程可行性研究、初步设计、施工图设计、工程施工、工程竣工验收,步骤清晰。违反基本建设程序,如不作可行性研究即搞项目建设,无证设计或越级设计,无图施工、盲目蛮干等,都可能导致质量问题甚至质量事故。

2. 工程地质勘察存在问题:工程勘察是工程建设的第一步,也是设计的前奏,如果地质勘察存在问题,导致质量问题的概率将大大增加。如不认真进行地质勘察随便确定地基承载力,勘测钻孔间距太大不能全面准确反映地基的实际情况,地质勘察深度不足,没有查清较深层有无软弱层、墓穴、空洞,地质勘察不准确导致基础设计错误等,都可能成为导致质量问题的原因。

3. 设计存在问题:设计是施工的前提,如果设计存在如结构方案不正确、结构设计与实际受力情况不符、作用在结构上的荷载漏算或少算、结构内力计算错误、不按规范规定验算结构稳定性等问题,施工中极容易出现质量问题。

4. 建筑材料质量低劣:材料和施工设备的质量直接影响到工程项目的质量。如水泥标号不足、安定性不合格,钢筋强度低、塑性差,混凝土强度达不到设计要求,防水、保温、隔热、装饰等材料质量不良等,会直接导致施工质量存在问题甚至出现质量事故。

5. 施工工艺不当,施工组织管理不善,也是导致质量问题的原因之一。

(二) 施工单位加强工程施工质量管理的有效措施

1. 施工准备中就注重抓质量工作。

(1) 配备懂设计的现场施工人员。在我国,做施工的人员不懂设计的现象较为普遍,施工单位管理人员应加强建筑工程专业知识学习,了解一点设计方面的相关知识,使其能发觉施工图纸上的明显错误,这是前提。

（2）认真组织图纸会审。在图纸会审前，施工单位应组织技术力量对建设单位提供的图纸进行严格的审查，审查事项包括：设计单位是否具有相应的资质，图纸是否经过了审图公司的审查，图纸设计是否存在明显缺陷或不合理。

（3）图纸上的瑕疵一一列出，形成书面材料向建设单位提出。同时在施工过程中，对图纸上的明显缺陷也要向建设单位及时报告。因为作为有经验的施工单位，应该有能力看出建设单位所提供的设计图纸中明显缺陷，当施工单位明知建设单位提供的设计会影响建筑工程质量的，怠于通知或者指出异议的，仍要承担相应的责任。

2. 施工中建立健全施工质量管理制度。

完善施工质量管理制度，规范建筑工程施工的各个环节，明确各个施工人员的职责，建立合理的奖惩制度，有利于保证建筑工程的施工质量。

（1）严格进行施工组织方案的管理，并对施工技术方案、工作步骤、组织技巧等各项内容开展检查，在保证方案科学高效性的同时，提高建筑工程的整体质量。

（2）完善对技术交流的管理，保证参与施工的各类人员能够从多方面了解工程的要求，例如对工程的结构特点、质量标准以及设计情况等有准确的把握，进而有效地开展质量管理工作。

（3）设立完善的质量评价体系，将质量评价量化到人，将动态管理系统、奖惩机制协调起来。

3. 重视对施工材料和设备的质量管理。

在建筑工程的施工中，建筑原材料的质量对整体工程质量有着很大的影响，使用低质量的材料则很可能会使工程质量降低。现场质量管理人员，必须对材料的质量实行严格的检查和检测，避免施工现场因劣质的材料，降低整体工程质量。

购买材料首选信誉好的生产厂家，并保证购买渠道的正规性，保证所购买的各种工程原材料都有各类合格证书和使用证书。另外，要在材料入场时进行严格的入场检验，禁止品质低劣的材料进入施工现场。确保材料的堆放环境满足要求，以免材料被污染而降低品质。

对于设备质量，首先需要保证设备运用的正确性。对于施工的设备，操作者需要熟悉其具体的使用性能、操作标准和控制方式等，防止因为使用了不合理的工艺而使工程项目的质量降低。

4. 加强对相关人员的培养。

建筑工程管理工作人员和施工人员的综合素质水平直接关系着建筑工程质量水平。积极开展培训与教育活动,加强现场施工人员和管理人员专业知识储备和职业素质,通过人的因素把控工程质量。人员培养可以考虑从以下方面着手：

（1）施工现场应该大力宣传建筑工程管理工作,以此促使每一位工作人员都认识到建筑工程质量把控的重要性和基本内容。

（2）组织相关工作人员学习先进的专业理论知识与技术,提高工作人员的专业技能。

（3）应该针对培训、教育工作制定完善的考核制度,针对接受过培训与教育的工作人员进行全面的考核,对于未通过考核的工作人员则应该要求其继续参与培训与教育,多次培训依然没有通过考核的,则应该将其调离当前的岗位。通过上述手段调动相关工作人员参与培训与教育的积极性。

5. 质量事故处理中,尽量减少人员伤亡和直接经济损失。能现场救助的伤员一定不要放弃,无论从生命人权还是减少经济损失角度出发,都要极力进行救治。

【案例说明】

（一）基本案情

城投公司 A 于对安置房项目进行分标段公开招投标,采用报价承诺法进行,按招标控制价下浮 5% 作为中标价。最后施工单位 B 中标。工程完工后,项目经当地审计局审计,城投公司付到了审计金额的 95%。中途 B 公司破产重组,实际施工人 C 对审计局的审计结果不予认同,后来项目出现大面积的外墙脱落和渗水质量问题。于是实际施工人 C 以个人名义起诉 B 公司和 A 公司,要求判定《建设工程施工合同》无效,对项目造价进行司法鉴定,并对造价不进行 5% 让利下浮,按鉴定金额支付剩余工程款；A 公司则反诉要求承担质量问题的修复费用,并承担项目因未能评到市优而应承担的 1% 的违约责任。

一审中,城投公司 A 申请鉴定系争工程外墙保温层空鼓开裂等质量缺陷与施工行为的因果关系。鉴定单位认为,出现质量缺陷的原因有以下几点：

(1) 按照《外墙外保温工程技术规程》(JGJ 144—2008)第 5.2.3 条的规定:"外保温工程的施工应具备施工技术标准或施工方案,施工人员应经过培训并经考核合格"。虽然施工单位提供了《外墙玻化微珠保温砂浆施工方案》,但没有看到在施工之前编制的、经过批准的施工方案,更没有看到施工人员经过培训并经考核合格的记录。尽管设计图纸对于抹灰的基层处理缺乏统一的要求,但任何抹灰工程,基层处理都是一个重要的环节,特别是在较为光滑的混凝土(短肢剪力墙、构造边缘转角柱等)基层上,这是抹灰工程最基本的要求,属于施工的常识内容。通过检测空鼓的情况判断,大部分保温层的空鼓、剥离现象均发生在混凝土基层上,说明基层界面处理不到位,或虽做了处理,但基本没有起作用,也说明了施工单位在进行保温层施工时,事先没有进行认真的策划与交底,对工序没有提出明确的要求,工人完全是在随意进行操作的,以致造成大面积起鼓、开裂的后果。

(2) 外墙面砖粘贴时,要充分考虑温度伸缩的影响,这样可以防止墙体结构变形及外墙饰面砖本身温度变形导致的开裂、空鼓和脱落,设计没有在设计说明中做出明确的规定,导致施工时根本没有设置伸缩缝。这是该工程出现大面积空鼓的原因之一。同样,施工单位的施工方案中也没有保温层抗裂分隔缝的技术做法。

(3) 另外,在外墙保温层上粘贴瓷砖饰面的设计做法欠妥当。外墙外保温工程中的保温层强度一般较低,如果表面粘贴较重的饰面砖,在一定的使用年限内容易变形脱落,高层建筑这种危害更为严重。故,在本工程中,在外墙保温层上粘贴瓷砖饰面的设计做法,增加了瓷砖掉落的概率。

法院据此判决针对质量问题和修复费用,施工单位与建设单位各承担 50%的责任。

(二) 案例分析

1. 建设工程质量责任根据《建筑法》等法律规定,实行的是类似于"有罪推定"的原则。

《建筑法》第五十五条规定:"建筑工程实行总承包的,工程质量由工程总承包单位负责,总承包单位将建筑工程分包给其他单位的,应当对分包工程的质量与分包单位承担连带责任。分包单位应当接受总承包单位的质量管理。"《民法典》第八百零一条规定:"因施工人的原因致使建设工程质量不符合约定的,发包人有权请求施工人在合理期限内无偿修理或者返工、改建。经过修理或者返工、改建后,造成逾期交付的,施工人应当承担违约责任。"

以上法律规定包括明确规定工程质量由施工单位负责,而且我国合同法采用严格责任归责原则,一旦工程质量有缺陷,推定是由于施工单位原因导致工程质量责任。除非施工单位能够证明存在法定免责事由。

因此,明确法律规定的免责事由,在合同管理和施工过程中发生免责事件时及时固定证据,对施工单位就显得尤为重要,否则就会背上不该背的"黑锅"。

2. 施工单位只有证明工程质量缺陷是由设计原因引起的,施工单位才可以免责。

根据新的《最高人民法院关于审理建设工程施工合同纠纷案件适用法律问题的解释(一)》(简称《司法解释(一)》)第十三条规定:"发包人具有下列情形之一,造成建设工程质量缺陷,应当承担过错责任:①提供的设计有缺陷;②提供或者指定购买的建筑材料、建筑构配件、设备不符合强制性标准;③直接指定分包人分包专业工程。承包人有过错的,也应当承担相应的过错责任。"

从该条司法解释看,虽然质量责任由施工单位承担,但是在建设单位提供的设计有缺陷时,建设单位应当承担过错责任。但是,《司法解释(一)》明确建设单位提供的设计有缺陷时,建设单位承担过错责任,但是并不意味着施工单位就绝对没有责任。施工单位如有过错,也应当承担责任。而判断施工单位是否有过错的标准在于:设计缺陷是否明显,如果设计缺陷较为明显则施工单位是否曾经提醒建设单位注意。

3. 对于设计存在问题的,施工单位应当及时通报提醒,才能免责。

本案例中,在发现设计问题后,施工单位也没向城投公司进行通报和提醒,要求建设单位敦促设计单位重新核查。因此在庭审中,城投公司认为施工单位作为一家有丰富施工经验的一级企业,针对施工缝这种常识性内容应当知晓。即使设计中没有明确,施工单位也应当知道保温层应当设置伸缩缝。但是施工单位没有提醒建设单位,而是自行施工,而且施工中没有进行技术交接,才导致外保温出现严重的质量问题。换言之,如果施工单位当时书面进行过提醒,而建设单位执意不设置伸缩缝的,这部分责任就与施工单位无关。那么法院在裁量双方责任时,可能划分比例就不会是五五开了。

二、施工安全问题

【风险点】

设备管理不到位,施工队伍水平不够,施工环境差,安全管理机制缺乏,导致安全隐患,甚至出现安全事故。

【风险防范】

(一)产生安全问题的原因分析

1. 安全管理人员的综合素质参差不齐。

安全事故发生的原因往往是施工现场缺乏完善的安全风险管理体制所造成的,有些项目上连安全管理机构都没能设置全,一些项目虽然建立了一定的安全管理部门,但是部门的随意性比较大,没有综合完善的安全防控机制,安全管理人员的综合素质参差不齐,有待于进一步提升。

2. 建筑工程施工设备的质量缺乏保障。

建筑施工本身是存在很多高危作业,需要专业的施工设备和配套的安全防护设施。而建筑行业内部竞争非常激烈,很多地方招投标还是执行最低价中标。一些中标单位本身就是低价甚至低于成本价中标,为了实现自身的竞争目标,并没有将资金过多地投入到安全风险的支出中,施工人员所购置的生产设备器材严重不符合标准,往往是造成安全问题的直接因素。

3. 缺少对于工作人员的安全教育培训。

建筑行业从业者有一大部分是农民工队伍,这些队伍一来自身综合素质受限,二来流通性大,对其进行安全教育培训存在一定难度,再加上自身安全保护意识的缺失,容易催生安全事故。

(二)提高材料设备管理水平

施工材料设备的安全处理不到位,会直接影响到施工质量和施工水平。

(1)严禁质量不合格的材料投入施工中,对材料质量进行控制,防止使用的材料存在安全隐患。

(2)定期检查和维护设备,陈旧设备注意在规定的期限内使用,并注意配备相应的安全措施。超过期限的不得使用。

(三)提高施工队伍水平

(1)选择优质施工队伍,提高施工队伍整体专业水平,定期进行安全培训,提高施工人员安全意识。

(2)严格执行安全技术交底,严谨对待专业技术操作,增强操作安全性。

(3)提升人员管理水平,保持施工队伍的稳定性。

(四)安全生产费用应当专款专用

施工单位对列入建设工程概算的安全作业环境及安全施工措施所需费用,应当用于施工安全防护用具及设施的采购和更新、安全施工措施的落实、安全生产条件的改善。

(五)编制安全技术措施及专项施工方案

(1)施工单位应当在施工组织设计中编制安全技术措施,对达到一定规模的危险性较大的分部分项工程编制专项施工方案。

(2)应当根据施工阶段和周围环境及季节、气候的变化,在施工现场采取相应的安全施工措施。

(3)施工现场暂时停止施工的,施工单位应当做好现场防护,所需费用由责任方承担,或按照合同约定执行。

(六)对安全施工技术要求的交底

建设工程施工前,施工单位负责项目管理的技术人员应当对有关安全施工的技术要求向施工作业班组、作业人员做出详细说明,并由双方签字确认。

(七)消防安全保障措施

施工单位应当在施工现场建立消防安全责任制度,确定消防安全责任人,制定用火、用电、使用易燃易爆材料等各项消防安全管理制度和操作规程,设置消防通道、消防水源,配备消防设施和灭火器材,并在施工现场入口处设置明显标志。

(八)劳动安全管理规定

施工单位应当向作业人员提供安全防护用具和安全防护服装,并书面告知危险岗位的操作规程和违章操作的危害。

施工单位应当在施工现场入口处、临时用电设施、脚手架、出入通道口、楼梯口、有害危险气体和液体存放处等危险部位,设置明显的安全警示标志。安全警示标志必须符合国家标准。

(九)购买工程保险,转移安全风险

工程保险,是针对工程项目在建设过程中可能出现的因自然灾害和意外事故而造成的物质损失和依法应对第三者的人身伤亡或财产损失承担的经济赔偿责任,提供保障的一种综合性保险。

我国工程保险目前已形成包括:综合性财产保险、工程质量保险、安全生产保险、工程保证保险、工程责任保险以及其他工程保险的险种体系。各类工程险种能够有效覆盖工程建设各个时期所面临的各类风险,为相关建设活动主体提供有效的风险防范、转移、分散、补偿等保险保障作用。如综合性财产保险包括建筑工程一切险、安装工程一切险,安全生产保险如建设工程意外伤害保险、雇主责任保险、安全生产责任保险,还有其他工程保险如工程机械保险、重灾保险、货物运输保险等,都可以有效转移安全风险。

在签订保险合同时,还可以根据工程自身的特点,增加扩展条款,将可能出现的险情,以特别扩展条款的方式在保险合同中明确,一旦将来有合同中约定的险情出现,将对索赔工作非常有利。

【案例说明】

(一)基本案情

2016年11月24日,江西丰城发电厂三期扩建工程发生冷却塔施工平台坍塌特别重大事故,造成73人死亡、2人受伤,直接经济损失10 197.2万元。

调查组认定,工程总承包单位中南电力设计院有限公司对施工方案审查不严,对分包施工单位缺乏有效管控,未发现和制止施工单位项目部违规拆模等行为。其上级公司中国电力工程顾问集团有限公司和中国能源建设集团(股份)有限公司未有效督促其认真执行安全生产法规标准。监理单位上海斯耐迪工程咨询有限公司未按照规定要求细化监理措施,对拆模工序等风险控制点失管失控,未纠正施工单位违规拆模行为。其上级公司国家核电技术有限公司对其安全质量工作中存在的问题督促检查不力。建设单位江西丰城三期发电厂及其上级公司江西赣能股份有限公司和江西省投资集团公司未按规定组织对工期调整的安全影响进行论证和评估,项目建设组织管理混乱。中国电力企业联合会所属电力工程质量监督总站违规使用建设单位人员组建江西丰城发电厂三期扩建工程质量监督项目站,未能及时发现和纠正压缩合理工期等问题。国家能源局电力安全监管司、华中监管局履行电力工程质量安全监督职责存在薄弱环节,对电力工程质量监督总站的问题失察。丰城市政府及其相关职能部门违规同意及批复设立混凝土搅拌站,对违法建设、生产和销售预拌混凝土的行为失察。

  国务院责成江西省政府向国务院做出深刻检查。针对江西省政府领导在贯彻落实国家有关安全生产方针政策、法律法规中领导不力,未有效指导督促相关部门和省属企业落实安全生产责任的问题,依法依纪给予通报。由相关地方和部门对其他47名责任人员依法依纪给予党纪政纪处分、诫勉谈话、通报、批评教育。另外,司法机关已对31名责任人依法采取刑事强制措施。同时,依法吊销施工单位河北亿能烟塔工程有限公司建筑工程施工总承包一级资质和安全生产许可证,并对工程总承包、监理等单位和相关人员给予相应行政处罚。

  2020年4月相关法院对事故所涉9件刑事案件进行了一审公开宣判,对28名被告人和1个被告单位依法判处刑罚。江西投资集团党委委员、工会主席、丰电三期扩建工程建设指挥部总指挥邓某超构成重大责任事故罪、贪污罪、受贿罪和国有公司、企业人员滥用职权罪,予以数罪并罚,被判处有期徒刑十八年,并处罚金人民币220万元;河北亿能公司法定代表人、董事长张某平以及该公司丰电三期扩建工程D标段项目部执行经理吴某光、河北省魏县奉信劳务公司丰电三期扩建工程D标段7号冷却塔施工队队长白某平、中南电力设计院丰电三期扩建工程总承包项目部总工程师王某、上海斯耐迪公司丰城发电厂项目监理部总监理工程师胡某胜、丰电三期工程部土建专业工程师廖某寿等14人构成重大责任事故罪,分别被判处七年至二年六个月不等的有期徒刑。丰电三期扩建工程建设指挥部成员、丰电三期质量监督项目站站长杨某云,电力质监总站监督处负责人白某海,国家能源局华中监管局电力安全监管处副处长冯某,丰城市工信委党委书记、主任涂某平等9人分别被以玩忽职守罪或滥用职权罪判处五年至二年不等的有期徒刑。丰城鼎力建材公司犯生产、销售伪劣产品罪,被判处罚金人民币200万元,公司法定代表人、董事长顾某兴和生产经理朱某敏分别被判处有期徒刑四年并处罚金人民币60万元和有期徒刑三年三个月并处罚金人民币60万元。丰电二期计划经营部原经理杨某辉犯贪污罪和国有公司、企业人员滥用职权罪,予以数罪并罚,江西鸿远实业公司计划经营部原经理桂某燕犯贪污罪,分别被判处有期徒刑11年、并处罚金人民币100万元和有期徒刑四年、并处罚金人民币50万元。

(二)案例分析

1. 风险分析应全面系统。

施工单位对项目的安全隐患风险分析应当系统全面地进行。图纸不全,设计未完,这种情况下做出来的风险分析和施工组织设计、专项方案也是存在缺陷的。

2. 慎重对待专项方案。

住建部在《危险性较大的分部分项工程安全管理规定》中规定了对危险性较大的分部分项工程应当编制专项施工方案,对其中一些危险性过大的专项施工方案还必须进行专家论证。2021年《住房和城乡建设部办公厅关于印发危险性较大的分部分项工程专项施工方案编制指南的通知》(建办质〔2021〕48号),进一步加强和规范房屋建筑和市政基础设施工程中危险性较大的分部分项工程安全管理。

承包人在施工中,对危险性较大的工程必须编制专项方案,并按规定执行论证程序。一旦方案经专家论证确定下来,不能随意更改,严格按照方案执行。这是防范安全事故风险的应有之义。

3. 警钟长鸣:一旦出了安全事故,施工单位逃不脱。

三、建设单位设计交底问题

【风险点】

设计交底不清或者设计交底出现问题,导致发生事故。

【风险防范】

(一)设计交底及目的

设计交底,即由建设单位组织施工单位、监理单位参加,由勘察、设计单位对施工图纸内容进行交底的一项技术活动,使参与工程建设的各方了解工程设计的主导思想、建筑构思和要求、采用的设计规范、确定的抗震设防烈度、防火等级、基础、结构、内外装修及机电设备设计,对主要建筑材料、构配件和设备的要求、所采用的新技术、新工艺、新材料、新设备的要求以及施工中应特别注意的事项,掌握工程关键部分的技术要求,保证工程质量。

设计单位必须依据国家设计技术管理的有关规定,对提交的施工图纸,进行系统的设计技术交底。而施工单位应当积极应对设计交底,对未通过审查的设计交底,应当及时提出异议。

(二)施工单位在设计交底中应注意的主要内容

1. 设计单位资质情况,是否无证设计或越级设计;施工图纸是否经过设计单位各级人员签署,是否通过施工图审查机构审查。

2. 设计图纸与说明书是否齐全、明确,坐标、标高、尺寸、管线、道路等交叉连接是否相符;图纸内容、表达深度是否满足施工需要;施工中所列各种标准图册是否已经具备。设计是否满足生产要求和检修需要。

3. 不同设计单位设计的图纸之间有无相互矛盾;各专业之间、平立剖面之间、总图与分图之间有无矛盾;建筑图与结构图的平面尺寸及标高是否一致,表示方法是否清楚;预埋件、预留孔洞等设置是否正确;钢筋明细表及钢筋的构造图是否表示清楚;混凝土柱、梁接头的钢筋布置是否清楚,是否有节点图;钢构件安装的连接节点图是否齐全;各类管沟、支吊架(墩)等专业间是否协调统一;是否有综合管线图,通风管、消防管、电缆桥架是否相碰。

4. 施工图与设备、特殊材料的技术要求是否一致;主要材料来源有无保证,能否代换;新技术、新材料的应用是否落实;设备说明书是否详细,与规范、规程是否一致。

5. 土建结构布置与设计是否合理;是否与工程地质条件紧密结合,是否符合抗震设计要求;建筑与结构是否存在不能施工或不便施工的技术问题,或导致质量、安全及工程费用增加等问题;施工安全、环境卫生有无保证;防火、消防设计是否满足有关规程要求。

(三)施工单位参加设计交底注意事项

1. 注意设计交底的完整性。

进行设计交底的,设计单位应提交完整的施工图纸,各专业相互关联的图纸必须提供齐全、完整。

现在很多工程可能存在不规范之处:这边已经开工,那边施工图纸还不全。这些现象本身是不正常的,但有时候可能无法避免。施工单位应注意,对急需的重要分部分项专业图纸可提前交底与会审,但在所有成套图纸到齐后需再统一进行一次交底和会审。即使施工过程中另补的新图也应进行交底和会审。

2. 设计交底时,设计单位应当派负责该项目的主要设计人员出席。进行设计交底与图纸会审的工程图纸,必须经建设单位确认,未经确认不得交付施工。

3. 凡直接涉及设备制造厂家的工程项目及施工图,应由订货单位邀请制造厂家代表到会,一起进行技术交底与图纸会审。

4. 务必书面交底。

对承包人而言,设计交底不但是指导后期工程施工的具体指导文件,若发生质量安全问题,设计交底文件也是分辨事故责任方的重要证据。承包人应当重视书面交底,对交底文件、交底过程等详细记录并保存在案,以便随时核查。

【案例说明】

(一)基本案情

某机场扩建工程飞行区场道及附属设施工程
设计交底会议纪要

序号	设计内容	要求答疑问题	设计单位解答
一	一标段		
1	总施-05、场附施-01	在总施中西侧的新建围界的桩号为A5038.13/B3198.06~A5145.79/B3198.06,而场附施01中标识的桩号为A5040.13/B3196.06~A5145.39/B3198.06,两者有出入,请明确。	对应的围界桩号为:A5038.13/B3198.06~A5145.39/B3198.06。
2	弱施-09、弱施-06	在弱施09中K-5引出一根12芯室外单模光纤至汇聚机房2,而在弱施06中则标识的是从K-5引出两根12芯单模光纤至控制中心,两者有出入,以何为准?	应为两根12芯单模光纤。

(续表)

序号	设计内容	要求答疑问题	设计单位解答
3	弱施-12	安防管穿越钢箅子沟时需要凿除30 cm高、45 cm宽的混凝土墙及混凝土内的部分主筋,如此施工是否会对钢箅子沟结构造成影响,可否明确具体的加固措施?	安防管线穿越钢箅子沟时,涉及的12根管子分为三组穿越,每组4根,采用在钢箅子沟侧墙开圆孔的形式穿越,圆孔要求采用机械钻孔,圆孔之间净距要求不小于1 m。安防人井之间的钢管采用液压弯管器或其他方式现场作一定弧度处理,人井至钢箅子沟的距离应不小于10 m。
4	与航站区施工边界线存在的问题	站坪与航站区施工红线相同,根据设计要求航站区道路和站坪的基层施工均应超出红线外50 cm,目前航站区道路已完成基层施工,站坪在水稳层施工中,如按设计要求超出红线外50 cm,则需将航站区道路已施工的结构层凿除,此问题如何解决?	位于红线内部分要求严格按照图纸施工,超出红线外50 cm的水稳施工,在确保道面面层混凝土施工立模安全的前提下可利用建工集团已施工完成的基层。
二	二标段		
1	总施-05、场附施-01	在总施中位于二标段的新建围界的桩号为A6356.07～A6363.72/B3198.06,而场附施中标识的桩号为A6256.47/B3196.06～A6361.72/B3198.06,两者有出入,请明确。	对应的围界桩号为A6256.47/B3198.06～A6363.72/B3198.06。
2	弱施-09、弱施-06	在弱施09中K-9引出一根12芯室外单模光纤至汇聚机房4,而在弱施06中则标识的是从K-9引出两根12芯单模光纤至控制中心,两者有出入,以何为准?	应为两根12芯单模光纤。
3	新建Ⅰ类U形明沟设计更改通知等	有A4、A5线外接排水管的变更说明,没有B4、B5线的外接排水管说明。	根据场水施-01图纸,B4、B5线通过在B5线侧墙开孔形式接入由华东院设计的管涵内。
4	道施11-6至道施11-13	该图纸中道面企口缝垂直于东西方向盖板明沟,为提高胀缝板的整体性及便于安设,更好地保证排水沟两侧平缝的直线性,建议将该图纸中的东西方向盖板明沟两侧各两条混凝土道面板分仓方向调整为平行于排水沟。	维持原设计。

(续表)

序号	设计内容	要求答疑问题	设计单位解答
5	场水施01号排水系统平面图	B5线排水沟中心线B坐标为B3197.06,围界中心线B坐标为B3198.06。招标书中该段排水沟中心线坐标为B3199.06；是否将该段排水沟中心线B坐标定为B3199.06？	是。
6	场水施01号排水系统平面图	B5线排水沟从起点A6256.07至A6276.02(长20.55 m)段,现已由航站楼施工单位完成沥青路面铺筑,B5线排水沟起点是否可移至A6276.62？	可以。
三	三标段		
1	维修机坪照明与机务用电设备配置及配电平面图图号(电施-01)	①从箱式变电站(A4908,B3596)至RK15人孔井之间电缆保护管敷设没有标明,请提供。 ②加强型人孔井无施工图,请提供参照。 ③平面图标明有2座500 kVA箱变,材料表仅提供1座,以哪个为准,请明确？	①24孔。 ②见结构施工图。 ③只做图中有的箱变,箱变(A4908,B3596)属另外工程。
2	南安检通道、动力平面图图号(电施-02)	①YHV$_{22}$—4×95+1×50电缆穿G100钢管是否可以？ ②YHV$_{22}$—4×95+1×50电缆进入办公室悬挂式电箱,是否考虑在电箱下设置电缆井,请予以确定。	①可以。 ②不用,该距离应该可以穿线。
3		在"跑道、滑行道区域"的扩缝倒角施工前,是否正常扩缝？	是。
4	道施-14、道施-10-1~34	标段分界线与道面、道肩混凝土板块接缝不在同一位置,请划分具体施工板块的施工界线。	施工单位自行协商处理。
5	安防结施-05	站坪监控中杆设备基础节点详图,预埋螺栓丝口长度、螺帽图中不详。	由中标厂家提供。
6	南安检通道用房结施-01、建施-01	结施-01与建施-01中地拉梁位置不一致,以哪张图纸为准进行施工？	以结构施工图为准。

(续表)

序号	设计内容	要求答疑问题	设计单位解答
7	南安检通道雨篷基础平面图结施-06	承台顶与地梁顶不在同一标高,是否按图施工?	是。
8	南安检通道用房结施-09	⑤钢架立剖面1-6图与平面图不一致,立面图是否少一跨?	按平面图。
9	南安检通道雨篷结施-02	雨篷基础无预埋地脚螺栓具体详图,是否由钢结构厂家设计?	详图见结施13。
10	南安检通道雨篷用房建施-01	黑色漆黑围栏做法02J003,可否改为不锈钢围栏做法?	可以。
11	南安检通道室外排水工程	图中只有雨水算子分布图,请提供雨水算子具体尺寸、做法的施工详图。	参照05S518。
12	南安检通道建施-01	图中武警亭只有平面尺寸位置,没有具体做法详图,请提供施工详图。	尺寸及相关参数已提交,具体详图由设计院提供。
13	25 m升降式高杆灯基础详图(结施-04)版本1	图中高杆灯桩基设计为500 mm×500 mm整根27 m长预制方桩,锤击,是否可改为接桩,如改为接桩,每段桩长多少米为宜?	桩基按25 m升降式高杆灯基础详图(结施-04)第2版图纸施工。
14	南安检通道用房建施-01	基础与主体砌墙未标砌筑砂浆标号,请出具砌筑砂浆标号。	正负0以上M5水泥混合砂浆,正负0以下M5水泥砂浆。
15	围界结构图	围界柱基础设计为预制,施工是否可改为现浇?	可以。
16		南安检通道基础桩为250 mm×250 mm静压方桩,能否将施工工艺改为锤击桩?或桩类型改为管桩?	按原设计。

(续表)

序号	设计内容	要求答疑问题	设计单位解答
17		维修机坪道面和地基处理边界与围界中心线重合,且根据道面剖面图各结构层尺寸反映,围界基础与地梁均在山皮石或水稳层上面,围界基础和地梁基础怎么处理?	①围界位置不变,道面与围界基础、地梁相接。 ②斜撑先不安装,待道面施工完毕后钻孔固定。 ③基础由80 cm改为120 cm,顶面与道面标高平齐。若基础底面达到土基,碎石垫层照做;若基础底面在山皮石层内,可取消碎石垫层。 ④地梁直接在水稳上做,厚度由30 cm改为42 cm。
18	南安检通道结施-01	非承重内隔墙基础顶标高为±0.00,室内标高也为±0.00,是否合理?	非承重内隔墙基础顶标高下调为−0.60 m。
19	南安检通道结施-01	承台高度为50 cm,地梁(DL2)高度为80 cm,地梁底标高与承台相差30 cm,地梁钢筋如何锚入承台?	地梁底面与承台底面对齐,地梁钢筋锚入承台和立柱。
20	南安检通道结施-01、建施-02	地梁(DL1)轴线与建筑外墙轴线标注不一致,以哪条轴线为准?	以建筑外墙轴线为准,地梁(DL1)与建筑外墙对齐。

(二) 案例分析

1. 设计交底是必须进行的步骤之一。

为了使参与工程建设的各方了解工程设计的建筑构思和要求、采用的设计规范,掌握工程关键部分的技术要求,保证工程质量,设计单位必须依据国家设计技术管理的有关规定,对提交的施工图纸,进行系统的设计技术交底。

2. 设计交底对承包人顺利施工意义重大。

对承包人而言,设计交底是保证施工顺利进行的重要一环,设计资料的交底对确保施工质量起着非同寻常的作用。通过设计交底,减少图纸中的差错、遗漏、矛盾,将图纸中的质量隐患与问题消灭在施工之前,避免返工浪费,作用不言而喻。通过设计交底将在施工过程中可能遇到的相关问题得以迅速、有效解决。

设计交底中,承包人应注意了解工程中的规范要求,对交底单上的所列要求不能理解时,需要向设计单位询问,且设计单位要作详细解释。

四、安全技术交底内容与程序问题

【风险点】

1. 交底不清,交底程序不到位。
2. 交底对象错误。
3. 交底后缺乏监督管理。

【风险防范】

(一) 技术交底主体和对象

技术交底是指在某一单位工程开工前,或一个分项工程施工前,由相关专业技术人员向参与施工的人员进行的技术性交待,其目的是使施工人员对工程特点、技术质量要求、施工方法与措施和安全等方面有一个较详细的了解,以便于科学地组织施工,避免技术质量等事故的发生。

施工技术交底一般由施工单位组织。《建设工程安全生产管理条例》第二十七条规定:"建设工程施工前,施工单位负责项目管理的技术人员应当对有关安全施工的技术要求向施工作业班组、作业人员作出详细说明,并由双方签字确认。"

(二) 技术交底的要求

1. 注重技术标准和技术要求的重点详细交底。

进行技术交底,应符合与实现设计施工图中的各项技术要求,特别是当设计图纸中的技术要求和技术标准高于国家施工及验收规范的相应要求时,应作更为详细的交底和说明。

2. 技术交底须在施工任务开始前进行。

若施工完成后再补作技术交底,根本起不到技术交底的作用,造成安全问题或安全事故的,承包人因怠于进行技术交底,将承担更严重的刑事和民事责任。

3. 重点明确施工关键环节。

进行技术交底工作务必明确施工关键环节。对于项目中的重要结构、隐患部位,提前指出施工操作的要求与措施;对于直接影响施工进度的关键部位,需另编制专项可施工方案;如果实际施工与设计图纸出现变更,及时向相关班组负责人进行设计变更内容交底。

4. 对于不同人员,需注意要有针对性地进行不同深度的交底内容说明。明确技术交底的对象,根据现实状况,有所指向、有目的地提出操作要点与措施。

（三）技术交底的程序

1. 工程开工前,由公司工程管理部负责向项目部进行安全生产管理首次交底。交底内容一般包括:①国家和地方有关安全生产的方针、政策、法律法规和企业的安全规章制度。②项目安全管理目标、伤亡控制指标、安全达标和文明施工目标。③危险性较大的分部分项工程及危险源的控制、专项施工方案清单和方案编制的指导、要求。④公司部门对项目部安全生产管理的具体措施要求。

2. 项目部负责向施工队长或班组长进行书面安全技术交底。交底内容一般包括:①项目各项安全管理制度、办法,注意事项、安全技术操作规程。②每一分部、分项工程施工安全技术措施、施工生产中可能存在的不安全因素以及防范措施等,确保施工活动安全。③特殊工种的作业、机电设备的安拆与使用,安全防护设施的搭设等,项目技术负责人均要对操作班组作安全技术交底。④两个以上工种配合施工时,项目技术负责人要按工程进度定期或不定期地向有关班组长进行交叉作业的安全交底。

3. 施工队长或班组长要根据交底要求,对操作工人进行针对性的班前作业安全交底,操作人员必须严格执行安全交底的要求。交底内容:①本工种安全操作规程。②现场作业环境要求本工种操作的注意事项。③个人防护措施等。

（四）技术交底的书面进行

技术交底的基本要求是及时备忘和众所周知,应以书面交底和样板交底形式为主。

书面交底,应比对项目真实情形,按照不同的分项工程内容,编制详细的书面技术交底记录,以便管理。在作书面技术交底时,除了要相关班组长签字外,还要在每项施工任务开始前,将所有人员召集起来,将技术交底的内容及比较重要的部分详细讲述。施工前的技术交底能使施工者明白该做什么和怎么去做,以提高施工效率。

针对某一分项工程,从严遵照设计图纸中所提出的设计要求,可以由资深的施工人员先行做出样板,然后依据样板标准对施工班组进行技术交底,领会样板施工的操作要领,满足质量控制要求。

安全技术交底要经交底人与接受交底人签字方能生效。交底字迹要清晰,必须本人签字,不得代签。

【案例说明】

(一) 基本案情

某施工单位对某仓储用房工地中的一栋南北长 24 m,东西宽 5 m,高 9.2 m 的三层轻钢结构外挂水刷石板活动房进行拆除,上午已将三层屋面板及二、三层墙板拆卸,剩一层墙板及一、二层顶板未拆。午饭后,施工单位 32 名作业人员继续进行拆卸作业,13 时左右,临建房屋在拆卸过程中突然发生倒塌,造成 3 人死亡,16 人受伤的重大伤亡事故。

事故原因分析:

1. 技术原因

(1) 临建用房拆卸作业前未制定技术方案;安全技术交底内容中虽提出加设剪刀撑作为拆卸过程中钢架的临时固定措施,但未明确加设剪刀撑的位置、数量、方法等具体事项,安全技术交底不具有现实操作性。

(2) 作业人员在拆卸临建用房过程中,未遵循规程所要求的先安装件后拆卸、后安装件先拆卸的原则,且在未按安全技术交底要求对房屋钢架采取加设剪刀撑临时固定措施的情况下,三层房屋同时进行拆卸作业,导致房屋水平失稳,最终酿成事故。

2. 管理原因

(1) 总承包单位在中标后,将该工程的项目经理换为只有项目经理培训证、未取得项目经理资质证书的白某,从而使该项目主要领导者在不具备资格的情况下,组织管理项目部工作。

(2) 现场管理混乱,安全管理不到位。项目部只对一名劳务队工长进行安全技术交底,而未按规定向劳务队伍的作业人员直接交底,致使作业人员在不了解作业程序和危险因素的情况下盲目作业;拆卸过程中,现场管理人员安全管理不到位,对发现未按安全技术交底要求从上至下逐层拆卸、未加设剪刀撑的临时固定措施、三层房屋同时有人进行拆卸作业等严重违章行为没有及时采取措施制止。

（3）现场监理人员未履行监理职责。现场监理人员发现作业人员进行临建用房拆卸作业后，未履行监理责任，既没有向施工单位提出制定施工方案及相关安全技术措施要求，也没有制止施工单位的严重违章作业行为。

（二）案例分析

1. 这是一起由于未按要求制定技术方案和操作不规范引发的重大责任事故。各方当事人在这起事故中承担不同的责任。

（1）劳务分包单位对事故的发生负直接责任。该项目的劳务队负责人，在未落实对作业人员进行安全技术交底的情况下，盲目指挥作业人员进行临建用房拆卸作业，对事故发生负有直接责任。

（2）总承包单位对事故发生负连带责任。该工程项目负责人，在不具备项目经理资格的情况下组织工程施工，从技术措施到现场作业疏于管理，对事故的发生负有直接责任；总承包单位负责安全技术交底工作的工长，发现作业人员未按安全技术交底要求加设剪刀撑作为临时固定措施后，未能立即要求作业人员停工整改，对事故的发生亦负有直接责任。

（3）监理公司负监理责任。现场总监在临建用房拆卸作业中，没有履行监理职责，对事故发生负有监理责任。

2. 发生安全事故，承包人可能承担的责任。

施工过程中如发生安全事故，承包人面临的责任主要来自刑事责任、行政责任和民事责任三方面。

关于刑事责任，单位犯罪的，对单位判处罚金，并对其直接负责的主管人员和其他直接责任人员判处刑罚。在建设工程领域主要涉及的安全生产罪名有：《中华人民共和国刑法》第一百三十四条重大责任事故罪、强令违章冒险作业罪，第一百三十五条重大劳动安全事故罪和大型群众性活动重大安全事故罪，第一百三十七条工程重大安全事故罪，第一百三十九条消防责任事故罪和不报、谎报安全事故罪等。

关于民事责任，主要是指对伤亡者及其家属的赔偿责任、因工亡事件可能涉及劳动关系法律责任、民事侵权责任、违约责任等，主要赔偿范围是工亡、工伤、伤残，包括医疗费、康复费、伙食补助费、交通食宿费、护理费、停工留薪期工资、伤残辅助器具费、一次性伤残补助金、丧葬补助金、供养亲属抚恤金、一次性工亡补助金、死亡赔偿金、丧葬费、精神赔偿金等。

关于行政责任，根据《中华人民共和国安全生产法》（简称《安全生产法》）、《建设工程安全生产管理条例》的规定，施工企业面临承担的责任主要有责令停业整顿、罚款、降低资质等级、吊销资质证书等。

五、现场突发情况的紧急预案问题

【风险点】

1. 预案不够，预案粗糙，不具有实操性。
2. 缺乏预案，发生紧急情况时无法及时处理。
3. 不能及时止损，容易导致及扩大损失。

【风险防范】

（一）成立专门小组

成立以项目经理为组长的应急准备和响应领导小组、项目消防领导小组、治安联防领导小组、疾病控制领导小组等，负责处理紧急情况和突发事件。

（二）制定应急预案和防范措施

对项目经理部及施工现场可能出现的火灾、爆炸以及灾害事故、疾病等进行预防和控制，保证人员和物品的安全。

1. 安全事故应急处理预案。

（1）加强对应急事故处理方法的教育和学习，以及配备相应工具和器材。对所有施工作业人员进行一次全面的事故处理教育和学习，掌握基本事故的一般处理方法，学会基本的自救、他救措施，施工现场配备相应的防暑药物，对重点防火地段应有防火预案及现场急救措施。

（2）事故发生后，要求现场人员切不可惊慌失措，要有组织，统一指挥，及时采用科学的抢救方法和现场急救措施，尽量制止事故蔓延扩大，最大限度地减小事故造成的伤亡程度和财产损失。

（3）安全领导小组主要领导及安全负责人通信保持畅通。事故发生后，施工班组应立即通知项目部专职安全负责人及项目部，专职安全负责人因立即通知相关领导，以利于及时做出决策，安全领导小组根据事故等级及时上报上级有关部门领导。

（4）事故发生后，附近的人员、材料、机械应立即无条件投入抢救工作，并服从统一组织、指挥和领导。项目部及各施工队应随时准备好交通工具，以备万一。

（5）项目部在现场设立一个临时急救站，配备救助设备与专职医护人员，负责紧急情况的临时急救。

2. 安全事故处理措施。

（1）安全负责人接到通知后，应立即赶到事故现场，全面负责现场事故处理，有关领导接到通知后赶赴现场组织抢救，并迅速组织调查组展开调查。

（2）调查组成立后，应立即对事故现场进行勘察。要求必须及时、全面、细致、准确、客观地反映原始面貌。通过认真调查研究，搞清事故原因，以便从中吸取教训，采取相应措施。防止类似事故重复发生。

（3）事故调查组要把事故发生的经过、原因、责任分析和处理意见及本次事故的教训，估算和实际发生的损失，对项目部提出改进安全生产工作意见和建议形成文字报告经全调查组人员签字后报有关部门审批。

（4）确定事故的性质与责任，严肃查处事故责任者。稳定队伍情绪，妥善处理善后工作。

【案例说明】

（一）基本案情

案例一：施工前未对安全风险点做有效识别和采取预防措施

某工程项目正实施人工挖孔桩施工，因下雨而暂时停工。大部分工人停止施工返回宿舍，但其中有两个桩孔因地质情况特殊必须要继续施工。而就在此时，由于配电箱进线端电线无穿管保护而被箱体割破绝缘层，造成电箱外壳、提升机械以及钢丝绳、吊桶带电。三名工人在没有进行任何检查的情况下，习惯性的按正常情况准备施工，当触及带电的吊桶时，遭到强烈的电击，后经抢救无效死亡。

本案例事故直接原因分析：①电源线进配电箱处无套管保护，金属箱体电线进口处也未设护套，使电线磨损破皮；②重复接地装置设置不符合要求；③漏电保护装置参数选择偏大、不匹配，没起到保护作用。

案例二：违章作业和施工现场未配备足够的安全措施

某建筑工地内有一条 10 kV 架空线路经东西方向穿过，高压线距地面高度约 7 m,当完成土方回填后,架空线路距离地面净高只剩 5.6 m。在此期间承包人多次要求发包人尽快办理架空线路迁移手续并将线路迁移。发包人一直未能解决,而承包人就一直违章在高压架空线下方冒险施工且未采取任何预防措施。某日,现场管理人员违章指挥 12 名工人将 6 m 长的钢筋笼放入桩孔时,由于顶部钢筋距高压线过近而产生电弧,11 名工人被击倒在地,造成 3 人死亡,3 人受伤的重大事故。

本案例事故主要原因分析:①施工现场管理混乱;②违章指挥;③在不具备安全条件下冒险施工。

案例三:应急预案演练

某化工厂地处郊区,主要生产各种黏合剂,现场储存有大量的危险化学品和大量待运成品,其中丙烯腈是一种重要原料。

环境位置上,厂区东面 1 km 是国道,东面 1.5 km 是条河流;南面 0.5 km 是大片农田;西面 0.5 km 和 1 km 处分别有 2 家化工厂;北面紧邻一条公路, 1 km 处是一个城镇,3 km 处是一条高速公路。

该厂准备开展一次应急响应的通信功能演习。策划的演习方案如下:演习时间为当年 3 月 31 日。估计演习当天的天气情况是:晴,最高气温 17℃,最低气温 6℃,风向北风,风力 3~5 级。事故应急指挥中心设在办公楼内。演习地点设在办公楼北面的一片空地,空地的北面和东南面分别有 2 个出口。演习计划将盛有丙烯腈的储罐运到这片空地,但是为了防止演习发生意外事故,储罐只剩余 1/5 体积的丙烯腈。演习指挥指导工作人员将储罐阀门打开,让丙烯腈流出并聚集在储罐的围堤内,与空气接触后,迅速产生刺激性蒸气。储罐附近有 3 名工作人员因吸入有毒蒸气而昏倒在地,不省人事,另 1 名工作人员在昏倒前成功报警。工厂其他工人因闻到刺激性气味后,立即纷纷从东南出口自行逃离工厂。启动应急预案后,厂长立即向市安全生产监督管理局、环境保护局 2 个主管部门报警。

本应急预案中存在的问题分析:①在有毒有害气体泄漏时,事故指挥中心不应该设在事故现场的下风向;②演习泄漏时不应该采用真正的有毒化学品,模拟事故不应对参演人员构成伤害;③根据《危险化学品安全管理条例》,启动应急预案后,用人单位应立即报告当地负责危险化学品安全监督管理综合工作的部门和公安、环境保护、质检部门,而本次演习只汇报了 2 个部门。

（二）案例分析

1. 案例评析。

上述三个案例都是针对现场突发安全状况应对措施的案例。

案例一、二属于施工现场实操中容易出现的安全状况。案例一中发生安全问题的主要原因在于施工前未对施工安全风险点做有效识别和采取正确预防措施；案例二事故发生原因主要在于违章作业和施工现场未配备足够的安全措施，这些都是在工程开始前可以预先测评并避免的，但是因为承包人的疏忽大意、管理混乱而导致悲剧后果。

案例三是一次应急预案演练案例。演练单位通过应急预案的现场演练发现预案的不足和培养员工对应急风险的紧急反应，是一次良好的尝试。

2. 施工单位应有重点的编制应急预案。

根据建设工程的特点，工地现场可能发生的安全事故有：坍塌、火灾、中毒、爆炸、物体打击、高空坠落、机械伤害、触电等，所以应重点针对这几类事故编制应急预案。

六、现场施工安全管理问题

【风险点】

1. 现场施工安全管理人员缺失。
2. 施工人员安全知识缺乏。
3. 安全交底流于形式。

【风险防范】

（一）按照国家规定和行业要求配备足额的安全生产管理人员

《安全生产法》第二十四条规定："矿山、金属冶炼、建筑施工、运输单位和危险物品的生产、经营、储存、装卸单位，应当设置安全生产管理机构或者配备专职安全生产管理人员。"

《建设工程安全生产管理条例》第二十三条规定："施工单位应当设立安全生产管理机构，配备专职安全生产管理人员。"

根据《建筑施工企业安全生产管理机构设置及专职安全生产管理人员配备办法》第八条规定，建筑施工企业安全生产管理机构专职安全生产管理人员的配备应满足：(1)建筑施工总承包资质：特级≥6人；一级≥4人；二级和二级以下≥3人。(2)专业承包资质：一级≥3人；二级和二级以下≥2人。(3)劳务分包：≥2人。(4)分支机构≥2人。

根据《建筑施工企业安全生产管理机构设置及专职安全生产管理人员配备办法》第十三条规定，总承包单位配备项目专职安全生产管理人员应当满足：(1)建筑工程、装修工程按照建筑面积配备：①1万 m^2 以下≥1人；②1万~5万 m^2 ≥2人；③5万 m^2 及以上≥3人，且按专业配备专职安全生产管理人员。(2)土木工程、线路管道、设备安装工程按照工程合同价配备：①5 000万元以下的≥1人；②5 000万~1亿元的≥2人；③1亿元及以上≥3人，且按专业配备专职安全生产管理人员。

(二)提升作业人员安全生产基本知识

施工单位应组织进行实在的安全教育和安全知识考核，对作业人员开展危险因素及控制措施、应急处置方案、急救知识培训，提高作业人员风险防范及应急处置能力。

(三)安全技术措施交底

分部分项施工前进行真实有效而非形式的安全技术措施交底，并认真对待安全防护设施的采购和设置。

(四)建立安全管理制度和台账

1. 建立定期检查制度。如项目经理可每月组织一次安全检查，施工队长每周一次，安全员每天进行现场安全巡查；并开展各项安全专项检查，形成文字记录。

2. 发现安全问题及时做好闭环整改工作，对于重复发生的安全问题或安全通病开展分析，制定防范措施。

3. 制定严格奖惩措施并让所有员工签字确认，发现人员违章作业、违章指挥、违反劳动纪律等情况，按项目部奖惩制度进行处罚。

4. 每月开展隐患排查治理工作，上报安全隐患并及时治理。

【案例说明】

(一)基本案情

某市政道路排水工程造价约400万元，沟槽深度约7 m，上部宽7 m，沟底宽1.45 m。某日在浇筑沟槽混凝土垫层作业中，东侧边坡发生坍塌，将1名工人掩埋。正在附近作业的其余7名施工人员立即下到沟槽底部，从南、东、北三个方向围成半月形扒土施救，并用挖掘机将塌落的大块土清出，然后用挖掘机斗抵住东侧沟壁，保护沟槽底部的救援人员。经过约半个小时的救援，被埋人员的双腿已露出。此时，挖掘机司机发现沟槽东侧边坡又开始掉土，立即向沟底的人喊叫，沟底的人听到后，立即向南撤离，但仍有6人被塌落的土方掩埋。

事故原因分析：

（1）直接原因

沟槽开挖未按施工方案确定的比例放坡（方案要求1：0.67，实际放坡仅为1：0.4），同时在边坡临边堆土加大了边坡荷载，且没有采取任何安全防护措施，导致沟槽边坡土方坍塌。

（2）间接原因

①施工单位以包代管，未按规定对施工人员进行安全培训教育及安全技术交底，施工人员缺乏土方施工安全生产的基本知识。

②监理单位不具备承担市政工程监理的资质，违规承揽业务并安排不具备执业资格的监理人员从事监理活动。

③施工、监理单位对施工现场存在的违规行为未及时发现并予以制止，对施工中存在的事故隐患未督促整改。

④未制定事故应急救援预案，在第一次边坡坍塌将1人掩埋后盲目施救，发生的二次塌方导致死亡人数的增加。

（二）案例分析

这是一起由于违反施工方案，现场安全管理工作缺失而引起的生产安全责任事故。事故的发生暴露出施工单位以包代管，监理单位不认真履行职责等问题。

1. 沟槽施工采取自然放坡是土方施工保证边坡稳定的技术措施之一，必须根据土质和沟槽深度进行放坡。深度约为7 m的沟槽施工属于危险性较大的分项工程，不但要编制安全专项施工方案，而且还应进行专家论证，并建立保证安全措施落实的监督机制。

2. 按规定对土方施工人员进行安全培训教育及安全技术措施交底，提高其应急抢险能力。总包单位应按照规定制定"土方施工专项应急救援预案",发生事故时,统一指挥、科学施救,才能避免事故扩大。

3. 尽量避免以包代管。这是一项典型的以包代管工程。施工单位对所承包的工程应加强安全管理,做好日常的各项安全和技术管理工作,加强风险部位的定点监测、提前发现事故险兆。

4. 重视监测,及时抢救。加强对项目施工的安全检查,及时发现事故隐患。施工单位应制定应急救援预案,当发生紧急情况时,应按照预案在统一指挥和确保安全的前提下进行抢险。

七、质量、安全事故后的责任分配问题

【风险点】

1. 施工班组个人违规操作,公司疏于管理,承担责任后果。
2. 分包商失误导致的事故,公司承担连带责任。
3. 发包人单位强行要求施工或违规操作,导致事故,承包人承担责任。

【风险防范】

(一)总、分包之间的责任划分原则

根据《建设工程安全生产管理条例》第二十四条的规定,安全生产事故的责任划分分为四个层次:

(1)建设工程实行施工总承包的,由总承包单位对施工现场的安全生产负总责。也就是说存在施工总承包的,一旦发生安全事故,首先认定总承包单位对施工现场的安全负总责,即总承包单位需要承担安全生产事故责任。

(2)总承包单位应当自行完成建设工程主体结构的施工。如果总承包单位将应自行完成的建设工程主体结构发包或采取其他途径处理的话,总承担单位对安全生产事故负全部责任或连带法律责任。

(3)总承包单位依法将建设工程分包给其他单位的,分包合同中应当明确各自的安全生产方面的权利、义务。总承包单位和分包单位对分包工程的安全生产承担连带责任。

(4)分包单位应当服从总承包单位的安全生产管理,分包单位不服从管理导致生产安全事故的,由分包单位承担主要责任。如果有证据证实进行了

管理,是分包单位不服从管理导致发生安全事故的话,分包单位承担主要责任,一般按照三七分来承担。反之,如果总承包单位没有证据证明对分包单位进行了安全生产管理的话,就可能承担连带责任或主要责任。

(二) 总包与发包之间的责任划分原则

发生安全事故的,应按照承包方和发包方签订承包工程合同的约定承担赔偿责任,没有约定或约定不明确时,按照双方的过错责任大小来承担赔偿责任。如发包人要求抢工赶工,而承包人难以拒绝的,若发生安全事故的,发包人承担主要责任。当然,承包人要注意取得书面资料证明责任在于发包人。

(三) 责任转移

发生质量安全问题之后,如果发、承包人有按照规定购买商业保险的,可以将责任转移。因此承包人要注意购买各类商业保险,不要因小失大。同时实行分包的,还是督促分包单位及时购买商业保险。

(四) 及时追责

质量安全问题或事故发生后,承包人承担了赔偿责任的,可以向分包及有责任的第三方追偿。

【案例说明】

(一) 基本案情

原告云南广电房地产开发有限公司(简称"广电公司")与被告中铁建设集团有限公司(简称"中铁公司")、云南地质工程勘察设计研究院(简称"地勘院")、云南省安泰建设工程施工图设计文件审查中心(简称"安泰中心")、云南地质工程第二勘察院(简称"二勘院")、云南发展建设监理有限公司(简称"监理公司")、云南建筑工程质量检验站(简称"质检站")有限公司合同纠纷

2011 年 2 月广电公司委托地勘院承担对西山区城中村 5 号片区改造项目勘察任务。2011 年 4 月地勘院出具《基坑专项岩土工程勘察报告》及附件,2012 年 2 月,广电公司、地勘院将地勘报告送安泰中心审查,安泰中心出具云施审 AT2012-055(1)《施工图设计文件审查报告》,要求送审方进行补充、修改。2012 年 11 月,广电公司、地勘院再次将勘察报告送安泰中心审查,安泰中心出具云施审 AT2012-055(2)《施工图设计文件审查报告》。2011 年

10月广电公司委托监理公司对本工程设计图纸所示范围的工程进行监理,并委托质检站对西山区城中村5号片区基坑支护工程及上部主体结构沉降监测的专项技术服务。2011年11月广电公司与中铁公司签订《施工总承包合同》。2012年6月二勘院向广电公司发函,内容为:"我院作为设计单位受中铁公司的委托承担西山区城中村5号片区基坑支护方案施工图设计"。

2012年,中铁公司在基坑施工的过程中,毗邻的大观派出所办公楼及白马东区1、2、3、4、5、6、7、8、11、12等10栋房屋出现地基下沉、开裂等受损情况,同时,造成周边白马东区25、26、37栋等8户房屋部分受损。2013年4月昆明市西山区房屋安全鉴定办公室对受损房屋安全性进行鉴定,并分别出具《房屋安全性鉴定报告》,鉴定结论为:1、2、3、4、5、6、7、8、11、12栋房屋受西山区城中村5号片区基坑施工影响较大,属D级危险房屋。建议立即停止使用,疏散人员。

广电公司向法院起诉,要求依法划分六被告在白马危房处置过程中的责任承担比例,偿还原告在白马危房处置过程中垫付的所有费用共计6606万元。

主审法院认为:

(1) 地勘院出具勘察报告及补充勘察报告内容是完备的,但在地勘院勘察报告审查通过之前,广电公司就已经开始基坑施工,施工过程中基坑支护失效,导致地基下沉周边房屋受损与地勘院勘察报告无关,地勘院不应承担赔偿责任。

(2) 安泰中心作为勘察报告(施工图)前置审查单位,两次向广电公司出具云施审AT2012-055(1)(2)《施工图设计文件审查报告》,审查意见:"勘察报告经审查基本符合相关规定,报告尚有不足之处,经补充、修改后可供设计使用"。广电公司提交的勘察报告经安泰中心审查未通过,要求广电公司补充修改后可供设计使用,但广电公司未作回复,广电公司使用未经审查批准的图纸施工,未审先建,对造成损害后果,安泰中心没有过错,不应承担赔偿责任。

(3) 二勘院在同一时间分别提供了两份支护结构不同的施工图,其中提交施工图审查单位(安泰中心)的施工图是一套,而提交建设单位、施工单位(中铁公司)施工图是另一套。设计文件中无基坑开挖图、基坑支付设计不够充分。二勘院不能提交证据证实为何在同一时间分别提供了两份支护结构不同的施工图。同时,二勘院将本应由设计单位主持的"基坑渗水控制及止水结构补强""基坑阳角部位加固""支护桩断裂及处置"等涉及基坑工程安全的重大设计变更,交由施工单位设计完成,不符合国家基本建设程序管理规定的要求,二勘院对损害后果的发生有过错,应承担相应的赔偿责任。

(4)《专家咨询意见》明确监理未按施工图开展监理工作,在发现建设单位、设计单位和施工单位按未经审查的施工图进行施工后,仅在所收图纸上做标注,未及时向建设行政主管部门汇报。在2012年8月发现基坑支护存在局部失效后,仅向建设单位发出关于基坑存在局部失效的监理工作备忘录,在建设单位没有任何反馈的情况下,不做出有效、果断的决策,未及时向建设行政主管部门汇报,也未及时发出停工令,监理公司对损害后果的发生有过错,应承担相应的赔偿责任。

(5)中铁公司作为施工单位,确保其施工的基坑周边建筑物的稳定和安全是其法定义务,其在明知建设单位没有取得施工许可证的情况下仍然开工建设,使用未经审查批准的图纸施工,《专家咨询意见》明确中铁公司作为深基坑开挖的施工单位,在基坑开挖、支护可能对周边建(构)筑物造成影响方面的准备不足,在基坑出现部分截水帷幕失效,局部支护结构失效,未及时在基坑开挖线外侧设置回灌井及时回灌以控制地下水位平衡,导致损害后果的发生,中铁公司有过错应承担次要的赔偿责任。

(6)从质检站监测报告看,在2011年10月20日质检站采用六种监测手段进行监测,2011年11月9日大观派出所沉降达到报警值,之后,其他栋房屋陆续达到报警值,质检站已及时提供数据给广电公司,广电公司当庭认可收到质检站的检测报告,质检站已履行监测提供警示材料数据的义务,质检站对损害后果的发生没有过错,不应承担赔偿责任。

(7)《专家咨询意见》明确广电公司作为建设方,施工图未经审查批准,未审先建,于2011年9月20日开始支护桩施工,2011年9月17日至9月23日期间即已施工了84根止水桩,而基坑支护设计施工图于2011年10月10日才通过审查。设计单位提供两份支护结构不同的施工图,广电公司管理人员并未发现,也并未制止施工单位按未经审查的施工图进行施工,在施工过程中大观派出所办公室房屋出现沉降的情况下,中铁公司向广电公司发函要求停工,但广电公司回函继续施工,并承诺一切责任由广电公司承担,故对损害后果的发生,广电公司应承担主要责任。

据此,法院判决:二勘院承担5%的责任;监理公司承担10%的责任;中铁公司承担25%的责任;广电公司自行承担60%的责任。

(二) 案例分析

1. 事故责任方划分依据:过错原则。

本纠纷案例的焦点是:施工单位基坑施工导致周边房屋受损的责任方是谁。建设单位认为本身不存在过错,而是项目的设计、勘察、监理、质检、图审中心和施工单位存在过错共同导致此次事故,因此向六个相关单位提起损失赔偿的诉讼。但是最终法院认定,广电公司在提供资料问题上存在重大错误,自行承担60%的责任。

按照《民法典》第一千一百六十五条规定:"行为人因过错侵害他人民事权益造成损害的,应当承担侵权责任。根据法律规定推定行为人有过错,其不能证明自己没有过错的,应当承担侵权责任。"

2. 建设单位存在未办理施工许可证、施工图出具错误、发现隐患仍强令施工单位作业等过错。

根据《建筑法》第七条:"建筑工程开工前,建设单位应当按照国家有关规定向工程所在地县级以上人民政府建设行政主管部门申请领取施工许可证",《建设工程质量管理条例》第十一条:"施工图设计文件审查的具体办法,由国务院建设行政主管部门、国务院其他有关部门制定。施工图设计文件未经审查批准的,不得使用"的规定,对原告广电公司而言,其本身在本项目中存在重大过错。虽然广电公司作为建设单位,提供给施工单位的建设资料是通过第三方制作的,但是其本身未履行监督义务,应当承担资料错误的责任,至于施工许可证,属于建设单位的法定义务,广电公司不得推脱他人。因此,法院判定广电公司承担60%的责任合情合理。

3. 监理单位未如实履行监理职责,存在过错。

根据《建设工程质量管理条例》第三十六条规定:"工程监理单位应当依照法律、法规以及有关技术标准、设计文件和建设工程承包合同,代表建设单位对施工质量实施监理,并对施工质量承担监理责任。"

本案例中,监理未按施工图开展监理工作,在发现建设单位、设计单位和施工单位按未经审查的施工图进行施工后,未及时向有关部门汇报,发现基坑支护存在局部失效后,不做出有效、果断的决策,未及时发出停工令。监理公司对损害后果的发生有过错。

4. 施工单位施工中未有效采取措施保护周边建(构)筑物,应承担相应的责任。

施工单位根据《建设工程施工合同》和图纸等相应资料开展施工,项目开展前要进行施工组织设计,对危险性较大的工程还应当制定专项施工方案,并按照方案施工。本案中铁公司在基坑开挖、支护可能对周边建(构)筑物造成影响方面的准备不足,在基坑出现部分截水帷幕失效,局部支护结构失效,未及时在基坑开挖线外侧设置回灌井及时回灌以控制地下水位平衡,导致损害后果的发生,中铁公司有过错应承担次要的赔偿责任。

八、应对农民工人身安全损伤索赔

【风险点】

施工班组中的工人受伤,向承包人漫天要价,处理不好影响工程进展。

【风险防范】

1. 从赔偿金额入手:区分伤亡情况掌握时机调解,宜以主动快速方法引导进入人身损害赔偿方案,并立刻确定赔偿金额。

2. 从赔偿时间入手:鉴于工伤赔偿的时间长,有些工人急于拿到钱,在赔偿金额上也愿意做相应让步,一般调节金额介于人身赔偿金额和工伤赔偿金额之间比较能调节成功。

3. 从沟通技巧入手:在调解工作上,建筑企业的法务或人力资源应充分参与调解,根据以往类似经验,向伤者释明一点"如果企业和伤者走到对立面走工伤赔偿之路,耗时(诉讼时效最长达两年甚至更长)耗力(人力、财力浪费大)",建议伤者早拿钱早开始新的生活,调节成功率比较高。

【案例说明】

(一)基本案情

2015年5月,菏建西宁分公司与西宁强盛建筑劳务分包有限公司签订《建筑工程劳务承包合同》,承建青海出入境检验检疫局综合实验设施附属实验室。2015年9月,马某麻经人介绍到强盛公司(2016年改名"宏强公司")施工工地干活,由于搅拌机钢丝绳脱落,致使搅拌机漏斗坠落砸伤其左腿。西宁市人社局以劳动关系不明确,作出《工伤认定中止通知书》,又于2016年5月以马某麻未能提供与用人单位存在劳动关系的证明材料,作出《工伤认定申请不予受理决定书》。2016年9月,马某麻以身体权纠纷向法院提起诉讼。

宏强公司辩称:①原告与宏强公司不存在劳动关系,与《事故调查报告》以及与其庭审中的陈述相互矛盾,不予采信。②根据《建筑工程劳务承包合同》的约定,原告的损害系因菏建西宁分公司的过失造成,应当由菏建西宁分公司承担赔偿责任,双方的约定对原告无约束力,不能对抗原告的主张,不予采信。

菏建西宁分公司辩称:①原告应当以工伤待遇起诉,而不应以人身损害赔偿起诉;②宏强公司承包的仅是主体工程的劳务。宏强公司仅是对劳务部分的承包,并不是主体结构的承包,菏建西宁分公司不应该承担连带责任。马某麻系宏强公司的雇员,宏强公司应当承担马某麻的赔偿。菏建西宁分公司为该工程的建设方,即使认定承担责任,也应按比例划分,不应当对宏强公司承担连带责任。

法院认为:首先,菏建西宁分公司作为总承包单位和机械设备的提供方,未按照安全施工的要求配备齐全有效的保险、限位等安全设施和装置,致马某麻在施工中受伤,应承担赔偿责任。再次,《最高人民法院关于审理人身损害赔偿案件适用法律若干问题的解释》第十一条第二款规定:"雇员在从事雇佣活动中因安全生产事故遭受人身损害,发包人、分包人知道或者应当知道接受发包或者分包业务的雇主没有相应资质或者安全生产条件的,应当与雇主承担连带赔偿责任",宏强公司作为马某麻的雇主,对于马某麻在从事雇佣活动中遭受的人身损害应当承担赔偿责任。菏建西宁分公司将承包的建设工程主体结构违法分包给宏强公司,对马某麻受伤遭受的损失应承担连带赔偿责任。

(二)案例分析

1. 本案争议焦点:宏强公司与菏建公司是劳务分包还是主体转包。

本案的一个重要争议焦点是:宏强公司与菏建公司究竟是劳务分包还是主体转包。菏建公司认为双方之间是劳务分包,是合法的分包关系。马某麻作为宏强公司的员工,应当由宏强公司承担赔偿责任。菏建公司即使要承担责任也是按比例承担而非连带承担。

根据菏建西宁分公司与强盛公司签订《建筑工程劳务承包合同》，菏建西宁分公司将承包的青海出入境检验检疫局综合实验设施附属实验室发包给强盛公司，承包方式为包工不包料，菏建西宁分公司提供材料、大型机械吊塔、搅拌机、一级配电箱、电线，承包内容（工作范围）为施工图纸范围内附属实验楼主体结构：钢筋制作安装、木工制作安装、砌体、外架搭设……室内外回填土方、砌墙植筋、屋面工程……从合同约定内容、履行情况及宏强公司陈述分析，《建筑工程劳务承包合同》应为建设工程施工合同纠纷。

2. 施工单位超出劳务公司承包范围的分包视为违法分包。

《建筑法》第二十九条第一款规定："施工总承包的，建筑工程主体结构的施工必须由总承包单位自行完成。"《民法典》第七百九十一条第三款规定："禁止承包人将工程分包给不具备相应资质条件的单位。禁止分包单位将其承包的工程再分包。建设工程主体结构的施工必须由承包人自行完成。"宏强公司的经营范围为建筑劳务分包、室内装饰装潢、园林绿化、货物装卸、清洁服务、室内水电安装，菏建西宁分公司将承包的建筑工程主体结构工程分包给无相应建筑工程施工资质的宏强公司，违反了上述法律规定。

3. 总包单位即使进行劳务分包，也应当为安全施工配备有效的保险、限位等安全设施和装置。

《建设工程安全生产管理条例》第十五条规定："为建设工程提供机械设备和配件的单位，应当按照安全施工的要求配备齐全有效的保险、限位等安全设施和装置。"第五十九条规定："违反本条例的规定，为建设工程提供机械设备和配件的单位，未按照安全施工的要求配备齐全有效的保险、限位等安全设施和装置的……造成损失的，依法承担赔偿责任。"菏建西宁分公司作为总承包单位和机械设备的提供方，未按照安全施工的要求配备齐全有效的保险、限位等安全设施和装置，致马某麻在施工中受伤，应承担赔偿责任。

4. 总包单位进行违法分包的，对发生的人身损害承担连带赔偿责任。

《民法典》第一千一百九十一条："用人单位的工作人员因执行工作任务造成他人损害的，由用人单位承担侵权责任。用人单位承担侵权责任后，可以向有故意或者重大过失的工作人员追偿。"一千一百九十三条规定："承揽人在完成工作过程中造成第三人损害或者自己损害的，定作人不承担侵权责任。但是，定作人对定作、指示或者选任有过错的，应当承担相应的责任。"

宏强公司作为马某麻的雇主，对于马某麻在从事雇佣活动中遭受的人身损害应当承担赔偿责任。菏建西宁分公司将承包的建设工程主体结构违法分包给宏强公司,对马某麻受伤遭受的损失 384 957.44 元应与宏强公司承担连带赔偿责任。

第三节　进度管理板块

一、进度拖延问题

【风险点】

1. 进度拖延导致工期延误。
2. 发包人原因拖延工程总进度。
3. 发包人追究工期违约损失。
4. 影响后期竣工结算。

【风险防范】

(一) 承包人进度管理应注意方面

1. 合同谈判阶段注意进度延误约定。

在合同谈判与签订中,应对工期延误处理规则的约定高度重视,如合同条款过于偏向于发包人,即使发包人不同意更改也应当提出异议并记录在会议纪要中,通过多次谈判,利用合同法中的"公平原则"尽量争取合同利益。

2. 重视编制切实可行的项目计划进度表。

在中标后,承包人应通过清标阶段的工程量复核指导编制项目进度计划表,一方面为签订合同工期作重要参考,另一方面为项目提供施工计划进度表。承包人实施的实际工期与计划工期的对比差异,可以通过工期差异对比,让承包人发现工期延误是自身原因,还是发包人增加工程、天气或地质条件、不符合图纸等原因,从而指导承包人是进行签证、工期索赔还是增加工程变更估价。

(二) 对发包人原因造成的进度延误及时进行证据固定

在施工阶段,对非因承包人原因造成的工期迟延,应及时以书面形式向发包人做出说明,经发包人书面签收,并保留相关证据(函件、收文登记等),同时,应及时形成工期顺延签证,作为将来出现工期延误纠纷时的索赔、反索赔的证据。能够成为索赔、反索赔的证据包括以下形式:①会议纪要;②来往信函;③指令或通知;④施工组织设计;⑤施工现场的各种记录;⑥工程照片;⑦气象资料;⑧各种验收报告。

(三) 对因承包人自身原因造成的进度延期,尽量避免或后期补正

承包人自身原因造成的进度延误,主要可能的原因在于项目部管理水平低,进度计划和施工工序安排不合理,现场材料、设备不足,资金短缺,总包协调分包能力不足,安全事故等。

对因自身原因造成的进度延误,承包人应当加强过程控制,提高管理水平,重新安排进度计划和后期施工步序,加强资金设备投入追赶工期,以免总工期延误。并积极预防质量安全事故,对水平低下的分包单位及时更换止损。同时可以考虑在后期关键工作中灵活向发包人申请工期顺延。

【案例说明】

(一) 基本案情

案例一:关键线路上发生的工期延误

某项目在施工过程中,某分部工程的关键线路上发生了以下几种原因引起的工期延误:①由于发包人原因,设计变更后新增一项工程于1月28日至2月7日施工;另一分项工程的图纸延误导致承包人于1月29日至2月12日停工。②由于承包人原因,原计划于2月5日晨到场的施工机械直到2月26日晨才到场。③由于天气原因,该工程所在地区于2月3日至2月5日停电。另外,该地区于2月24日晨至2月28日晚下了特大暴雨。

在发生上述工期延误事件后,承包人A按合同规定的程序向发包人提出了索赔要求。

经监理确认,该工程的实际工期延误为45天.应批准的工期延长为29天。其中:新增工程属于业主应承担的责任,应批准工期延长11天(1月28日至2月7日)。图纸延误属于业主应承担的责任,应批准延长工期为15天(1月29日至2月12日)。停电属于业主应承担的责任,应批准工期延长为3天。施工机械延误属于承包商责任,不予批准延长工期。特大暴雨造成的工期延误属于业主应承担的风险范围,但2月24~25日属于承包商机械

未到场延误在先,不予索赔,应批准工期延长3天(2月26日至2月28日)。

案例二:关键工作面上发生的临时停工

某项工程项目在一个关键工作面上发生了4项临时停工事件:①11月20日至11月26日承包商的施工设备出现了从未出现过的故障;②应于11月27日交给承包商的图纸直到12月10日才交给承包商;③11月10日至11月12日施工现场下了罕见的特大暴雨;④11月13日至11月14日该地区的供电全面中断。

事件发生后,承包商向发包商提出工期索赔。经监理确认:事件①工期索赔不成立,设备故障属于承包商应承担的风险。事件②工期索赔成立,延误图纸属于业主应承担的风险,可以顺延工期14天。事件③特大暴雨属于双方共同的风险,补偿工期3天。事件④属于业主应承担的风险,顺延工期2天,共计工期顺延19天。

(二)案例分析

工程进度因外来原因发生延误的,对承包人来说是施工中必须谨慎面对的问题,因为进度延误将产生管理费用增加、后续工期紧张、影响进度款申请,甚至总工期延误导致发包人索赔等一系列后果。

1. 属于承包人原因引起的进度延误,通过调整进度计划等方法积极弥补。

一旦发生影响进度的事件,承包人应积极确定进度延误发生的原因。属于承包人自身原因引起的,承包人应在后期施工中提升管理能力。一方面,承包人要把计划性体现在施工组织设计、进度计划和施工方案上,并通过监理、发包人对上述计划、方案的认可来固化发包人的工期配合责任。另一方面,在施工过程中,承包人既要对自己施工的施工质量、进度严格管控,也要时时关注并督促发包人、平行发包单位、指定分包单位、甲供材供应单位的质量与进度,真正履行总承包管理职能。

2. 非承包人原因引起的进度延误,积极进行工期和费用索赔。

对属于非承包人自身原因引起的进度延误,如出现因发包人或发包人指定、委托的第三方原因导致的工期延长,承包人应及时申请工期索赔和费用索赔。

3. 索赔时需要注意按合同约定的程序和期限提出索赔。

施工合同中经常约定承包人未在规定的期限内发出索赔通知的,丧失要求追加付款和延长工期的权利。如 2017 版建设工程施工合同通用条款第 19.1 条规定:"承包人应在知道或应当知道索赔事件发生后 28 天内,向监理人递交索赔意向通知书,并说明发生索赔事件的事由;承包人未在前述 28 天内发出索赔意向通知书的,丧失要求追加付款和(或)延长工期的权利"。

新最高人民法院施工合同《司法解释(一)》中规定"当事人约定承包人未在约定期限内提出工期顺延申请视为工期不顺延的,按照约定处理,但发包人在约定期限后同意工期顺延或者承包人提出合理抗辩的除外"。因此,承包人必须关注合同中的有关索赔程序和期限的约定,在履约中按约定提出索赔,避免出现"逾期失权"的情况。

二、施工中监理和建设单位拖延办理签证问题

【风险点】

1. 监理和建设单位相互推脱,拒绝办理签证。
2. 进度签证未完成,进度款中无法申请签证的费用。
3. 签证久拖不决,后期补正更难,对结算形成影响。

【风险防范】

(一) 确定拖延办理的原因

承包人处理拖延办理签证问题,首先要确定对方拖延办理签证的原因,主观拖延还是客观不能。客观不能如监理或建设单位派驻的人员因不可抗力原因(生病、工作调动等)不在现场等,主观原因比如故意刁难以逃避付款责任。通过照片、录音、视频和其他可能的方式将拖延办理的原因记录下来。

(二) 进行积极有效的沟通

与监理和建设单位进行沟通,寻求解决方案。寻求解决方案的过程应当文字留印,包括发工作联系函或其他有效方式,以证明施工单位在签证中积极履行了义务。

(三) 及时提交签证单和收集证据材料

沟通无效的,按照合同约定的流程提交签证单,监理、建设单位不肯签收的,采取邮寄、公证等方式递送。接收后不肯签字的,发联系函等方式进行催

问,联系函需要对方签收,不签收的采取邮寄方式。

(四)对上述资料原件进行留底备份,以便后期索赔

施工单位对工程签证的资料要尽量保留原件。实际情况中常出现施工单位提交签证原件,监理签字后送业主审核,业主审核完不返还原件的情况,这对施工单位的后期索赔非常不利。施工单位应尽量想办法拿到原件(起码拿到监理签字的原件),配合其他资料进行佐证。如邮寄材料的,注意留底邮寄单据和邮寄过程。

【案例说明】

(一)基本案情

承包人 A 与发包人 B 签订了关于某工程的《建设工程施工合同》并约定:包干总价为 7 000 万元,整个施工期间:①工程设计变更产生的工程量增减据实调整(设计变更签证需经业主同意并加盖公章);②材料的涨跌幅超过约定的±10%予以调整合同总价外,其余均不做任何调整。合同约定开工日为 2018 年 6 月 10 日,竣工日为 2019 年 12 月 31 日,若延误工期,则每天承担 5 万元的违约金。

2018 年 6 月 10 日,A 施工单位正式开工。在该工程桩基的施工中,对桩基进行了测试的结果是不能完全达到承载要求。于是,设计单位为此进行了设计变更。变更了原来桩基的规格,并将桩根数从 120 根增加到 150 根。

7 月 10 日,承包人根据变更后的设计向监理发送"桩基工程开工报告",总监理工程师审核意见为"同意开工"。同日,设计单位和监理单位在该工程桩基"工程变更表"中签章,对工程的设计变更进行了确认。8 月 30 日,桩基工程通过质量验收,根据预算,工程因桩基设计变更导致比原标书增加 50 多万元,并且工期增加了 15 天。

施工期间,发包人变更外墙铝板及铝合金幕墙设计,延误工期 45 天。A 公司在施工过程中提出工期和费用签证,B 负责人拖延签证,只承诺结算时会将费用如实算给 A 公司,A 公司遂继续施工至工程竣工。

2020 年 3 月底,该工程竣工验收合格后,A 公司要求 B 公司对工程款进行结算,B 公司找了种种理由拖欠工程款。于是,A 公司提起诉讼。B 公司反以 A 公司延误工期提起反诉,要求承担工期延误 90 天的违约金计 450 万元。

因双方对工程总造价和工期存在争议,法院委托专业机构对诉争工程进

行造价和工期进行鉴定。但本案最终鉴定机构未将桩基设计变更导致比原标书增加的 50 多万元列入工程造价,理由是工程签证存在瑕疵。工期方面也只认定了 60 天的顺延工期。最终法院判决,增加的 50 万元工程款不支持,并判 A 公司承担工期延误违约金 150 万元。

(二) 案例分析

1. 工期纠纷是工程施工合同履行过程中常见的纠纷。

本案中,施工过程中因桩基工程设计的变更,而使开工日期拖了 30 天,且因工作量的变更增加了工期 15 天;又因 B 公司变更外墙铝板及铝合金幕墙设计,延误工期 45 天。但 A 公司对于上述情况都未及时在施工过程中要求工期签证或提起工期索赔,导致因工程款纠纷引发诉争,被 B 公司提起工期反诉。

如果承包人没有工期签证或证据充分的工期索赔,则需要提供大量证据去证明自己对工期延误没有责任。诉讼中,承包人还需申请人民法院就工期顺延的天数委托鉴定单位进行鉴定。且不说承包人要预交鉴定费用、案件审理时间拉长,单单鉴定本身就可能因工程已经覆盖,承包人资料不全等原因无法得出承包人希望的鉴定结论。

本案中,因为 A 公司在 B 公司变更设计时,虽然提出过工期签证和费用索赔,但在 B 公司以相关理由拖延后,没有采取相关措施去促使监理和 B 公司完成签证,或者通过公证等形式确认签证事项,导致没有充足的证据证明工期延误的原因及具体期限。诉讼中,虽通过鉴定支持了一部分工期,但根本就无法得出全部的工期延误天数,导致 A 公司不得不承担 150 万元的工期延误违约金。

2. 签证应当合理合法并讲究策略,合同有约定签证形式的,必须尊重合同约定。

工程签证是工程承、发包双方在施工过程中对合同履行、费用支付、顺延工期、赔偿损失等方面所达成的双方意思表示一致的补充协议。施工过程中的有效签证,是承、发包双方工程结算或结算增减工程造价的结算依据。但实践中,工程签证又存在许多问题,导致虽然有了签证,但还会产生纠纷或最终不能被认定的情况。本案中,因签证不符合施工合同约定的"设计变更签证需经业主同意并加盖公章"的要求,仅有设计单位和监理单位在签证中确认,不符合施工合同约定的主体要件及形式要件,从而导致该签证不能被认定。

三、进度款支付分歧

【风险点】

发包人拖延支付进度款;进度款支付依据不足;签证未及时办理,导致应付进度款与按合同应付进度款严重不符。

【风险防范】

(一)合同约定清楚进度款支付流程和时间阶段,并约定清楚违约方应承担的违约责任

1. 进度款支付阶段。

进度款支付阶段应当遵循工程项目的基本特点,根据项目大小合理划分。不管采用什么方式划分,怎么划分,进度款支付节点的划分应该本着科学合理、易于操作的原则,综合考虑项目大小和工期安排,宜选择形象进度节点或里程碑事件作为分界点,尽量做到物理界面清晰。

2. 进度款支付流程。

进度款支付流程在建设工程施工合同示范文本的通用条款中有明确约定,如2017版示范文本12.3.3约定,①承包人应于每月25日向监理人报送上月20日至当月19日已完成的工程量报告,并附具进度付款申请单、已完成工程量报表和有关资料。②监理人应在收到承包人提交的工程量报告后7天内完成对承包人提交的工程量报表的审核并报送发包人,以确定当月实际完成的工程量。监理人对工程量有异议的,有权要求承包人进行共同复核或抽样复测。承包人应协助监理人进行复核或抽样复测,并按监理人要求提供补充计量资料。承包人未按监理人要求参加复核或抽样复测的,监理人复核或修正的工程量视为承包人实际完成的工程量。

当然,若只是有通用条款的约定不构成进度款支付的默示条款,可以在专用条款中进行详细约定,或者约定:"执行通用条款12.3.3的约定"。

3. 注意对合同外工程进度款的约定。

符合规定范围的合同价款的调整,工程变更调整的合同价款及其他条款中约定的追加合同价款,应与工程款(进度款)同期调整支付。

(二) 及时完成进度款支付申请需要的资料

进度款的请报量与请款要按照合同规范进行,主要包括以下几点:

1. 在约定时间内报量。

要在合同约定的时间内报量请款,有的工程项目明明已经到达报量请款的时间节点,但是迟迟报不上去,主要原因在于承包人没有在取得施工图纸后的第一时间内完成施工图预算,致使对已完工程内部计量不清,错过了报量时间。

2. 超报量要合理。

承包人为了尽快收回工程款,往往利用施工阶段节点与监理审核时点、业主审核时点的时间差,多报工程量,但是多报要合理,要确保在施工监理或业主做现场审核前做到报量的工程部位,否则会被业主或施工监理认为施工单位存在诚信问题。另外报量还要详细完整,报审的工程量要写明具体的分部分项组成,而不是用百分比笼统地计算,并保证报请资料的完整,以免发包人以资料不全为由拖延审核。

另外如果合同约定了默示条款,但是承包人报请的工程量与实际施工量差别太大的,也容易在司法审判中以不诚信、不合理为由不适用默示条款。

3. 请款要全面,不能遗漏。

承包人请款要根据已完工程量,按照合同约定的进度款计算支付方式以及合同约定的安全文明措施费的支付方式和变更签证索赔的计算方式,予以全面计算,特别要注意的是如果合同约定变更签证结算时调整,则进度情况要按照原施工图进行计量,而不是进行变更的所有工程量均在结算时付款。

另请款报告最好要体现完整的累计数据,包括累计验工、累计付款、累计支付价款的种类等等。这样经审核签字的进度款报告可以起到固定证据的作用,后期发生争议的,可以作为证据使用。

4. 书面提出催促批复要求。

对于施工监理、审计或业主不正当的批复,或批复时间延长的,施工方一定要据理力争,要采用函件或会议纪要的方式指出各方的审核错误,以及进度款支付不足或迟延给工程项目的影响。

5. 对业主延迟付款书面固定事实。

对于业主的延迟付款,要采用函件方式指出已经对工程进度造成影响,除了有利于结算时申报逾期付款违约金(或利息)外,还有利于规避有可能发生的工期违约责任。

(三) 要保存完整的施工监理、审计和业主的审核记录

发包人委托的过程审计单位在审核进度工程量时有不同的审核方式,有的直接做出一份审核量表,有的直接在施工方报送的资料上勾勾画画,但不管是哪一种做法,都必须保留各方审查的原始资料,对于施工监理或审计的审核意见,如果只有对方签字或盖章的,需要要求对方补盖章或签字。

【案例说明】

(一) 基本案情

原告浙江省一建公司(以下简称浙江一建)与被告平阳旅游投资有限公司(以下简称平阳旅投)建设工程施工合同纠纷

浙江一建于2017年4月以51 500万元中标由平阳旅投招标的平阳县星际科幻谷文化园主体工程设计采购施工(EPC)总承包项目。EPC总承包合同约定了预付款条款,合计工程预付款金额88 351 216.2元。平阳旅投2017年7月5日支付工程预付款5000万元。

后因浙江一建公司催促支付剩余预付款和进度款未果,单方面发出解除合同通知书并起诉要求确认解除合同通知书有效,并要求平阳旅投支付合同价款78 697 060.71元及因违约造成的损失20 658 348.97元;上述各项,合计金额为99 355 409.68元。

平阳旅投则反诉请求返还多支付的工程款和浙江一建赔偿因违约造成的损失,合计2 921.222 069万元。

一审法院认为:

1. 关于预付款未足额支付的过错问题。合同约定,发包人在合同生效后10日内,将预付款一次性支付给承包人。平阳旅投主张,按照工程惯例承包人须先开具收款凭证,再由发包人支付预付款,浙江一建为减轻纳税负担,要求先收取5000万元预付款。根据建筑行业的惯例,确实存在承包人先提供支付凭证,发包人后支付工程款的做法,特别是发包人系国有企业的情况下,故对平阳旅投的解释予以采信。浙江一建以预付款未足额支付为由匆忙作出解除合同通知函,理由并不充分。至2017年11月9日,根据工程实际履行情况,5000万元预付款足以抵扣工程进度款,未足额支付的预付款尚未达到"影响到整个工程实施"的情形,因此,浙江一建提出解除合同责任在于平阳旅

投,理由不成立。在预付款未足额支付的问题上,因浙江一建未足额提供支付凭证(增值税专用发票),平阳旅投可以提出暂缓支付抗辩,不存在违约行为。

2. 工程进度款支付延迟的过错问题。根据工程施工的惯例,工程进度款根据进度款审核程序审核后从预付款中抵扣。预付款扣完后发包人再按照后期工程进度支付进度款。前期工程款审核的延迟,必然导致后期工程款支付的拖延。总承包合同通用条款14.9.2条约定,发包人延误付款30日以上,承包人有权向发包人发出要求付款的通知,发包人收到通知后仍不能付款,承包人可暂停部分工作,视为发包人导致的暂停,并遵照4.6.1条发包人暂停的约定执行。即工程进度款延期支付,系违约行为,承包人有权按照合同约定顺延工期。对于工程进度款审核上,平阳旅投存在拖延,属于违约。平阳旅投在工程款支付审核方面虽然存在一定违约责任,但浙江一建可以要求工期顺延,或按照合同主张其他索赔,但不足以达到主张合同解除之标准,即不足以"影响到整个工程实施"的程度。浙江一建主张合同解除理由不足。

一审判决浙江一建承担违约解除合同的过错责任。

浙江一建不服提起上诉。

二审法院认为,关于浙江一建于2017年11月9日发出的解除合同通知是否符合法定解除或约定解除条件的问题。本案中,浙江一建以电子邮件的形式通知平阳旅投解除合同,称"贵司在合同履行过程中,未按合同约定按时支付预付款和工程进度款,故我司特发出《解除EPC总承包合同通知函》,内容详见附件,请查收"。据此,审查的重点在于平阳旅投在履行合同过程中是否存在延期支付预付款、工程进度款的违约行为。

关于预付款。根据庭审事实可印证平阳旅投未全面支付预付款的原因在于尚未收到浙江一建开具的增值税专用发票,而非故意拖欠。故浙江一建关于平阳旅投逾期支付预付款的解除合同事由与查明的事实不符,不能成立。

关于工程进度款。根据已查明的事实,浙江一建就第一期工程进度款最后向平阳旅投提交的时间为2017年10月30日,平阳旅投已于2017年11月7日向浙江一建送达最终审价结果。至于浙江一建第三次报送的进度款,其提交的落款日期为2017年10月25日的《工程款支付申请表》封面载明的支付期号为第02期,实际向平阳旅投提交的日期为2017年11月8日。由于浙江一建在2017年11月7日收到平阳旅投关于第一期工程进度款的审价结果后并未向平阳旅投开具相应金额的增值税专用发票,而是于 2017 年 11 月 9 日径行发出解除合同通知,故平阳旅投未继续支付第一期工程进度款且未对第二期工程进度款进行审核不存在违约。

综上,二审法院支持了一审法院的判决理由和判决结果。

(二) 案例分析

1. 本案一个争议焦点是,施工单位申请进度款支付上是否存在过错。

建设单位认为施工单位存在过错的理由是:施工单位提交的进度款支付申请资料存在多份和重复,因此建设单位对此前提交的申请视为作废,只审核最后一份,建设单位已经对最后一份进度款支付申请进行了审核并要求施工单位提供补正资料和开具发票,然后才付款。但是施工单位未开具发票却直接提出解除合同。因此施工单位属于违约解除合同。而法院经审理采纳了建设单位的意见,认为建设单位在进度款审核上不存在违约行为。

2. 施工单位申请支付进度款的申请材料应当尽量全面、准确,不给建设单位拖延审核的理由。

本案二审认为建设单位审核工程进度款上不存在违约的重要原因在于施工单位申请进度款支付的申请资料存在重复、缺陷等错误,建设单位要求其补正时,施工单位未予以回复,只是继续再一次发送付款申请。这样并不利于最终申请到进度款。因此施工单位在申请进度款时一定要注意申请资料的完善准确,超报应当合理,不能简单认为报得越多越好,报得越多建设单位按照比例付得越多。殊不知若申请单存在严重超报,脱离事实,最后对峙法庭的时候会被法院认为施工单位存在严重过错,而削减建设单位拖延审核的过错。

3. 施工单位对报送的申请资料应当注意留底备查。

施工单位应当对报送的申请资料进行全套的留底备查。这样一旦发生纠纷,进度款支付申请资料可以作证施工单位及时报送支付申请和建设单位拖延审核违反合同约定,进而可以进行违约金索赔。

4. 施工单位对建设单位拖延支付进度款的,可以积极进行催款并注意催款方式。

(1) 应注意函件名称要一目了然,应能准确反映函件内容,如"请尽快支付××项目 2018 年 5 月进度款的函""请尽快支付××项目工程款的函"等。

(2) 函件内容要简练明确,应写明应支付时间、应支付的金额和应支付依据,如"根据合同约定,贵司应在×年×月×日前支付上月进度款×元,但贵司至今未支付"。

(3) 函件内容要反映相关事实,如只写催要款项,函件内容就比较单薄,建议可视情况写上催款过程,如"我司已于×月×日发函至贵司催促",如写因欠款已导致工程停窝工的情况等。

(4) 要视情况把握函件的语气,在双方关系比较良好的情况下,要注意催款函语气不要过于严厉,应真诚、恳切,避免矛盾激化。

四、承包人停工的法定理由、合同理由鉴别问题

【风险点】

1. 未准确辨别承包人可以停工的法定理由和法律依据,随意停工,导致损失,被发包人索赔。

2. 未准确把握合同约定的可以停工的理由,不能合理利用,丧失停工时机。

3. 法律与合同未明确约定可以停工的情形,未按照合理流程进行停工,导致反索赔。

【风险防范】

(一) 准确界定承包人可以停工的法定理由

1. 先履行抗辩权。

发包人未按照约定的时间和要求提供原材料、设备、场地、资金、技术资料或合同约定的其他协助义务致使工程无法正常施工。施工合同中发包人先履行的义务包括:

(1) 在合同规定的期限内办理土地征用和房屋拆迁,按合同的约定及时向承包商提供施工场地的工程地质和地下管网线路资料和相关数据。

(2) 及时办理施工所需各种证件、批文和临时用地、占道及铁路专用线的申报批准手续。

(3) 及时组织有关单位和承包商进行图纸会审,及时向承包商进行设计交底。

(4) 按合同约定将施工所需水、电、通信线路从施工场地外部接至约定地点,保证施工期间的需要。

(5) 妥善协调处理好施工现场周围地下管线和邻接建筑物、构筑物的保护。

(6) 按合同约定开通施工场地与城乡公共道路的通道或施工场地内的主要交通干道,满足施工运输的需要。

2. 不安抗辩权。

应当先履行债务的承包人,有确切证据证明发包人有下列情形之一的,可以中止履行,即:①经营状况严重恶化;②转移财产、抽逃资金,以逃避债务;③丧失商业信誉;④有丧失或者可能丧失履行债务能力的其他情形。

发包人有以下几种情况的,承包人应当谨慎注意并考虑使用不安抗辩权,可作为发包人具有上述情形的证据:

(1) 身负巨额债务,官司缠身,有多个合同义务不能按期履行而被他人起诉。

(2) 恶意经营、私分或压价出售财产,以致财产显著减少,难为对等给付。

(3) 多次承诺付款却又多次未履行。

(4) 严重资不抵债,濒临破产倒闭。

3. 不可抗力。

不可抗力主要包括以下几种情形:①政府行为,如征用、征收;②自然灾害,如洪水、台风、冰雹;③社会异常事件,如战争、罢工、骚乱;④合同约定的其他事由。

(二) 合同约定的可以单方面停工的情形

一般建设工程施工合同会约定一些可以停工的事项,但是要履行具体的停工前置程序,承包人应充分利用合同约定的可以单方面停工的权利保护自身利益。

(三) 合同未明确约定可以单方面停工的情形

合同约定了可以停工的情形对承包人会比较有利,比较容易产生争议的是合同没有明确约定可以单方面停工,但是不停工工程也进行不下去的情形。比如下列情况:

(1) 合同对工程进度款支付约定不明,承包人与发包人对此进行协商,但协商时间很长且无结果。

（2）施工期间主要建材价格上涨，施工合同已对因此产生的增加费用明确约定由发包人承担，但对支付时间约定不明，承包人与发包人对此进行协商，但协商时间很长且无结果。

（3）施工期间主要建材价格上涨，施工合同计价方式约定为总价包干或单价包干，承包人继续按原包干价施工工程项目将会亏损。

第（1）（2）种情况下承包人可以停工但应提前书面发函催告发包人，如发包人在催告后合理的期限内（一般为28天）仍拒绝履行的，承包人可以停工；第（3）种情况下除非是在建材价格上涨幅度巨大，承包人按原包干价施工将会承受巨大损失的情况下，否则，承包人不能停工。

（四）发包人一意孤行，承包人可以采取停工自保的情形

合同虽未约定承包人可以单方面停工，但是发包人在合同履行过程中，一再违反合同约定的义务，或者一意孤行，可能对工程和承包人产生损失后果的，承包人可以考虑停工自保。比如下述情形：

（1）发包人提供的图纸有误，如按图施工将对工程质量造成重大影响甚至引发安全事故，向监理单位及发包人报告后发包人仍坚持按原图施工或拖延答复的。

（2）发包人提供的建筑材料不符合强制标准，如使用将可能对工程质量造成重大影响甚至引发安全事故，向监理单位及发包人报告后发包人仍坚持使用的。

（3）合同约定应由发包人承担的协助义务，发包人拖延履行，经催告后在合理的期限内仍拒绝履行或不予答复的。

（4）发包人或监理单位强令违章作业、冒险施工的。

对于发包人一意孤行极有可能影响后续施工造成利益受损的，承包人应当充分履行通知提醒义务，固定发包人一意孤行的证据，并评估影响是否重大，如果认为发包人一意孤行行为将导致工程出现质量安全问题的，承包人可以单方面停工。

【案例说明】

（一）基本案情

原告某建工集团与被告卓隆房地产公司（以下简称卓隆公司）建设工程施工合同纠纷再审案

卓隆公司申请再审称，施工过程中，由于政府的行为导致该项目停止建设，卓隆公司在合理时间内通知了建工集团，建工集团在接到通知后，就应该做好人员的安置、机器设备的停用等各方面的工作，由于建工集团自己的原因造成了损失的扩大，应由其自行承担。一审、二审法院要求卓隆公司承担451 000元的损失，属于认定过高。

建工集团辩称：一、二审判决就损失的认定正确。建工集团提交的证据充分证明了所主张的误工费、定位放线、钎探等损失的存在，就误工费，一审、二审法院根据公平原则支持40万元，虽不足以弥补建工集团的全部损失，但也算符合公平原则；其他损失，建工集团提交了相关协议、收据等予以证实，应予支持。

再审法院认为，不论合同是否有效，合同当事人在履行合同发生纠纷时应本着诚实信用的原则协商处理。对于因故导致建设工程停工的，停工时间及停工后的处理等事项应当按照合同约定执行。未约定停工事项的，当事人应当本着诚实信用的原则进行协商，当事人之间达不成协议的，发包方对于何时停工、是否撤场应当有明确的意见，并应当给予承包方合理的赔偿；承包方也不应盲目等待而放任停工损失的扩大，根据《民法典》规定，其应当采取适当措施如自行做好人员、机械的撤离等工作，以减少自身的损失。本案中，建工集团提交的证据能够证明卫星定位放线费、塔吊租赁定金、钎探费等费用损失为51 000元，根据建工集团提交的人工费用证据，虽无法区分系正常施工而产生的人工费还是停工导致的窝工费，并且难以确定建工集团主张的人工费用中哪些属于合理的窝工费用，但案涉工程停工导致了一定的损失，故一审、二审法院基于公平原则酌定卓隆公司应赔偿人工费用40万元，上述合计451 000元，并无明显不当。

再审法院裁定：驳回卓隆公司的再审申请。

(二) 案例分析

1. 建设工程如因非甲、乙双方原因或外来原因(如因政府原因等)导致项目不能持续的，发包方应对何时停工是否撤场有明确的意见，承包方应采取措施防止损失扩大。

最高人民法院认为：对于因故导致建设工程停工的，停工时间及停工后的处理等事项应当按照合同约定执行。未约定停工事项的，当事人应当本着诚实信用的原则进行协商，当事人之间达不成协议的，发包方对于何时停工、是否撤场应当有明确的意见,并应当给予承包方合理的赔偿;承包方也不应盲目等待而放任停工损失的扩大,应当采取适当措施如自行做好人员、机械的撤离等工作,以减少自身的损失。

2. 合同双方未对停工进行约定时,应根据诚实信用原则履行合同,对于承包人的损失,即使无法举证,也应当根据公平原则进行合理赔偿。

最高人民法院认为,施工后合同未约定停工事项,事实上发生停工的且停工原因非承包人导致的,因为停工导致承包人损失的,依然应当按照公平合理原则进行赔偿。本案中,根据建工集团提交的人工费用证据,虽无法区分系正常施工而产生的人工费还是停工导致的窝工费,并且难以确定建工集团主张的人工费用中哪些属于合理的窝工费用,但案涉工程停工导致了一定的损失,故发包人依然应当酌情赔偿承包人损失。

3. 停工后承包人应当根据情况决定是否移交现场。

项目在停工后,承包人因根据停工时间、发包人态度等现场实际情况决定是否与发包人办理现场移交。因为项目虽然停工,但是在停工期间仍然可能发生对第三人的损害,如施工现场物品坠落对第三人造成的损害、因不可抗力或者恶劣气象条件对第三人造成的损害等。所以对于长期停工、复工无望的项目,承包人要充分考虑到安全责任问题,综合项目停工给企业带来的影响,综合评定是否与发包人办理现场移交。同时,停工后承包人要根据合同约定和市场交易惯例,向发包人索赔,主张停工损失及其他相应权利。一般来说,承包人可以主张的损失包括工人工资、遣散工人费用、现场材料保管费、机械租赁费、管理人员费用、材料涨价费用等;相关权利一是在停工达到一定期限时,承包人可以解除合同;二是可以和发包人协商调整合同价格。

五、停工应注意的问题

【风险点】

具备停工理由时未按照程序合理合法停工,产生反效果。

【风险防范】

(一)注意停工是否在施工阶段点上,确定停工的经济性

承包人决定停工的,应注意停工对质量或安全不能造成影响,并应采取

措施防止损失进一步扩大,否则责任自负。如地基完工施工主体前停工或主体封顶时停工,便于操作和控制,如钢筋封口,如果停工时留存钢筋裸露在外,时间一长容易生锈,最后损失承包人自行承担。当然也不绝对,如高层建筑在十层以上时,拖欠款比较严重,并不一味要追求封顶。

总之,停工是手段,不是目的,目的是通过停工维护自身合法权益。停工之前要考虑现实情况,防止损失扩大。

(二) 停工手续的证据化

停工应当是具备充足的理由及其相应的证据,包括拖欠工程款,则应有付款不足的证据,一般进度款相差1~2个月则不宜停工,一般应考虑在3个月以上。当然法律没有明确的数额规定,承包人应视具体施工情况而定,如本身工期就短但是工程量又巨大的,就另当别论。

停工前应书面致函发包人,停工应报经监理单位,并经监理单位签单确认。如监理或发包人不肯确认甚至不肯签收则应采用邮寄的方式再向监理或发包人邮寄停工报告,注意保留好邮寄凭证。

(三) 停工的安全性

停工应不影响工程质量、不发生安全事故。如因停工期间发生的安全、质量事故,一般情况下,均应由承包人承担。

(四) 停工过程中提醒的"连续性",引起其重视,并固定相关数据

停工期间,承包人应实事求是地做好停工期间的有关数据的记录,最好能收录有关的图文资料,有必要的还可进行公证,以利于日后的停工补偿计算工作。然后在合理的时间间隔内(一般为28天),定期向发包方通报一次停工期间人工、机械的停置情况及补偿报告,并要求发包方签收及答复。

(五) 停工后的事项

停工后,发包方不能就停工的时间长短作出明确判断,承包方不能自行撤离施工现场的,如经双方协议,承包方退场则应先办好工程交接手续。首先,应对已完工程量及质量与发包人进行确认;其次,应签订工程移交单,将移交项目列明。

(六) 停工应与索赔相呼应

承包人有权停工,但应当具备足够理由及证据,符合法律规定,方能得到法院支持要求发包人给予赔偿。承包人应对施工现场人员、设备等进行统计,并由监理进行确认;编制停工索赔书报监理公司确认,同时送至发包人。不要在最后造价结算时,再提停工索赔或再编资料,以免造成确认上的困难和结算上的纷争。

【案例说明】

(一) 基本案情

河南鑫龙公司与洛阳理工学院、河南省六建公司纠纷案

洛阳理工学院与六建公司通过招标方式签订了《建设工程施工合同》。六建公司为组织施工,次日将上述工程分包给鑫龙公司,在分包合同中六建公司作为施工管理者的身份承担管理义务。鑫龙公司以六建公司洛阳理工学院项目部的名义到工地进行施工。施工中,因发现成教楼西半部浇板出现裂缝,监理向洛阳理工学院项目部下发停工整改通知书,六建公司工程管理部向洛阳理工学院项目部下发了停工通知书,至此,成教楼、住宅楼全部停工。

鑫龙公司起诉称,因洛阳理工学院提供的地质报告有误、六建公司组织指挥和协调不力,造成鑫龙公司分包的理工学院成教楼、住宅楼工程停工,给鑫龙公司造成巨大经济损失。另外,鑫龙公司已完成工程未结算,工程款被拖欠。故请求:①判令六建公司、理工学院赔偿因过错给鑫龙公司造成的经济损失303.5万元;②判令六建公司、理工学院立即支付剩余工程款125万元。

一审法院认为,项目造成基础不均匀沉降是理工学院提供的《洛阳理工学院成教楼、住宅楼岩土工程勘察报告》有误,导致成教楼裂缝,造成鑫龙公司停工,应承担停工损失的主要责任。六建公司在发现成教楼裂缝后,处理不力,致损失扩大,应承担一定责任。鑫龙公司在施工中存在部分质量问题,虽然该质量问题不是导致成教楼裂缝的原因,但其工程中的质量问题已对理工学院产生不安影响,工程停工有其不安成分在内,故鑫龙公司对停工亦应承担一定责任。

一审法院判决:六建公司承担经济损失的10%;理工学院承担损失的80%;鑫龙公司自负10%。

三方均不服提起上诉。

二审法院认为,一审法院确定理工学院承担责任的比例和数额不当,应当予以纠正。六建公司作为洛阳理工学院项目部的质量管理、监督并对工程全面负责的部门,应上对理工学院负责,下对承包人负责,六建公司对在成教楼出现裂缝之后,在分析认定裂缝原因的过程中鑫龙公司是否还应当继续施工等问题的解决组织协调不力,并对停工后如何避免分包承包人的损失,没有采取有效的措施,使鑫龙公司人员、设备长期停滞在施工现场,由此给鑫龙公司所造成的损失也应承担相应的责任。关于损失计算的依据问题。因理工学院成教楼出现裂缝后需要查清裂缝的原因,停工后一直在寻找和分析裂缝的原因,在裂缝原因没有查明的情况下,理工学院、六建公司一直未给鑫龙公司明确的态度,在此情况下,鑫龙公司于停止施工后留下人员看场并将机械设备、周转材料继续留存于工地,以备将来复工之用合情合理。鑫龙公司、六建公司、理工学院对因停工所造成的损失应承担与自身原因相适应的责任。理工学院承担责任的比例确定为50%,六建公司承担责任的比例确定为20%,其余损失由鑫龙公司自负。

但计算停窝工损失的期限一审认定为691天过长,根据河南省建设厅有关规定,暂停施工的期限一般为3个月,超过3个月的,双方应协商工程缓建停建。鑫龙公司自身应当意识到在短期内已经不能复工,自己应立即采取措施避免损失的扩大,其无权就扩大的损失要求赔偿。据此,计算鑫龙公司停工窝工损失的期限,二审法院酌定为6个月。

(二) 案例分析

1. 发包人错误导致的停工,承包人应当采取措施防止损失扩大。

因发包人提供错误的地质报告致使建设工程停工,当事人对停工时间未作约定或未达成协议的,承包人不应盲目等待而放任停工状态的持续以及停工损失的扩大。因发包人的行为导致停工后,发包方对于停工、撤场应当有明确的意见,并应承担合理的停工损失;承包方、分包方也不应盲目等待而放任停工损失的扩大,而应当采取适当措施如及时将有关停工事宜告知有关各方、自行做好人员和机械的撤离等,以减少自身的损失。

本案中,成教楼工程停工后,理工学院作为工程的发包方没有就停工、撤场以及是否复工作出明确的指令,六建公司对工程是否还由鑫龙公司继续施工等问题的解决组织协调不力,并且没有采取有效措施避免鑫龙公司的停工损失,理工学院和六建公司对此应承担一定责任。与此同时,鑫龙公司也未积极采取适当措施要求理工学院和六建公司明确停工时间以及是否需要撤出全部人员和机械,而是盲目等待近两年时间,从而放任了停工损失的扩大。

2. 工程停工后,对停工损失依据的停工时间的确定,不能简单地以停工状态的自然持续时间为准。

对于计算由此导致的停工损失所依据的停工时间的确定,不能简单地以停工状态的自然持续时间为准,而是应根据案件事实综合确定一定的合理期间作为停工时间。本案中,工程出现质量问题后,4月16日,监理已经下发停工整改通知书;4月20日,六建公司工程管理部向洛大项目部下发了停工通知书,决定"成教楼从即日起停工"。至此,成教楼工程全部停工。此后为了查明成教楼出现裂缝的原因,三方多次委托不同的鉴定机构进行鉴定,前后耗时两年多,各方一直未能就成教楼出现裂缝的原因达成一致意见。虽然成教楼工程实际处于停工状态近两年,但对于计算停工损失的停工时间则应当综合案件事实加以合理确定,法院将鑫龙公司的停工时间计算为6个月,较为合理。

六、因发包人拖延支付进度款而中途停工问题

【风险点】

1. 发包人拖延支付进度款,导致承包人资金链紧张。
2. 拖延支付进度款导致工期拖延。
3. 承包人未合理停工,导致后期索赔困难。

【风险防范】

1. 调查核实发包人拖延支付进度款原因,当出现发包人资金极端困难时,承包人应果断启动停工,以免扩大损失。
2. 合理停工,现场固定证据:清点施工现场机械设备,清点尚未使用的钢管和扣件等,全面拍照摄像,并请工程所在地的公证处对现场进行证据固定。可以直接确定的工程量先行确定,未完成的施工资料抓紧完成并留底备份。
3. 发包人不能在停工后短时间内作出回应,承包人不能自行撤离施工现场的,承包人应在合理期限内(一般为28天)定期向发包人通报一次停工期间

人工机械的停滞情况及补偿报告,并要求发包人签收、答复。

4. 停工时间,承包人应实事求是地做好停工期间的有关数据记录,最好能收录有关原始资料,到施工现场的实际情况进行拍照或录像,以作为索赔时的证据。有必要的可以进行公证。

5. 发公函或者律师函告知其相关情况,提出恢复施工的请求。

【案例说明】

(一) 基本案情

A 学校与 B 建筑公司签订了一份《教学楼工程施工总承包合同》。要求 4 月 26 日开工,11 月 30 日竣工,工期 219 天(日历天),工程采用固定单价合同,合同约定工程预付款为合同价的 20%,中间付款按工程形象进度的 70% 支付,工程封顶后 7 日内付到 80%,工程竣工验收合格后付至合同价的 85%。

合同签订后,B 公司按合同约定时间如期进行施工,但在 8 月 15 日工程主体封顶后,学校的工程款因资金紧张未能按时支付,但向 B 公司承诺工程款会马上到位,要求 B 公司继续施工。后经 B 公司多次催要,工程款仍未到账,因此 B 公司于 8 月 23 日给学校出具一份书面报告,报告中称若 A 学校在七日内仍不能付款,B 公司将不得不停工。七日后 A 学校仍未付款也未给予答复。B 公司又于 8 月 30 日给 A 学校打了第二份报告,该报告中明确表态,因学校未按合同约定付款,因此本公司将于 9 月 1 日停工,停工期间的所有损失由 A 学校承担,随即 B 公司对工地进行了全面停工。在停工期间 B 公司多次及时地向学校发出了索赔报告。两月后,学校筹到了工程款并支付给 B 公司,同时书面要求 B 公司全面开工,B 公司在收到学校的工程款后给学校发了一份索赔报告,报告中说学校应对停工期间的工期及费用损失进行赔偿,否则不能开工。后经双方多次协商,学校仅对延误的工期进行了确认,但对费用索赔却未达成一致意见,因此承包人拒绝复工。一年后承包人向学校发出《关于补偿教学楼停工期间损失函件》的律师函,要求学校给予赔偿这一年零两个多月的工期及费用损失,否则将提起诉讼。

(二) 案例分析

本案争议焦点有两个:①承包人的停工是否有法律依据?②承包人所要求的停工期间对工期和费用损失进行补偿是否有法律依据?

1. 关于承包人的停工是否有法律依据。

（1）承包人在学校应付进度款之日至已付进度款之日期间的停工是有法律依据的。《民法典》第七百八十八条第1款规定："建设工程合同是承包人进行工程建设，发包人支付价款的合同。"由此可见，在形象进度款方面，当承包人完成了一个阶段形象进度，发包人应当支付相应形象阶段的进度款。如果发包人未支付进度款，则承包人就享有抗辩权，可以不履行继续施工的义务。因此在本案中学校在主体完工七日内未支付进度款，承包人以此为据在向学校发出了书面通知而学校仍不履行的情况下进行停工是有法律依据的。

（2）但是在学校支付了该笔进度款后，承包人以学校不同意该期间的损失为由仍然停工是无法律依据的。《民法典》第七百八十八条同时也有另一层含义，建设工程合同应为承包人应先履行完工义务，发包人支付价款的合同，如果承包人支付了进度款，承包人就应该履行继续施工的义务，至于发包人延期付款的违约责任及停工期间的损失应另行处理，如未达成一致意见，可采取调解、仲裁或诉讼的方式进行处理，但承包人不能以未达成一致意见为由拒绝继续施工的要求。

2. 关于承包人所要求的停工期间对工期和费用损失进行补偿是否有法律依据。

（1）学校支付进度款之前的损失可以进行索赔。

合同规定：发包人未能按合同约定履行自己的各项义务或发生错误以及应由发包人承担责任的其他情况，造成工期延误和（或）承包人不能及时得到合同价款及承包人的其他经济损失，承包人可以书面形式向发包人索赔（当然要按合同规定的索赔程序），在本案中承包人在停工期间曾多次及时地向学校递交了书面索赔报告，因此可得知索赔程序是合法的。承包人停工确实是由学校迟付工程款引起的，学校给予赔偿也就是应该的。

（2）学校支付进度款之后的工期不能顺延，损失也不能得到补偿。

根据上面第（1）条的分析，自学校已付进度款之日以后的停工，学校是不需要负责的，因此该停工期的工期也是不能顺延的，费用也是不能补偿的，相反学校还可以就该段时间的工期及费用损失向承包人进行反索赔。

（3）承包人进行停工及停工索赔应当依法有据，不能以损失未确定为由对抗其进行施工建设的合同本质义务。

停工是承包人的合法权利。如果发包人违反合同约定或者发生可以停工的情形，承包人可以合法履行自己的停工权，并就停工损失向发包人进行索赔。但是停工和索赔也有其法律边界。承包人停工的应采取合理措施以免导致损失的扩大化。本案承包人在学校支付进度款之前停工合理合法,但是当学校履行了自身义务后,承包人应当继续履行自身义务,继续施工建设是其应有之义务,不能以损失赔偿未确定对抗其在建设工程施工合同中必须履行的本质义务。

七、停工索赔问题

【风险点】

具备停工理由且停工之后,未正确进行索赔,导致索赔效果差。

【风险防范】

由于发包人原因引起的停工索赔,根据承包人是否撤离施工现场,工程索赔分为下面两种情况。

（一）工程停工中止,承包人现场待命

施工中比较常见的一种情况是：工程停工后,根据发包人要求,若影响工程进行的因素消除后,工程可以继续进行。此时,承包人在施工现场停工待命。此种情形下,承包人有权向发包人提出以下索赔：

1. 停工待命人工费的索赔。因为停工原因消除后工程还要继续进行,施工工人不能离开现场。此时将造成人员的大量窝工。窝工费计算可以参考：窝工期间工人工资数额×窝工人数×窝工工日。工人的工资数额可根据《劳动法》等有关规定计算。

2. 停工期间机械费的计算。如有承包人从租赁站租来的大型机械如塔吊等,虽然停工但是依然需按日付给租赁站费用,因此停工期间的机械费也应当计算。若停工时间过长,机械需要进行大修后才能使用,还需要计算大修费用及大型机械进出场费用。

3. 停工期间周转材料的租赁费。停工期间,承包人可能存在不少向租赁单位租来的周转材料,停工期间的材料租赁费对承包人的损失很大,一定要详细计算。

4. 工程停工期间的其他直接费和间接费。其他直接费如现场排污费、冬雨季防护费等。间接费如公司对本工程的管理费及现场管理人员的现场经费等。

(二) 工程停工终止,承包人撤离现场

若工程终止后不能再继续进行,承包人将撤离施工现场,施工方有权向发包人索赔以下相关费用:

1. 工程撤离现场的直接费,包括工人撤场费、施工机械转移费等。

2. 工程撤离现场的间接费,包括工程撤场时现场管理人员的工资费用及行政办公费用。

3. 预期利润。因为工程停工撤场,承包人在本工程将无法实现预期利润,承包人可就预期利润问题向发包人索赔。索赔数额:承包人可根据工程中标书向发包人提出索赔数额,具体数额可同发包人协商,协商不成时可提请诉讼或仲裁。

4. 即使是合理合法的停工,承包人也有义务防止损失扩大,不论是自己的损失还是发包人的损失,都应在减损的考虑范围内,否则如果因停工造成发包人扩大损失的,发包人将来可能反索赔。因此承包人应注意在停工事件发生前后向发包人提出合理化建议,力求最大限度地减少停工损失。

【案例说明】

(一) 基本案情

原告唐山市城市建筑工程总公司(以下简称唐山城建公司)与被告唐山中桥铁路道岔制造有限公司(以下简称中桥公司)建设工程施工合同纠纷

2012年10月19日,原、被告双方当事人签订《建设工程施工合同》,合同工期290天,从2012年10月15日开始施工,至2013年8月31日竣工完成。合同签订后,唐山城建公司组织施工,2012年11月30日完成CFG桩,12月22日被告组织进行桩检测,25日出具检测报告,2013年3月20日验槽,期间停工87天。验槽后唐山城建公司继续施工至2013年5月1日基础工程完工等待认证,2013年10月31日进行了基础四方(监理、设计、勘察、施工)验收,期间停工184天。2013年12月11日,中桥公司又向唐山城建公司发出关于中桥道岔办公楼复工的函,2015年2月1日,双方当事人达成关于中桥道岔办公楼施工塔吊提前拆除的协议,双方函件往来期间,工程始终处于停工状态。2015年11月30日,唐山城建公司出具解除合同通知书,诉争工程至今未能完工。后唐山城建公司起诉请求:①依法判令中桥公司给付拖欠的工程款213万元及利息;②依法判令中桥公司赔偿唐山城建公司损失300万元。

主审法院认为,双方当事人签订的建设工程施工合同是双方当事人的真实意思表示,不违背法律禁止性规定,为有效合同,双方均应依照合同约定全面履行各自义务。对于因故导致建设工程停工或在履行合同发生纠纷时应本着诚实信用的原则协商处理。停工时间及停工后的处理事项应按照合同约定执行,未作约定的亦应本着诚实信用的原则进行协商,达不成协议的双方应及时采取措施减少损失,承包方也不应盲目等待而放任停工损失的扩大。

本案在施工过程中因桩基检测于2012年12月23日开始停工87天,后施工至2013年5月1日基础施工完成,至2013年10月31日基础四方验收,停工184天,诉争工程至今未能完工,对期间造成的损失,双方均有过错。关于停工损失问题,中桥公司辩解唐山城建公司未按合同要求索赔,因此唐山城建公司无权获得索赔的意见,根据合同通用条款第66条索赔条款规定,如果承包人根据合同约定提出任何费用或损失、工期的索赔时,如承包人在约定的时间按照程序提出索赔,则承包人无权获得索赔或只限于获得由造价工程师按提供记录予以核实的那部分款项。但合同中专用条款第19条造价工程师部分,确认无造价工程师,故上述约定系约定不明,唐山城建公司合理的停工损失被告应予以赔偿。其中的管理人员及辅材费损失,唐山城建公司未提供实际停工后仍需要管理人员在场的必要性及在场证据,故该项诉请,证据不足,不予支持。中桥公司应在唐山城建公司撤离工地后,对该公司的已完工程进行结算,但其未及时给付工程款,应承担逾期给付的利息损失的责任;鉴定意见中不确定部分的工人工资、电缆等损失,唐山城建公司提供的证据不足,不予支持。关于逾期付款利息损失问题,合同约定在合同签订后7日内乙方必须按照甲方和工程要求准时进场,唐山城建公司未能举证证明中桥公司承担违约责任的时间起算点,且至2015年11月30日造价鉴定意见已计算了工程款滞纳利息,两者不能重复计算,故中桥公司应从2015年12月1日起向唐山城建公司支付逾期利息损失。

(二) 案例分析

1. 停工涉及两大问题:停工时段和停工时段内具体损失。

本案例是典型的因为停工,承包人向发包人索赔停工损失的案例。停工损失涉及两个问题:一个是停工期间;一个是停工期间具体损失包括哪些方面。

（1）关于停工期间，承包人应当注意停工时段证据的保留和及时解除合同。本案中计算停工期间的一个问题是合同最终是于何时解除的。承包人认为合同解除时间为2015年，而发包人则认为应当以其发出的解除合同通知书的时间2013年12月为准，最终法院采纳了发包人意见。对承包人来说，项目持续性处于停工状态时，不能一直等待停工状态持续，应当主动采取措施如催告、单方面解除合同通知书等，一来可以证明承包人不能被动消极等待发包人，二来既然确定合同不能继续履行，及时解除合同对承包人利大于弊。

（2）关于停工时段内具体损失内容，承包人应当积极提供证据证明。对于停工期间承包人究竟发生了哪些具体损失，承包人是负有举证义务的。一般来说，停工期间涉及的损失内容包括：人工工资、机械设备闲置及租赁费、周转材料损失、预期可得利益、拖欠工程款利息等，承包人都需要一一提供证据予以证明具体损失额，才能得到法院的支持。

2. 停工后，承包人应当及时止损，不应盲目等待而放任损失的扩大。

本案中，法院认为，停工后唐山城建公司工人退场时，生产工具、设备应及时撤离。其中的现场报废及可用材料和库存材料损失，可用材料和库存材料部分，唐山城建公司系本地建筑企业，在停工后就生产工具和可用材料应及时合理调配使用，不应无限期地堆放在施工现场，此项诉请无事实法律依据，不予支持。

可见，发包人违约后，承包人不能盲目等待，否则因此造成的扩大损失，法律不会予以支持。比如：

（1）停工期间，承包人应及时撤出非必要的现场人员和机械设备，对于未进场的机械设备及材料应暂缓进场，以免损失进一步扩大。

（2）对于现场看护人员，承包人提供科学合理的人员工作计划表，结合实际情况派驻合理人数的管理人员和安保人员。

（3）对施工现场库存材料，应当采取积极有效的防护措施，以免材料腐烂废弃。

八、工程保理问题

【风险点】

1. 承包人将应收账款办理保理，也就意味着发包人不再欠付承包人工程款,只需在保理到期后向保理机构支付保理款,承包人丧失停工权。

2. 承包人将应收账款办理保理后,发包人已经不欠付承包人工程款,承包人丧失单方解约权。

3. 当承包人将对发包人的应收账款办理保理后,不能因发包人逾期支付工程款要求工期延长。但是回购型保理中,如果发包人出现明显的资信问题,虽然保理还没有到期,但是承包人已经看得出发包人不会偿还保理款,即承包人继续垫资施工会风险越来越大,故承包人将不得不延缓施工,面临更大的工期风险。

4. 将对发包人的应收账款办理有追索权的保理,因为保理存在一定的期限,承包人很可能丧失优先受偿权。

5. 若保理到期,因发包人没有支付保理价款,承包人被迫支付的,由于发包人缺乏偿债能力,或者主要资产已经被抵押查封、又失去优先受偿权,则工程款回收存在重大风险。

【风险防范】

(一) 尽量选择无追索权的保理

保理分为有追索权保理和无追索权保理。有追索权保理是指在应收账款到期无法从债务人处收回时,保理商可以向债权人反转让应收账款、要求债权人回购应收账款或归还融资。有追索权保理又称回购型保理。

无追索权保理是指应收账款在无商业纠纷等情况下无法得到清偿的,由保理商承担应收账款的坏账风险。无追索权保理又称买断型保理。

选择保理支付,一般情况下都是发包人存在一定的资金困难,甚至存在严重的偿债能力问题。因此,从考量选择保理类型上看,应当优先选择买断型保理。若承包人办理的是无追索权的保理,那么在发包人不支付时,由保理机构承担应收账款的坏账风险,承包人彻底抽身出来,避免风险。

(二) 回购型保理,承包人应保留提前回购权

保理的应收款并非都是已经完全形成的债权,对于将来可能形成的债权也可以做保理。对于回购型保理,保理机构主要依据债权人(承包人)的信用判断风险,至于发包人的资金和经营状况,保理机构可以不理会,因此往往容易导致保理机构对从发包人处实现应收账款并不积极主动。但是与此相反,承包人要密切关注发包人的资信状况,一旦发包人出现重大风险的,随时准

备停工解约甚至起诉查封。但是如果承包人的应收账款已经转让给保理机构的,本质上应当视为发包人不欠承包人的工程款,承包人缺少停工、解约、起诉查封的理由。因此,承包人应保留自行选择回购应收账款的权利。

(三) 密切关注发包人的资信,及时回购

一般来说,在发包人出现经营状况严重恶化,转移财产、抽逃资金,丧失商业信誉,被列为失信被执行人时,有可能无法支付保理款。此时,承包人应及时从保理机构处回购应收账款,通过诉讼行使优先受偿权等方式确保工程款的回收。

(四) 保留优先受偿权

承包人在办理保理时,应注重对自身建设工程优先受偿权的保护。一是承包人在办理保理时,应尽量确定保理到期后,承包人仍有权行使优先受偿权;二是若保理到期后已经超过了优先受偿权的期限,承包人应着重关注发包人的资信,确保发包人在保理到期后能向保理机构支付保理款,若发现发包人可能无法支付,应及时向保理机构回购应收账款,以便于起诉,确定优先受偿权。

【案例说明】

(一) 基本案情

承包人 A 公司为发包人 B 公司施工某项目,施工过程中 B 公司未能按约支付工程进度款,A 公司决定对 B 公司的应收账款办理保理以获得融资,B 公司为此向 A 公司出具了《承诺书》,约定 B 公司保证在保理到期日前偿还 1.05 亿元,保理款可采取分次偿还,每次偿还的本金对应的资金占用利息一并支付,年利率为 9%。如果 B 公司不能在保理到期日前偿还全部保理款及利息,自愿承担每日万分之五的逾期利息,并承担因逾期还款给 A 公司造成的一切经济损失。A 公司与 C 信托公司签订了《应收账款转让协议》。《应收账款转让协议》履行过程中,B 公司未能按照其承诺按期支付利息,A 公司遂向 C 公司支付了利息 5 596 500 元。后保理到期,但 B 公司未偿还保理款,A 公司遂向 C 公司返还了保理款 8 200 万元。涉案工程于 2015 年 9 月 7 日停工,A 公司与 B 公司就已完工程分别签订了两份《竣工结算协议书》。B 公司向 A 公司出具了《关于竣工结算协议书的解释说明》,明确了竣工结算协议中约定的工程价款不包含双方办理保理的有关费用。

后 A 公司向法院起诉，要求 B 公司支付工程款、退还履约保证金并承担保理损失。

法庭争议：B 公司是否应当按照《承诺书》的承诺承担保理资金利息并承担逾期利息的问题。B 公司辩称承诺书承诺金额为 1.05 亿元，与应收账款转让合同所涉金额不一致，因而承诺书与 8 200 万元保理金额没有关联性。本院认为，由于 A 公司提供的证据能够证明 B 公司直至 2015 年 11 月 9 日尚认可 2015 年 2 月保理事宜的存在，故在 B 公司未能举证双方于 2015 年 2 月存在其他保理事宜的情形下，其否认二者关联性的主张本院不予采信。关于 B 公司辩称承诺书金额因大于同期应付进度款数额而存在显失公平的情形。本院认为，双方签订的两份竣工结算协议所显示的结算应付金额超过 1 亿元，明显超过实际办理保理的金额 8 200 万元；B 公司自行盖章出具的承诺书，自愿承担相应本息的保理金额为 1.05 亿元，也明显超过实际办理保理的金额 8 200 万元。B 公司自愿做出承诺，同意按照年利率 9% 的标准支付保理利息，系其对于其自身民事权利的合法处分行为，是当事人的真实意思表示，且不违反法律、行政法规的强制性规定，应属合法有效。在 B 公司提交的证据 2015 年 4 月 19 日《关于同意代缴纳安措费并收取利息事宜的函》载明："关于我司代为缴纳的安措费将收取年化 9% 的资金利息，具体标准为参照我司与贵司之间签订的二期保理协议中约定的利率水平。"由此可见，B 公司与 A 公司存在保理协议。B 公司亦未以显失公平为由向法院提起诉讼请求要求予以撤销或变更，故对 B 公司显失公平的抗辩主张本院不予支持。A 公司要求 B 公司承担自 2015 年 2 月 13 日起至 2015 年 11 月 12 日已经实际支出的资金利息 5 596 500 元，本院予以支持。对于 A 公司主张 B 公司应自其实际偿还保理融资之次日即 2015 年 11 月 14 日起按照承诺书所载日万分之五的标准计算逾期利息一事，考虑到本院已经另行支持了工程结算款自 2015 年 12 月 9 日的利息，为避免保理款逾期利息与工程欠款利息的重复计算，基于公平保护双方当事人权利的考虑，本院不再予以支持。

（二）案例分析

1. 回购型保理，始终存在保理价款被追回的风险。

回购型保理是指销售商根据购销合同以及相关协议，将符合条件且经银行认可的应收账款债权转让给银行,取得短期贸易融资、应收账款回收管理服务;约定债权如不能如期足额回收,由销售商负责等额回购的融资业务。尽管保理合同中约定保理机构可以选择要求承包单位或发包人支付应收款,但是基于承包人的资金信用高于发包人的资金信用,故保理机构在绝大多数情况下都会要求承包人回购应收账款,故回购型保理款只能是算是"借款"。对承包人来说,风险依然是高悬在头顶的,一旦发包人丧失支付能力,承包人需自行承担成本和风险。

2. 承包人办理保理时,应与发包人就融资成本、违约责任达成一致。

在本案中,承包人与发包人就融资成本及违约责任进行约定,所以最终法院认可了发包人承担违约责任。若双方未就融资成本、违约责任达成一致意见的,承包人将不仅承担融资成本,还需承担到期之后的违约责任。

承包人办理保理时应注意与发包人约定融资成本的承担及发包人到期不支付保理款的违约责任。对于承包人自发的保理,承包人应与发包人协商,若发包人在保理到期后未支付保理款,应承担保理的融资成本。

十、因承包人原因导致建设项目超合同工期问题

【风险点】

1. 项目延迟完工,期间人材机上涨,增加投资。
2. 项目延期施工,增加成本投入。
3. 若延期的责任无法明确分清难以达成共识,产生纠纷。
4. 因延期完工,完工后未通过竣工验收就投入使用,产生安全隐患引发纠纷。

【风险防范】

(一)因承包人原因导致建设项目超合同工期的可能原因

1. 施工组织设计不合理。施工组织设计不合理,未能从整体宏观上合理分配各分部分项工程施工及各分部分项之间的对口衔接,容易造成工期延误。如某综合楼工程,消防管道已先施工,但二次装修时发现消防管道无法满足吊顶高度的要求,需要将消防管拆除进行局部提高,既造成建设资金浪费,也造成工程工期的延误。

2. 质量管理不到位。施工组织设计合理,但是施工过程中没有严格按照施工组织设计和专项方案施工,导致施工质量不合格,无法通过局部验收,必须进行整改,浪费资金且损失工期。

3. 人员流动变化大,影响工程正常进展。对于投资额较大的项目,一般历时较长,容易发生人员尤其是工程技术人员的变动,工程技术人员流动更换的,容易导致施工资料缺失,施工工序搭接不上,最后影响项目工期。

4. 未及时整理竣工资料。许多建设项目往往施工是一伙人,做资料是另一伙人,有些时候承包人还会将施工资料制作外包,这种情况下往往资料制作进度不能和工程进度同步,甚至发生项目完工后,施工资料才开始制作的情况。项目完工后竣工资料没有同步完成,无法及时提交竣工资料并请发包人做竣工验收。而工程完工日期往往是以竣工验收合格日期为准。这样就拖延了完工日期。

(二)超合同工期的应对措施

1. 科学合理地编制施工组织设计和详细的月、周工期计划。

承包人在施工开始之前应编制切实可行的施工组织设计,编制施工工期计划和机械设备使用计划、施工劳力投入计划和材料设备进场计划。在总工期计划的框架内编制月工期计划甚至周计划,保证各专业之间需紧密衔接,并充分考虑到施工技术间隙,并对现场可能发现的意外情况制定应急方案,如配备发电机组和蓄水池,以防停电停水等,避免工期延误的情况。施工中根据计划检查督促,确保计划能够实现。

2. 严抓质量问题,杜绝质量返工。

现场管理人员要高度重视施工质量管理,每一个分部分项工程甚至每一道工序,都尽量确保质量合格,尽量减少返工点和面,避免工序之间的脱节,以及因工序不合格进行返工所造成的工期拖延。

3. 加强工期动态管理。

总工期计划只是一个静态的计划,施工过程中可能存在很多变动因素,月、周计划应当按照施工现场情况编制,并及时纠偏。对工期管理实行动态控制、全面协调,使整个工程有步骤地按计划进行。

4. 加强资料整理,及时申请阶段验收和竣工验收。

对于工期较长的项目,应当实行施工资料与施工建设同步完成项目的形象进度,施工资料配套完成,这样不但可以避免因为资料拖延工期,也能最大限度确保施工资料的准确性和完整性。若后期工程项目发生争议纠纷的,施工资料齐全对承包人而言百利而无一害。

【案例说明】

(一) 基本案情

原告广州开发区投资控股有限公司(以下简称开发区投资公司)与被告金中天水利建设有限公司(以下简称金中天公司)建设工程施工合同纠纷

2011年金中天公司中标广州科学城科技企业加速器污水处理工程,项目总工期为120日历天。金中天公司于2013年2月4日进场施工。2016年12月27日,案涉工程取得《建筑工程竣工验收报告》,工程质量综合评定为合格,主体结构分部工程质量验收纪要、地基、基础子分部工程质量验收意见表及质量验收登记表和质量验收纪要均载明开工日期为2013年2月4日,完工日期为2015年7月15日,施工、勘察、设计、监理、发包人加盖印章的时间为2016年8月7日至8月10日。

后开发区投资公司起诉要求金中天公司支付工期延误的违约金,共计26 812 785.19元(每日按案涉工程合同价款20 577 732.30元的1‰,自2013年6月4日起计算至2016年12月27日止,共1303天)。

一审法院认为:根据合同约定,完工日期应为2013年6月3日,案涉工程的竣工验收时间为2016年12月27日,工期逾期1303天。根据《最高人民法院关于审理建设工程施工合同纠纷案件适用法律问题的解释(二)》第六条规定,结合本案施工过程中双方的往来函件、会议纪要、施工工作联系单等证据中载明的事实,酌定设计变更和天气原因顺延工期60天,废水引入原因顺延工期444天,一共顺延工期504天。扣除工期顺延的天数,金中天公司逾期完工799天。

关于违约金的标准是否需要调整的问题。开发区投资公司并未举证证明其因此产生的实际损失,综合考虑双方的合同履行情况、过错程度及可能给开发区投资公司带来的可得利益损失等方面,法院认为,金中天公司主张按每日万分之1.75计算违约金合理,予以采信。故金中天公司应向开发区投资公司支付工期延误的违约金2 877 281.4元(20 577 732.3元×799天×0.175‰/天),对于开发区投资公司主张的违约金超出部分,不予支持。

金中天公司不服,提起上诉。金中天公司认为,竣工日期应当为2016年8月10日,即工期逾期最长不超过1 089天。而工期逾期设计变更、废水引入及天气问题,因废水引入原因顺延工期为1 021天,因涉及设计变更和天气原因顺延工期不少于120天,即顺延工期最少为1 141天,故本案中不存在金中天公司逾期完工的事实。

二审法院确认工期逾期1 164天。至于金中天公司上诉认为案涉工程因废水引入原因顺延工期应为1 021天。二审法院认为,金中天公司的《施工工作联系单》虽然记录了四次因废水引入而造成的工期延误,但是金中天公司无证据显示该联系单的内容经过开发区投资公司的确认,且金中天公司并未按照《承包合同》第13.3条约定的在工期延误发生后7天内就延误的内容向开发区投资公司提出书面报告,而是事后以一份《施工工作联系单》提出四次延误事宜,可见金中天并未严格按照约定履行处理工期延误事宜的义务。开发区投资公司收到上述《施工工作联系单》后也未及时作出答复。因此双方对工期延误的处理均存在过错。一审法院酌定一共顺延工期504天的处理并无不明显不当。

综上,扣除工期顺延的天数,金中天公司逾期完工660天,应支付工期延误的违约金应确定为2 376 728元(20 577 732.3元×660天×0.175‰/天),对于开发区投资公司主张的违约金超出部分,不予支持。

(二) 案例分析

1. 本案焦点:承包人工期延误的具体天数。

因承包人原因引起的工期延误,发包人一般会进行损失索赔。计算工期延误一般从两方面进行:项目逾期竣工多少天;承包人可以顺延工期多少天,逾期天数减去应当顺延的天数,就是承包人应当承担损失的天数。本案中发包人要求承包人赔偿逾期竣工1 164天的全部损失,承包人主张工程逾期竣工是因为设计变更、废水引入等原因造成,应当顺延的工期超过了逾期竣工的日期,所以不存在工期违约。但是承包人提供的证据材料存在严重问题,工作联系单未经过发包人的确认,无法作为证据证明工期顺延天数超过逾期竣工天数,最终法院确认承包人应当顺延的天数为504天,承包人承担了660天的违约损失。

2. 工程进度延后,承包人应当采取积极措施追赶后期进度,减少工期违约带来的法律责任。

因承包人原因导致阶段性工期延后的,必将影响后续工程的施工,如果后期施工中不能很好地处理工期,追赶进度,导致总工程逾期竣工的,发包人必然进行索赔。因此承包人应当对此问题予以重视。一般来说,承包人可以通过调整施工进度计划、增加人员机械投入、必要的加班加点、加强质量控制及时申报验收等方式追赶工期。

3. 承包人应当尽量减少经济损失。

承包人在赶工挽回工期拖延的同时,应当力争减少工期延误给本单位造成的经济损失。

(1)如果是分包单位或供应单位违反总分包合同的规定等原因造成的工期延误,应当对分包单位、供应单位进行经济处罚。这一方面体现了严格执行总分包合同的态势,增加分包单位的违约压力,另一方面也可以降低总包单位的部分经济损失。

(2)进一步加强对工期、质量、成本的全面管理,以较快的进度、较低的造价、优异的质量和周到的服务,争取获得发包人给予的补偿性经济嘉奖。

(3)加强索赔管理,通过合理合法的索赔,从其他途径增加工程造价和工程款收入。

(4)与发包人和监理工程师保持畅通的沟通关系,争取他们对工期延误的理解,减少对发包人的工期延误损失赔偿。

十一、过程结算问题

【风险点】

1. 合同约定的过程结算不严谨,无法履行。
2. 合同约定过程结算,但执行过程中欠缺防范,无法适用。

【风险防范】

1. 过程结算前提:合理划分施工过程结算节点周期,这是有效实施施工过程结算的关键之一。

江西省的实施意见里要求,房屋建筑工程施工过程结算节点应根据项目大小合理划分,可分为土方开挖及基坑支护、桩基工程、地下室工程、地上主体结构工程(可分段)和装饰装修及安装工程(可分专业)等;市政基础设施工程施工过程结算节点可采用分段、分单项或分专业合理划分。如道路工程、给排水工程、燃气工程、隧道工程、河道护岸工程、综合管廊工程等市政工程可按施工段合理划分过程结算周期节点;水处理构筑物工程和生活垃圾处理工程可参照建筑工程划分过程结算周期节点;桥梁工程可按下部结构、上部结构、附属工程划分过程结算周期节点。

不管采用什么方式划分,怎么划分,过程结算周期的划分应综合考虑项目大小和工期安排,宜选择形象进度节点或里程碑事件作为分界点,尽量做到物理界面清晰。我们在划分节点周期时,可以参考以下 4 个方面的因素来科学调整:

(1)阶段性成果,即根据项目能够形成的阶段性的合格性成果、且便于工程量计价计量进行界面划分。

(2)资金计划。发包人根据工程进展,筹措和支付工程款,编制年度、季度、月资金使用计划,因此过程结算的节点周期的选择需要与资金计划相互匹配。

(3)工期计划。一般来说,短期的项目是不适宜进行过程结算的,可以适用过程结算的项目应当是具备一定施工周期的。比如,浙江省限定 18 个月以上的工程为重点;江西省则要求施工合同工期一年及以上的项目要积极推行施工过程结算。

(4)计价计量规模。相较于竣工结算,施工过程结算始终处于动态变化中,不确定性较高,对结算资料报送、审核程序提出了更高的要求。因此,应根据计价计量规模划分节点周期搭配进度款支付。在目前项目过程造价管理资源配置薄弱的事实前提下,上述方法能够取得更好的效果。

2. 注意合同中的过程结算条款约定。

针对施工过程结算特点,在施工过程结算计价计量范围、实施程序、价款支付等方面设置适用的合同条款,明确合同实施过程计价计量、支付等事项,使施工过程结算条款能够得到有效执行。

(1)明确过程结算文件内容。

在合同中注意明确过程结算所需文件内容,避免实施中发包人提出过多的要求。如江西省的实施意见中做出的规定:施工过程结算资料包括施工合同、补充协议、中标通知书、施工图纸、工程招标投标文件、施工方案、工程量及其单价以及各项费用计算、经确认的现场签证、工程变更、索赔等。签订合同时要注意明确该部分的内容，以免后期执行中发包人随意增加所需材料。并且做出如下明确：施工过程结算文件经发承包双方签字认可后，作为竣工结算文件的组成部分及支付工程进度款的依据，对已完过程结算部分原则上不再重复审核。

（2）明确约定施工过程结算计量范围，计价方式和价格调整方式。

采用固定总价的建设工程合同，对合同约定节点周期范围内可调整的变更签证、索赔以及人、材、机价差等进行调整；采用单价合同的建设工程合同，按照合同约定的工程量计算规则和有合同约束力的施工图样、施工方案，进行节点周期范围内计量，通过合同风险范围内的综合单价确定分部分项和单价措施工程价款。

明确措施费的计价方式。采用总价计算的措施费可依据施工过程结算当期实际完成的工程造价比例计价；采用单价计算的措施费可按当期完成的工程施工措施工作量进行计量及计价；安全文明施工费可按当期计价比例计价。

确定价格调整方式。材料价差调整可按照工程形象进度进行调整，以经监理人确认的分段结算工程的开始施工时间和结束施工时间作为价差调整计算周期；以项目编制期材料价格作为基准，按照分段结算节点工期对应时间段的市场信息价进行调整。

同时，明确工期奖罚、优质工程费等不列入过程结算，对不宜按节点断开或双方同意暂不列入当前结算的可留置到后续节点结算。增强可操作性、减少执行争议。

（3）细化过程结算的时限和责任。

一是约定提交与审核的时限与责任。约定清楚承包人按施工合同确定的施工过程结算周期，编制相应的结算报告，并在约定期限内向发包人递交施工过程结算报告及相应结算资料，发包人应在合同约定期限内完成审核并予以答复。一般来说，时间可以参照进度款的28天。同时可以在合同中设置默认条款，明确约定发包人不得以委托监理人参与核实为由延长约定的审核时限，超过约定时限不核实的，视为同意承包人报送金额。

二是约定无争议金额先支付。不得因争议而不办理或拖延办理过程结算，争议部分待处理后列入后续过程结算。

政府投资项目的过程结算审核需要财政部门审批的,也应当在合同中明确。

(4) 明确过程结算支付比例。

过程结算支付金额比例,目前政策文件没有明确,所以在合同谈判中,有可能的话,要尽量在合同谈判中坚持在扣回预付款和质保金后全额支付,或者起码付到90%。

(5) 灵活约定过程结算执行的法律法规。

除了在合同条款中详细约定施工过程结算的具体执行方式和流程外,还可以考虑在专用条款中约定执行项目所在地的《过程结算实施意见》,以加强实施意见的执行效力。比如,江西省内的项目,可在专用条款"1.3 法律,适用于合同的其他规范性文件"上约定:执行《在房屋建筑和市政基础设施工程中推行施工过程结算的实施意见》(赣建字〔2020〕9号)。

3. 打铁还需自身硬,提高企业法务和造价人员的业务能力。

以上是在合同约定中应当注意的事项,而跳开合同,打铁还需自身硬,我们应当提升自身企业法务和造价人员的业务能力。因为项目结算涉及多专业、多领域,需要复合型的人才。建筑企业首先应当考虑建立强法务、大法务机制。法务部门应熟悉在施工技术、合同管理、造价控制、项目工程领域纠纷所涉及的相关法律、法规,还应当涉猎工程造价和财务知识,这对法务人员而言是挑战,也是机遇。另外公司应当加大造价人员资源配置,提高施工现场造价管控能力,及时履行签证变更、材料定价、工程计量等结算证据的定案,及时完成施工过程结算资料的收集,保证项目现场造价工作有序开展。

4. 制定资料移交清单,结算送审可"按图索骥",解决施工单位送审资料杂乱无规则的问题。

承包人应当考虑通过编制标准化管理文件,规定结算送审资料明细和送审格式以及送审程序,按结算资料移交、归档要求制定结算资料需求目录,明确移交结算材料的形式、数量、流程和深度要求等内容。现场管理人员可根据清单内容,对隐蔽工程验收记录、变更立项情况、工期调整、补充合同、签证记录等进行准备,同时便于结算参与各方按照清单对比检查,减少结算资料移交后不断退回整改的重复劳动,提高送审合格率。

5. 积极利用新技术推动施工过程结算的发展。

因施工过程结算时效性较强,企业应当充分借助技术手段,全面推行数字化送审和审核。比如在项目分阶段筹划阶段明确通过借助 BIM 等技术手段进行数据建模，统一软件接口，统一计算口径，减少工作量，减小计算误差，从而提高过程结算审核的质量和效率。

【案例说明】

（一）基本案情

中铁公司与新基业公司建设工程施工合同纠纷

2011 年 12 月 6 日，发包人新基业公司与承包人中铁公司签订《建筑工程施工总承包协议》，约定中铁公司以施工总承包的方式承建新基业公司开发的锦州大酒店工程。工程价款的支付：①在施工队进驻现场正式施工开始前，甲方支付乙方开办费 300 万元。在装饰装修工程开始施工前一个月，甲方预付乙方 400 万元的装饰装修备料款。上述费用，甲方可在后续三个施工期内分期扣回。②工程进度款支付：每月 25 日乙方向甲方提交当月已完工程预算书，在下月 20 日前甲方按验工计价额的 80% 支付工程进度款。

2011 年 12 月 19 日，中铁公司正式进场施工，中铁公司完成的工程为：地基基础工程、主体结构工程、二次结构工程、粗装修工程、水电工程、外幕墙和钢结构工程等。2012 年 12 月 19 日双方编制的《安全文明施工措施费结算书》《安全文明施工措施费（临水、临电）结算书》中，均有中铁公司、新基业公司以及监理公司的盖章确认，双方确认安全文明措施费共计 3 198 488.51 元。2013 年 5 月 27 日，由于新基业公司未能按合同约定支付工程进度款，中铁公司向新基业公司发出暂停施工的通知，并于 2013 年 6 月 15 日全面停工。

后双方因工程款纠纷诉至法院。

最高院二审认为：关于新基业公司尚欠中铁公司的工程款数额及利息起算时间，双方的争议集中在 13 份《工程（月）结算书》能否作为工程款结算依据以及工程移交时间。关于尚欠工程款数额，根据一审查明事实，自 2012 年 1 月 11 日起至 2012 年 12 月 25 日，中铁公司、新基业公司双方每月办理工程的过程结算。中铁公司提供的证据 13 份《工程（月）结算书》中，均有中铁公司、新基业公司及监理公司的盖章签字确认，结算金额总计为 98 047 869 元，一审法院结合新基业公司已支付工程款 54 410 248.80 元，因而确定新基业公司尚欠工程款为 43 637 620.20 元。新基业公司上诉主张《工程（月）结算书》及中铁公司自行出具的结算书 1.24 亿元金额虚高，中铁公司计算的工程量及工程价款严重高于合同约定的定额价格,亦高于新基业公司委托的辽宁凯隆项目管理有限公司审价确定的造价 71 000 631.53 元。但是,新基业公司未提供中铁公司同意共同委托辽宁凯隆项目管理有限公司审价定价的证据,亦未提供该公司盖章确认的正式鉴定报告。相反,《工程(月)结算书》为发包方、承包方、监理单位三方确认文件,具有工程款的进度结算效力,新基业公司虽然主张该结算书仅是在"不超验"或"可控"的情况下为尽快拨付进度款的过程性文件,但其并未提供证据证明该结算书数额明确违反双方认定,其既否定中铁公司 1.24 亿元结算书单价及工程量,又否定自认的《工程(月)结算书》采用的认价单中单价及工程量、总价,要求按已被认价单变更的当时计价标准结算或鉴定,并无依据。因此,虽然《工程(月)结算书》并非双方最终对工程款的总体结算文件,但该结算书体现了双方认可的单价和工程量,能够支持本案中铁公司主张 2012 年 1 月 11 日起至 2012 年 12 月 25 日阶段性工程款的诉求。结合本案中案涉工程停摆多年、发包方新基业公司始终未予支付剩余工程款、《工程(月)结算书》属于包括监理方的三方确认且包含价款的特殊案情,一审法院依据 13 份《工程(月)结算书》认定新基业公司尚欠工程款 43 637 620.20 元有所依据,本院予以维持。

(二) 案例分析

1. 发承包人地位不平等,在是否对项目施工实行过程结算上拥有绝对话语权的发包人,主观上不愿意采用过程结算方式结算工程款。对承包人来说,这是主要的障碍。

发承包人在市场交易中地位不平等,在建设工程招投标活动中,发包人提供的合同均为格式合同,承包人只能按照招标文件进行投标,无权修改。在交易阶段,发包人可以根据自身条件设定合同条款,通过支付方式、支付期限等条款规避资金筹措风险。而施工过程结算要在合同履行中落到实处的一大前提就是要在合同中清楚约定过程结算的节点、流程等系列事项。因此在现实中很有可能发包人根本不会给承包人这样的机会。

2. 承包方的专业人员配置不足,技术力量薄弱,履行施工过程结算对承包人本身也是一个重大的挑战。

施工过程结算要落到实处,一方面要求施工企业在签订合同时要充分掌握过程结算的运用精髓,准确界定每一个项目的具体特点,根据项目特点科学确定过程支付的节点,并明确约定过程结算的范围、预验收要求、程序、时限、逾期责任等条款,才能使得签订的过程结算条款能够顺利执行,这就对合同签订人员提出了更高的专业要求;另一方面对施工企业现场造价管理人员业务素质有很大的考验。从施工现场情况来看,大部分企业对施工现场造价管控能力不高,对项目结算界面的施工节点计划安排经验不足,不能及时完成工程变更、现场签证以及材料价格、工程量调整的相关手续,也使得过程结算在实施中存在许多阻碍。

第四章 竣工结算及保修阶段

一、工程竣工验收问题

【风险点】

工程完工发包人不进行竣工验收。

【风险防范】

（一）合同约定清楚竣工验收程序和时间节点。承包人遵照合同约定及时提交工程竣工报告申请竣工验收

合同约定清楚竣工验收程序和时间节点对承包人而言非常重要，具体的约定方法在本书第二章已经详述，不再赘述。

承包人应注意的是在合同有约定的情况下，应积极遵守合同约定的程序和节点提交竣工资料，申请竣工验收。

同时合同约定了默示条款的，积极适用默示条款的约定。这里要注意，承包人本身提供的资料应当符合实际，不能与实际情况严重脱节，否则即使发包人怠于履行审核职责的，也不能适用默示条款，司法审判中针对承包人提供的与现实情况偏差过大的资料，会以不诚信和不公平为由拒绝适用默示条款。

（二）发包人不进行验收，也不确认竣工日期的，可以通过默示方式达到效果

根据《最高人民法院关于审理建设工程施工合同纠纷案件适用法律问题的解释（一）》第九条规定："当事人对建设工程实际竣工日期有争议的，人民法院应当分别按照以下情形予以认定：①建设工程经竣工验收合格的，以竣工验收合格之日为竣工日期；②承包人已经提交竣工验收报告，发包人拖延验收的，以承包人提交验收报告之日为竣工日期；③建设工程未经竣工验收，

发包人擅自使用的,以转移占有建设工程之日为竣工日期。"

因此,工程完工后,承包人要及时提供工程竣工验收报告,并让发包人签收。发包人不肯签收的,可以公证、邮寄等方式送达。不管以何种方式,宗旨是留下提交竣工验收报告的证据。

另承包人应注意,提供的应是全套、完整的竣工验收报告材料。如果承包人自己都不能保证提供的资料的完整性,发包人可以直接否决承包人提供竣工验收报告的法律效果,司法审判实践中也会不予认可。

至于工程未经竣工验收,发包人擅自使用的,应注意收集发包人擅自使用的证据,如图片、视频等,也可以通过公证途径固定证据。建设工程未经竣工验收,发包人擅自使用后又以使用部分质量不符合约定为由主张权利的,人民法院不会支持。当然,承包人依然应当在建设工程的合理使用寿命内对地基基础工程和主体结构质量承担民事责任。

(三) 承包人逾期竣工的,注意在结算中约定免除责任

结算时如果承包人存在逾期竣工的情况,尽量与发包人协商沟通,并在双方签署的结算书中写明不追究工期违约责任;如无法如此进行约定,且承包人确属工期违约的情况下,也可在签署时尽量补加一条:"除上述工程款外,互不追究其他违约责任"等表述,避免发包人再追究承包人的相关违约责任。

【案例说明】

(一) 基本案情

原告非凡公司与被告聚洋购物中心有限公司(以下简称聚洋公司)、鑫宇房地产开发公司(以下简称鑫宇公司)建设工程施工合同纠纷

非凡公司起诉请求:判令聚洋公司、鑫宇公司给付工程款 5 393 800 元,支付违约金 1 380 800 元,并负担诉讼费。聚洋公司提出反诉请求:判令非凡公司承担因工程质量不合格所需返修费用 3 672 153.35 元、返修期间产生的停业损失 3 074 946.07 元。

一审法院认定事实:非凡公司于 2012 年 8 月初开工,于 2012 年 12 月完工,未进行验收。聚洋公司于 2012 年 12 月 18 日开业使用该房屋。从 2012 年 8 月至 2012 年 12 月,聚洋公司给付非凡公司装饰工程款 4 775 000 元,用材料款等款项抵工程款 342 439.70 元。在诉讼中,经鉴定工程总造价为

9 542 270.19元。根据聚洋公司申请,对案涉工程的质量和修复费用进行了鉴定,鉴定意见为:所需费用预计3 672 153.35元。

一审法院判决:聚洋公司给付非凡公司工程款4 424 830.49元;非凡公司给付聚洋公司因工程质量不合格的修复费3 672 153.35元。

非凡公司不服一审判决,提起上诉。

二审法院认为,本案中聚洋公司应认定其为擅自使用。聚洋公司2012年12月18日开业时应视为诉争工程为验收合格之日。因质量保修制度规定的是工程竣工验收合格交付使用后,承包人仍应承担的责任,而本案至聚洋公司于2013年9月24日反诉时,诉争工程并未超过室内一年、室外二年的质量保修期,故非凡公司仍应承担部分不合格工程的修复费用,一审认定正确。判决:驳回上诉,维持原判。

非凡公司依然不服,向最高院提起再审申请。

最高院再审认为,本案双方签订的《工程装修合同书》第六条约定,未经验收擅自使用案涉工程,视为聚洋公司对该工程已经验收合格。聚洋公司在案涉工程竣工后未经验收即开业使用,根据上述约定,自其实际使用之日起即应认定工程已经验收合格,非凡公司不再负有施工中或经验收不合格的质量返修责任,仅对案涉工程质量在保修期内及保修范围内负有保修义务,承担保修责任。

但是,本案聚洋公司在原审中是反诉,要求非凡公司承担因其施工工程质量不合格而产生的质量责任,并非诉请非凡公司履行保修义务,承担保修责任。一审法院基于聚洋公司申请,委托鉴定机构进行鉴定也是针对施工的部分工程质量是否合格及返修需要的费用,并非是针对案涉工程是否出现了属于保修范围的质量缺陷及需要的维修费用。据此,二审法院在认定非凡公司对案涉工程质量应承担的是保修责任的前提下,判决维持了一审判令非凡公司给付聚洋公司工程质量不合格修复费用的判决结果,实际上是判决非凡公司承担了工程施工中出现的或工程经验收不合格产生的质量责任,与非凡公司依据合同约定及法律法规规定对案涉工程应承担的保修责任不一致,适用法律确有错误,本院予以纠正。

非凡公司作为施工方,对质保期内出现的属于保修范围的工程质量缺陷依法应履行保修义务。但在双方发生纠纷期间,非凡公司并未对工程出现的质量问题是否属于保修范围进行核查并进行维修。鉴于双方当事人在原审中没有对工程出现的质量问题哪些属于保修范围及责任如何承担进行协商及诉辩主张,原审法院亦未对双方就案涉工程质量问题各自应承担的责任进行释明,也没有对经鉴定的工程质量问题是否属于保修范围进行审理认定,且聚洋公司主张其已在鉴定部门现场勘察并作出鉴定意见后自行委托他人对存在的质量问题进行了维修,据此,对于非凡公司应承担的保修义务范围内的工程质量责任,不应因诉讼期间的持续而免除,扣除本案诉讼期间,聚洋公司可在本判决生效后三个月内另行主张权利。

据此,最高院判决:维持一审第一项判决,并判决聚洋公司付给非凡公司迟延支付工程款违约金 948 481.64 元;驳回聚洋公司的反诉请求。

(二) 案例分析

1. 本案焦点:承包人是否应对已经使用的工程承担施工中或验收不合格的质量返修责任。

非凡公司作为承包人,完成了工程施工,工程未经验收聚洋公司就擅自使用,因此非凡公司起诉要求聚洋公司支付工程款并承担利息。而聚洋公司认为工程尚未竣工验收,且工程存在质量问题,因而以工程不合格为由要求非凡公司承担施工中的质量返修责任。

因此,本案存在两个问题,一是工程是否竣工验收;二是承包人是否应承担质量不合格的返修责任。

工程虽未进行竣工验收,但聚洋公司擅自使用了。本案双方签订的《工程装修合同书》第六条约定,未经验收擅自使用案涉工程,视为聚洋公司对该工程已经验收合格。且根据新《最高人民法院关于审理建设工程施工合同纠纷案件适用法律问题的解释(一)》第九条规定:当事人对建设工程实际竣工日期有争议的,人民法院应当分别按照以下情形予以认定:……(三)建设工程未经竣工验收,发包人擅自使用的,以转移占有建设工程之日为竣工日期。因此本案工程视为验收合格,符合法律规定。

既然工程视为验收合格,那么工程就进入了保修阶段,承包人此时承担的是保修责任而不是施工中的质量不合格返修责任。根据《司法解释(一)》第九条明文规定,案涉工程竣工后未经验收即交付使用,自其实际使用之日起即应认定工程已经验收合格,施工人不再负有施工中或经验收不合格的质量返修责任,但对案涉工程质量在保修期内及保修范围内负有保修义务,承担保修责任。

2. 施工方承担责任包括质量不合格责任和保修期返修责任，应当进行区分。

施工方对建设工程应承担的质量责任，包括对工程施工中出现的质量问题及经验收不合格工程应承担的质量返修责任，以及对经验收合格的工程在使用过程中出现的质量问题应承担的保修责任。前者系基于建设工程施工合同约定及相关法律法规等规定对工程质量应承担的责任。后者系基于双方签订的保修合同或建设工程施工合同中约定的保修条款及相关法律法规等规定对工程质量应承担的责任。

3. 承包人应灵活适用竣工验收自动确认条款。

工程未经竣工验收发包人擅自使用的视为工程已经验收合格，这是一条典型的竣工验收自动确认条款，对承包人而言非常有利，但是需要注意证据收集，因为发包人是否擅自使用工程项目的证明责任在承包人。

因此，对发包人一边拖延竣工验收一边实际使用项目的，承包人应当做好证据收集保留，证明发包人在某个确定的时间点开始对工程项目擅自进行了实际使用，这对承包人后期索要工程结算款非常重要。

4. 工程视为竣工验收的，将产生系列对承包人有利的后果。

工程视为竣工验收的：①承包人承担的是质保期维修责任；②工程竣工验收，承包人可以及时提起结算报告；③若合同约定了结算价自动确认条款，而发包人在合同约定的期限内未办理结算的，结算款自动确认，发包人还将承担违约利息等一系列责任。

二、甩项竣工问题

【风险点】

未按正确流程合理地进行甩项竣工，导致甩项不成功，发包人以工程未验收为由追究逾期竣工、施工中质量不合格的返修责任等。

【风险防范】

1. 甩项的工作内容不应包括主体结构和重要的功能与设备工程，同时甩项工作应不影响工程整体的正常使用。

2. 甩项竣工,承包人提供已完工程的竣工资料,并要求发包人依法签收,证明自身履行了竣工附属义务。

3. 甩项竣工的,应当与发包人签订甩项协议,明确双方的责任及价款结算等内容。甩项很多时候是因为发包人着急将项目投入使用而主动提出,承包人应当抓住有利时机确定双方责任。

属于发包人原因而需要甩项的,明确责任不在己方且明确结算款支付方式。属于自身原因导致甩项的,尽量在甩项协议里明确双方互不追究条款。

【案例说明】

(一) 基本案情

华燕公司与生辉公司建设工程分包合同纠纷

华燕公司向一审法院提出诉讼请求:判令生辉公司立即支付逾期竣工损失 3 377 460 元。

事实与理由:按照合同约定,2013 年 7 月 15 日前完成三期工程的主体工程,但生辉公司实际竣工日期为 2014 年 12 月 25 日,逾期竣工 17 个月,因厂房面积 15 893.93 m^2,按照年租金 150 元/m^2 计算,逾期竣工损失 3 377 460 元。

一审法院认为:本案所涉工程虽然在 2014 年 12 月 25 日通过竣工验收,但该竣工验收证明书明确载明竣工日期 2013 年 5 月 30 日,可见 2013 年 5 月 30 日本案所涉工程主体工程已经完工。生辉公司未完成通风器、雨棚、彩板门、防火涂料的施工,自 2013 年 8 月 5 日至 2014 年 12 月 25 日通过竣工验收,逾期 507 天。

华燕公司将土建工程交由金塔公司施工,将钢结构工程交由生辉公司施工。而竣工验收系包含土建工程、钢结构工程的整体竣工验收。现水泥地坪的浇筑尚未完工,故即使生辉公司及时完工,华燕公司亦不能使用涉案厂房。但由于生辉公司未及时完成防火涂料等工程的施工,确实给华燕公司带来了一定的损失,即由于逾期竣工,给华燕公司已付工程款造成了占用资金的损失。综上,法院根据双方的过错程度确定华燕公司的损失各半承担为: 722 200 元/2=361 100 元。

华燕公司不服提起上诉。

二审法院认为:双方当事人在一审中对涉案工程的合理完工日期作了确

认,即为2013年8月5日,但双方对防火涂料、屋面板和通风器的施工以及付款时间、土建工程影响工期等问题仍存在争议,因此,虽然逾期完工的情形客观存在,但仍需综合其他因素确定双方的责任。首先,甩项竣工是发包人因特殊原因在部分工程未完成的情况下,需要对工程进行验收的一种方式,按规定双方应订立甩项竣工协议,明确双方的责任及价款结算等内容。涉案工程系华燕公司为办理产权证用于抵押贷款而进行甩项竣工,华燕公司也因甩项竣工而提前受益,应当视为华燕公司对甩项竣工时的工程现状予以认可。而且,甩项竣工时双方未订立协议明确责任,在此情况下,不足以认定生辉公司对甩项竣工存在过错,华燕公司在甩项竣工提前受益的同时也不得再以此为由追究生辉公司未完工的违约责任。其次,备忘录约定了华燕公司支付进度款的时间,根据一审查明的事实,华燕公司并未按约付足进度款。再其次,华燕公司发包的土建工程中浇筑地坪等工程未按进度完工,对钢结构工程的施工及竣工时间均会产生一定影响,应由华燕公司承担相应的责任。综上,涉案工程逾期完工的事实客观存在,但发包人华燕公司也存在一定责任。

二审法院判决:驳回上诉,维持原判。

(二)案例分析

1. 本案焦点:逾期完工与甩项竣工。

甩项工程是指某个单位工程,为了急于交付使用,把按照施工图要求还没有完成的某些工程细目甩下,而对整个单位工程先行验收。其甩下的工程细目,称甩项工程。甩项工程中有些是漏项工程,或者是由于缺少某种材料、设备而造成的未完工程;有些是在验收过程中检查出来的需要返工或进行修补的工程。

而甩项竣工是发包人因特殊原因在部分工程未完成的情况下,需要对工程进行验收的一种方式,按规定双方应订立甩项竣工协议,明确双方的责任及价款结算等内容。发包人基于项目需尽快投入使用等角度考虑,对承包人迟迟不能完成的工程细目,可能进行甩项竣工。

本案中,发包人华燕公司认为工程未整体验收,承包人存在逾期完工,应赔偿其预期损失300多万元。而承包人认为其已经完成了主体工程,其余附属工程未完工是因为发包人原因导致,不存在逾期完工。这里涉及一个甩项竣工事项,法院认为涉案工程系华燕公司为办理产权证用于抵押贷款而进行甩项竣工，华燕公司也因甩项竣工而提前受益，应当视为华燕公司对甩项竣工时的工程现状予以认可，因此不能对主体工程提出逾期完工索赔。

2. 甩项竣工应当签订甩项竣工协议，明确双方的责任及价款结算等内容。

因为发包人原因需要甩项竣工的，承包人务必注意通过书面材料确认双方责任，否则事后发包人极有可能以工程未验收为由要求承包人承担违约责任，或者在后期整体竣工验收时，以质量问题为由要求承包人承担施工中的质量返修责任。

如本案中，华燕公司就以工程整体验收为限要求承包人承担逾期竣工责任。幸而法院认为现有证据不足以认定生辉公司对甩项竣工存在过错，华燕公司在甩项竣工提前受益的同时也不得再以此为由追究生辉公司未完工的违约责任。

三、发包人要求"以房抵款"问题

【风险点】

1. 抵进的房屋无法变现或抵出，该部分工程款以固定资产形式存在，影响公司和项目的支付能力。

2. 承包人"以房抵债"后，如下游分包商不愿意接受房产折抵分包分供价款的，需另以现金支付分包款，增加公司现金流压力。

3. "以房抵债"后，办理过户手续还需要一定时间，在这段时间里有可能由于法院查封、抵押等原因导致协议无法履行。

4. 承包人不再享有优先受偿权，增加自身风险。

【风险防范】

（一）拒绝发包人以房抵款的思路

发包人要求以房抵款可以减少现金压力，但对承包人而言却不是理想的收取工程款途径。如果项目建设初期，发包人提出以房抵债时，可以房屋没有取得预售许可证，分供商不同意抵债为由推脱，或者以无预售许可证所签订的合同无效为由拒绝；如果业主取得预售许可证，则可以以房屋位置、房屋价格、交付时间等条款无法达成一致意见，予以推脱。

(二) 注意以房抵款的风险转移

如果发包人强行要求以房抵债,承包人必须受领的,要注意在分包招标或合同签订时,也尽量选择同意抵房的分包单位,把以房抵债的风险部分转移给他人。但要注意在与分包单位的抵房协议中明确房产不能过户的责任承担,如果分包单位因自己迟延办理产证等原因造成房屋被查封无法过户的,相应后果与总包单位无关。

总包单位在办理以房抵给分供商时,要协助分供商审查房屋的负担情况、是否可以销售情况等,协助分供商及时与发包人签订销售合同和预告登记,并督促分供商尽快办理过户。

(三) 签订以房抵款协议之前的准备事项

如果承包人必须要受领"以房抵款"的,应当先做好相关准备工作。如了解房屋对于预售许可证的办理情况,以及房屋是否抵押给银行或者存在被法院查封的情况,避免合同无效的法律风险和合同履行的风险。还需要了解的就是房屋市场价值,对抵偿的房屋进行一定的价值评估,确保房屋可以转化为资金,并避免发包人价格虚高抵工程款。

(四) 签订以房抵款协议注意事项

(1) 以房抵款的目的是尽快受领房产,房产的地理位置、朝向、面积将直接影响房产的现实价值。因此签订协议时应注意将抵款的房产具体位置、面积、楼层、房号先行核查并在抵款协议中明确约定,并约定若届时办理房产过户登记时未能按约定房号过户,相关的违约责任承担。以免过户登记时发现开发商已将优质房号另行销售,造成后一步的使用、变现困难。

(2) 注意在合同中明确交付期限,并明确约定若在约定在期限届满后开发商仍未配合办理过户的情形下承包人有权解除合同,这样有助于督促开发商尽快办理过户登记,也能成为承包人有效行使解除权的依据。

(3) 注意约定合理的交付期限,这个交付期限应当考虑工程款优先受偿权的期限,确保这个交付期限在优先受偿权期限之前,以免到时候房子拿不到,工程款优先受偿权也过期了。

(4) 要对以房抵款中涉及税务的项目进行明确,如交易过程中产生的交易税费、所得税、增值税等要谁来负担的问题提前明确,防止日后产生纠纷。

（5）注意约定违约责任。

（五）抵债协议签署后，要尽快办理合同网上签约、网上备案，并办理预告登记

预告登记后，未经预告登记的权利人同意，处分该不动产的，不发生物权效力。办理预告登记后，能排除无法过户、业主一房多卖、房屋被执行的风险。

【案例说明】

（一）基本案情

兴华公司与通州建总签订《建设工程施工合同》，兴华公司将供水财富大厦工程发包给通州建总。合同签订后，通州建总进场施工完毕，涉案工程没有进行竣工验收，兴华公司于2010年底投入使用。

2012年1月13日，兴华公司（甲方）与通州建总呼和浩特分公司第二工程处（乙方）签订《房屋抵顶工程款协议书》一份，约定："就乙方承揽施工甲方的供水财富大厦工程，将协商用该楼盘A座9层房屋抵顶工程款一事达成协议如下：一、抵顶房屋位置：呼和浩特市新华东街以南/丰州路以西路口转角处，财富大厦A座9层。……双方抵顶房屋协议价为7 500元/m²，计1 095万元。二、乙方用通州建总集团有限公司呼和浩特分公司拥有的产权房，坐落在呼和浩特市东洪桥蒙荣中心嘉园2号楼2单元的3套住宅进行置换，……总价合计1 527 450元，……乙方扣除置换住宅楼价1 527 450元，抵顶工程款计9 422 550元，结算时互相补办手续并签订正式合同等。……"

后双方因工程款结算发生争议，2012年通州建总向一审法院起诉请求兴华公司向通州建总支付工程欠款59 423 053元，并承担利息和违约金。

一审法院认定，兴华公司尚欠通州建总工程价款为26 004 559.35元[111 535 186元（土建、安装工程）+1 020 000元（CCTV监控系统、车辆管理系统）+830 722元（新增项目工程款）-3 601 058元（社会保障费）-59 211 582元（已付工程款）-24 568 708.65元（甲供材料价值）]，判决兴华公司给付通州建总26 004 559.35元并承担利息。

一审判决后，兴华公司于2016年上诉到最高人民法院。兴华公司诉请主张：一审判决对兴华公司已支付工程款金额的认定遗漏证据。兴华公司提交了《房屋抵顶工程款协议书》一份，该协议书中明确约定兴华公司以财富大厦A座9层房屋抵顶通州建总工程款1 095万元。因在本案一审起诉前，兴华

公司与通州建总协商将 A 座 9 层变更为 10 层,通州建总不同意,此后兴华公司不再变更楼层并告知了通州建总。对该《房屋抵顶工程款协议书》,双方既未解除,也未被法院确认无效或撤销,故对双方均有约束力,该房屋已经属于通州建总。因此,该 1 095 万元应当认定为兴华公司已付工程款。

二审最高院认为:关于供水财富大厦 A 座 9 层抵顶工程款是否应计入已付工程款中的问题。

首先,以物抵债,系债务清偿的方式之一,是当事人之间对于如何清偿债务作出的安排,故对以物抵债协议的效力、履行等问题的认定,应以尊重当事人的意思自治为基本原则。一般而言,除当事人明确约定外,当事人于债务清偿期届满后签订的以物抵债协议,并不以债权人现实地受领抵债物,或取得抵债物所有权、使用权等财产权利,为成立或生效要件。只要双方当事人的意思表示真实,合同内容不违反法律、行政法规的强制性规定,合同即为有效。

其次,当事人于债务清偿期届满后达成的以物抵债协议,可能构成债的更改,即成立新债务,同时消灭旧债务;亦可能属于新债清偿,即成立新债务,与旧债务并存。基于保护债权的理念,债的更改一般需有当事人明确消灭旧债的合意,否则,当事人于债务清偿期届满后达成的以物抵债协议,性质一般应为新债清偿。本案中,双方当事人签订了《房屋抵顶工程款协议书》,但并未约定因此而消灭相应金额的工程款债务,故该协议在性质上应属于新债清偿协议。

再其次,所谓清偿,是指依照债之本旨实现债务内容的给付行为,其本意在于按约履行。若债务人未实际履行以物抵债协议,则债权人与债务人之间的旧债务并未消灭。也就是说,在新债清偿,旧债务于新债务履行之前不消灭,旧债务和新债务处于衔接并存的状态;在新债务合法有效并得以履行完毕后,因完成了债务清偿义务,旧债务才归于消灭。据此,本案中,仅凭当事人签订《房屋抵顶工程款协议书》的事实,尚不足以认定该协议书约定的供水财富大厦 A 座 9 层房屋抵顶工程款应计入已付工程款,从而消灭相应金额的工程款债务,是否应计为已付工程款并在欠付工程款金额中予以相应扣除,还应根据该协议书的实际履行情况加以判定。本案中,《房屋抵顶工程款协议书》签订后,供水财富大厦 A 座 9 层房屋的所有权并未登记在通州建总名下,故通州建总未取得供水财富大厦 A 座 9 层房屋的所有权。另一方面,兴华公司已经于2010年底将涉案房屋投入使用,故通州建总在事实上已交付了包括供水财富大厦A座9层在内的房屋。兴华公司并无充分证据推翻这一事实,也没有证据证明供水财富大厦A座9层目前在通州建总的实际控制或使用中,故亦不能认定供水财富大厦A座9层房屋实际交付给了通州建总。可见,供水财富大厦A座9层房屋既未交付通州建总实际占有使用,亦未办理所有权转移登记于通州建总名下,兴华公司并未履行《房屋抵顶工程款协议书》约定的义务,故通州建总对于该协议书约定的拟以房抵顶的相应工程款债权并未消灭。

最后,当事人应当遵循诚实信用原则,按照约定全面履行自己的义务,这是合同履行所应遵循的基本原则,也是人民法院处理合同履行纠纷时所应秉承的基本理念。涉案工程于2010年底已交付,兴华公司即应依约及时结算并支付工程款,但兴华公司却未能依约履行该义务。相反,就其所欠的部分工程款,兴华公司试图通过以部分房屋抵顶的方式加以履行,遂经与通州建总协商后签订了《房屋抵顶工程款协议书》。对此,兴华公司亦应按照该协议书的约定积极履行相应义务。但在《房屋抵顶工程款协议书》签订后,兴华公司就曾欲变更协议约定的抵债房屋的位置,在未得到通州建总同意的情况下,兴华公司既未及时主动向通州建总交付约定的抵债房屋,也未恢复对旧债务的履行即向通州建总支付相应的工程欠款。通州建总提起本案诉讼向兴华公司主张工程款债权后,双方仍就如何履行《房屋抵顶工程款协议书》以抵顶相应工程款进行过协商,但亦未达成一致。而从涉案《房屋抵顶工程款协议书》的约定看,通州建总签订该协议,意为接受兴华公司交付的供水财富大厦A座9层房屋,取得房屋所有权,或者占有使用该房屋,从而实现其相应的工程款债权。虽然该协议书未明确约定履行期限,但自协议签订之日至今已四年多,兴华公司的工程款债务早已届清偿期,兴华公司却仍未向通州建总交付该协议书所约定的房屋,亦无法为其办理房屋所有权登记。综上所述,兴华公司并未履行《房屋抵顶工程款协议书》约定的义务,其行为有违诚实信用原则,通州建总签订《房屋抵顶工程款协议书》的目的无法实现。在这种情况下,通州建总提起本案诉讼,请求兴华公司直接给付工程欠款,符合法律规定的精神以及本案实际,应予支持。

(二)案例分析

本案争议点:关于以房抵款协议的诺成与要物之争。

实务中存在对以房抵款协议属于诺成合同还是要物合同的争论,这个争论涉及以房抵款协议生效的问题。最高院曾在〔2011〕民提字第210号案中,引用传统民法上关于"代物清偿"的理论对以物抵债协议的效力作出认定,将以物抵债协议认定为传统民法上的代物清偿,以现实的受领为抵债协议的生效要件,在抵款的房产、土地等不动产未变更登记至建筑商名下之前,以房抵款协议尚未生效。

但在本案中,最高院重新做出了认定,认为以物抵债协议的生效不需以债权人现实地受领抵债物为要件。但对于债权人及承包人而言,即便根据本案观点抵款协议自签订时已生效,但只要双方未在抵款协议中明确约定工程款债权即告消灭,则承包人的工程款请求权尚未消灭,在债务人未履行抵款协议时仍可以主张工程款债权的给付。

四、审计或审价选择的问题

【风险点】

选择审计还是审价作为决算方式,会产生不同的合同效果。

【风险防范】

（一）注意审计与审价的区别

审价是工程项目通过竣工质量验收之后,建设单位和施工单位依据合同、国家定额及工程有关资料在办理工程价款结算以前对所做工程的审查、核对工作,是对建筑产品价格的认定。具体做法可由当事人双方自行协商定价,也可以委托有审价资质的机构审定最终造价。

审计则是国家行政主管机关对基本建设项目的投资收益、投资质量、投资过程包括工程造价实行监督评价。两者的功效是不一样的。

最高人民法院答复意见、2015最高院会议纪要、2017人大法工委复函等文件都确认过,审计是国家对建设单位的一种行政监督,不影响建设单位与承建单位的合同效力。只有在合同明确约定以政府的审计结论作为结算依据时,才能将审计结论作为判决的依据。

根据《最高人民法院关于建设工程承包合同案件中双方当事人已确认的工程决算价款与审计部门审计的工程决算价款不一致时如何适用法律问题

的电话答复意见》(〔2001〕民-他字第2号函)的规定,审计是国家对建设单位的一种行政监督,不影响建设单位与承建单位的合同效力,合同的履行应当遵照当事人的约定;只有在合同明确约定以审计结论作为结算依据或者合同约定不明确、合同约定无效的情况下,才能将审计结论作为结算的依据。

根据2015年最高人民法院召开的全国民事审判工作会议的会议纪要中第49条规定:依法有效的建设工程施工合同,双方当事人均应依约履行。除合同另有约定,当事人请求以审计机关作出的审计报告、财政评审机构作出的评审结论作为工程价款结算依据的,一般不予支持。

2017年全国人大常委会法制工作委员会《关于对地方性法规中以审计结果作为政府投资建设项目竣工结算依据有关规定提出的审查建议的复函》(法工备函〔2017〕22号)中明确:"地方性法规中直接以审计结果作为竣工决算依据的规定,限制了民事权利,超越了地方立法权限,应当予以纠正。"

(二) 施工单位应尽量避免约定以政府审计作为结算方式

在现实中,政府市政公用项目发包人会倾向于约定以审计结果作为决算依据。给承包人带来了巨大的资金压力。

政府审计因为程序问题,一是启动比较缓慢,二是审计时间通常比较长久。许多项目经常竣工三四年了审计结果还没有出来,审计结果出不来施工单位无法申请工程结算款,对施工单位资金回笼产生巨大压力。

(三) 灵活变换结算依据

如果处于弱势地位不得不在签合同阶段同意以审计为结算方式的,可以考虑通过后期行为变更该约定。比如重新签订补充协议,及时报送工程结算单并取得建设单位的盖章确认。

(四) 合同约定以审计作为结算依据的,能否突破审计结论

一般情况下,在合同约定以政府审计作为结算依据时,一方不能突破审计结论主张工程款。因为虽然国家审计机关的审计结论并非确定当事人之间工程价款结算的当然依据,但该约定系当事人之间平等协商一致的结果,对当事人就确定案涉工程款结算依据的约定,双方应予恪守。另承包人对审计结论不服,应要求会计师事务所按照其工作规程予以解释说明或重新作出审计,而不应否认审计是双方明确约定的结算确定工程款的依据。

且《最高人民法院关于审理建设工程施工合同纠纷案件适用法律问题的解释(一)》第三十条规定:"当事人在诉讼前共同委托有关机构、人员对建设工程造价出具咨询意见,诉讼中一方当事人不认可该咨询意见申请鉴定的,人民法院应予准许,但双方当事人明确表示受该咨询意见约束的除外。"合同约定以审计结果作为结算依据,应视为双方明确表示接受审计结果的约束,故审定结果对承包人具有法律拘束力。

但是,在司法审判实践中,也并非绝对不能突破。最高人民法院有相关案例认为:

(1)一般而言,当事人约定以审计部门的审计结果作为工程款结算依据的,应当按照约定处理。但审计部门无正当理由长期未出具审计结论,经当事人申请,且符合具备进行司法鉴定条件的,人民法院可以通过司法鉴定方式确定工程价款。

(2)虽然双方合同约定以审计结算总价为准,但承包人向发包人提交竣工结算资料后,双方长时间未就结算总价达成一致,行政审计程序也无法启动,而工程交付使用已久,如发包人关于支付工程款应以审计结算为准的抗辩理由,在审计结果长期无法形成的情形下,对承包人则显失公允。

(3)虽然合同明确约定了以审计价格作为结算依据,但所涉新增、变更工程量,承包人在上报相关资料给发包人后,发包人以新增、变更工程存在争议不予上报审计机关,该部分工程款已无法通过审计予以解决。在此情况下,承包人选择向人民法院起诉以维护其权益,属正当行使诉权的行为,法院在查明案件事实后予以判决并无不当。

(4)即便建设合同中明确约定以财政评审结论作为结算依据,当事人对于财政评审的合理性、合法性也享有合理期待,且财政评审结论作为证明案件待证事实的证据,其合理性、合法性本身亦属法院审查范畴。

【案例说明】

(一)基本案情

原告云南明岭建筑工程有限公司与被告开远市国土资源局建设工程施工合同纠纷

2011年12月30日,原、被告双方签订合同,期限自2012年1月3日起至2012年4月1日止,总报价为2 828 200元。工程于2012年4月30日竣工,未有相关验收报告或验收文件。工程完工后,原告将工程交付给被告使用并提交工程结算认定表和结算汇总表,认定结算价为 2 871 726.24 元,被告手写批注"同意结算,支付工程款以审计结果为准"字样并签名盖章。后被告发通知要求原告配合审计,原告复函不同意审计,请被告尽快支付工程款。因双方未能达成一致意见,原告于 2017 年向一审法院起诉,要求被告以 2 871 726.24 元为总价款,向原告支付剩余工程款并承担违约利息。

一审法院认为,结算书中工程结算认定表和结算汇总表均有原告、被告、监理三方签字盖章,表明涉案工程款的结算价为 2 871 726.24 元,以及 2014 年 8 月 19 日工程资金支付审批表,也为三方确认同意,按结算 2 871 726.24 元的 80% 拨付工程款。综合判断,应视为被告同意按工程结算款 2 871 726.24 元支付涉案工程款。

根据原、被告双方签订的施工合同,双方在合同中没有约定以审计结论作为结算依据,被告向原告发出的通知及被告回复的公函,审计部门作出的相关文件和情况说明,只能证明原、被告就是否以审计结论作为结算依据一事,双方之间所作的交涉,审计部门根据工作要求作出的相关工作的事实,不能推断为证实以审计结论作为依据的证据。

一审法院判决:被告支付给原告剩余工程款 574 345.25 元及利息。

开远市国土资源局不服提起上诉,认为一审以双方初步结算价 2 871 726.24 元为支付依据错误,工程款支付应以审计结论为准。

二审法院认为:工程结算认定表及结算汇总表的主旨内容均未涉及以审计结果作为支付工程款的依据,上诉人仅在工程结算认定表"结算意见"栏中手写批注"同意结算。支付工程款以审计结果为准"字样,并签名加盖公章,而被上诉人在"结算意见"栏中仅签名及加盖公章,同时结算汇总表的合同双方当事人亦未作出明确表示。上诉人手写批注的"支付工程款以审计结果为准"系其单方意思表示,被上诉人未予以明确同意。本案上诉人主张支付工程款以审计结果为依据,实质系对双方合同约定中的"工程款支付"内容进行变更,该内容不属法律规定的默示情形,双方对此也未作约定。当事人对合同约定内容进行变更,应当作出明确的意思表示。本案中,被上诉人并未明确作出"同意支付工程款以审计结果为准"的意思表示,其在工程结算认定表"结算意见"栏中的签名及盖章行为,也不能视为其默认支付工程款以审计结果为依据,且被上诉人于 2014 年 7 月 31 日按照双方结算价 2 871 726.24 元向上诉人申请拨付工程款,上诉人经审核后同意按结算价的80%拨付工程款并已实际支付。上诉人所举证据不足以证实双方对工程款支付以审计结果为准达成合意,应承担举证不能的法律后果。

(二)案例分析

1. 本案争议焦点:结算以政府审计为准还是以双方签字盖章的工程结算认定表为准。

关于市政公用项目的结算方式,以往多以行政命令代替法律规定,而强行将政府审计作为结算依据,由此产生诸多纠纷和问题,后最高院对该问题予以了明示。

因此,是否以审计为结算依据,双方应当明确约定,合同未约定以审计为准,按照合同约定的结算方式进行结算。本案中,双方已经对工程进行结算并就结算金额达成了一致意见,自然应当以结算表金额为结算总价。

2. 默示规则的正确适用。

本案发生争议的一点在于,在双方签字盖章的工程结算认定表上,发包人手写批注了"同意结算。支付工程款以审计结果为准"字样,承包人未提出反对意见,发包人认为此构成了双方对"以审计为结算依据"的默示同意。

依据《民法典》第一百四十条规定:"行为人可以明示或者默示作出意思表示。沉默只有在有法律规定、当事人约定或者符合当事人之间的交易习惯时,才可以视为意思表示。"

因此,默示同意只有在法律有规定、当事者约定或符合交易习惯三种情形下可以成立。而本案中不符合上述三种情况之一,上诉人手写批注的"支付工程款以审计结果为准"应当认定为其单方意思表示,且后面发包人按照工程结算认定表上的金额支付了工程款,因此该手写批注不产生默示同意的法律效果。

五、工程款结算依据分歧

【风险点】

1. 决算依据约定不明,导致后期决算分歧。
2. 施工情况发生变化,导致原本约定的决算方式不适用。
3. 决算依据明确,但决算依据的材料不全,导致决算分歧。

第四章 竣工结算及保修阶段

【风险防范】

1. 对合同结算条款应组织相关专业人员进行充分的论证,确保计价标准约定清楚、充分考虑风险因素、审慎对待包干价方式、确保竣工结算条件和程序清楚。

2. 及时按照合同约定的流程和时间段提交结算报告及相关资料,送达签收困难的,灵活采用公证、邮寄等方式完成送达。

3. 加强过程控制,充分利用施工例会会议纪要、工程师指令、往来函件、设计院的文件等所有与计价有关文件,保存相关证据。施工中发生变化的,及时完成签证,不要等到工程完工再来补签证。

4. 及时与发包人进行进度款支付对账,对发包人中途支付的补偿金、进度款违约金等应形成书面材料,以免与进度款本金混同。加强中间结算,即基础结算、主体结算、装修结算等。

5. 对于发包人拖延结算,果断采取救济措施,包括:拒绝交付竣工验收资料、拒绝移交工程、提起诉讼和诉讼保全、行使优先受偿权。

【案例说明】

(一) 基本案情

江苏省第一建筑安装集团股份有限公司(简称江苏一建)与唐山市昌隆房地产开发有限公司(简称昌隆公司)建设工程施工合同纠纷案

江苏一建起诉请求:判昌隆公司给付拖欠工程款 43 152 301 元及利息。

昌隆公司反诉请求:判令江苏一建赔偿超拨工程款的利息 128.2 万元;赔偿因逾期交付竣工验收资料造成昌隆公司融资等损失 1206.12 万元;赔偿因工程质量造成昌隆公司赔偿小业主损失 22.83 万元。

在审理过程中,江苏一建申请了鉴定。鉴于双方对于以哪份合同作为审计工程价款的依据存在重大分歧,昌隆公司主张按备案合同约定的固定总价计价方式结算工程款,江苏一建主张按补充协议约定的可调价计价方式结算工程款,因此一审法院委托鉴定机构按照双方主张分别以两份合同为依据进行审计。鉴定机构最终鉴定结果为:按照备案合同即固定总价合同,鉴定工程总造价为 117 323 856.47 元;按照补充协议即可调价合同,鉴定工程总造价为 150 465 810.58 元。

一审认为:首先,双方当事人先后签订的两份施工合同均无效;双方 2009

年12月8日签订的《备案合同》虽系经过招投标程序签订,并在建设行政主管部门进行备案,但在履行招投标程序确定江苏一建为承包人之前,江苏一建、昌隆公司、设计单位及监理单位已经对案涉工程结构和电气施工图纸进行了四方会审,且江苏一建已完成部分楼栋的定位测量、基础放线、基础垫层等施工内容,即存在未招先定等违反《招标投标法》禁止性规定的行为,因此该备案合同应认定为无效。而双方2009年12月28日签订的《补充协议》系未通过招投标程序签订,且对备案合同中约定的工程价款进行了实质性变更。其次,本案中的两份施工合同签署时间仅间隔二十天,从时间上无法判断实际履行的是哪份合同,双方当事人对于实际履行哪份合同也无明确约定,两份合同内容比如甲方分包、材料认质认价等在合同履行过程中亦均有所体现,且两份合同均为无效合同就意味着法律对两份合同均给予了否定性评价,无效的合同效力等级相同,不涉及哪份合同更优先的问题。因此综合考虑本案情况,可按照《中华人民共和国合同法》(以下简称《合同法》)第五十八条的规定,由各方当事人按过错程度分担因合同无效所造成的损失。本案中该损失即为两份合同之间的差价33 141 954.11元(150 465 810.58元－117 323 856.47元)。综合分析本案情况按6∶4分担损失较为恰当,因此总工程款数额应认定为137 209 028.94元(117 323 856.47元＋33 141 954.11元×60％)。按此扣减已付工程款124 939 155元后,尚欠工程款12 269 873.94元。

江苏一建不服提起上诉,坚持认为应当以《补充协议》结算工程价款。

最高院二审认为:案涉工程建设属于必须进行招标的项目,《备案合同》虽系经过招投标程序签订并备案,但违反了《招标投标法》和《建设工程项目招标范围和规模标准规定》,一审法院认定案涉工程招标存在未招先定等违反《招标投标法》禁止性规定的行为,《备案合同》无效并无不当。《补充协议》系未通过招投标程序签订,且对备案合同中约定的工程价款等实质性内容进行变更,一审法院根据《建设工程施工合同司法解释》第二十一条规定,认为《补充协议》属于另行订立的与经过备案中标合同实质性内容不一致的无效合同并无不当。一审法院认定本案中无法确定真实合意履行的两份合同之间的差价作为损失,基于昌隆公司作为依法组织进行招投标的发包方,江苏一建作为对于招投标法等法律相关规定应熟知的具有特级资质的专业施工单位的过错,结合本案工程竣工验收合格的事实,由昌隆公司与江苏一建按6∶4比例分担损失并无不当。

(二) 案例分析

1. 本案焦点:以哪份合同作为结算依据。

《备案合同》虽系经过招投标程序签订,并在建设行政主管部门进行备案,但在履行招投标程序确定江苏一建为承包人之前,进行了四方会审,且江苏一建已完成部分楼栋的定位测量、基础放线、基础垫层等施工内容。《补充协议》系未通过招投标程序签订,且对备案合同中约定的工程价款等实质性内容进行变更。旧的《最高人民法院关于审理建设工程施工合同纠纷案件适用法律问题的解释》第二十一条规定,当事人就同一建设工程另行订立的建设工程施工合同与经过备案的中标合同实质性内容不一致的,应当以备案的中标合同作为结算工程价款的根据,其适用的前提应为备案的中标合同合法有效,无效的备案合同并非当然具有比其他无效合同更优先参照适用的效力。

目前国家已经取消了合同备案。根据新的《最高人民法院关于审理建设工程施工合同纠纷案件适用法律问题的解释(一)》第二条规定:"招标人和中标人另行签订的建设工程施工合同约定的工程范围、建设工期、工程质量、工程价款等实质性内容,与中标合同不一致,一方当事人请求按照中标合同确定权利义务的,人民法院应予支持。"新的法条就比较清晰明确了,必须是经过合法招投标签订的中标合同,才具有优先效力。

2. 多份合同无效无法确定结算依据的,按照过错程度分担合同无效造成的损失。

在当事人存在多份施工合同且均无效的情况下,一般应参照符合当事人真实意思表示并实际履行的合同作为工程价款结算依据;在无法确定实际履行合同时,可以根据两份争议合同之间的差价,结合工程质量、当事人过错、诚实信用原则等予以合理分配。本案依据两份合同分别作出的结算鉴定总价取差价,再划分双方过错比例,按照比例承担差价损失,综合考虑到了双方过错和诚信原则。

3. 变更备案合同内容的补充协议不一定是黑合同。

《中华人民共和国招标投标法实施条例》第五十七条第一款规定:"招标人和中标人应当依照招标投标法和本条例的规定签订书面合同,合同的标的、价款、质量、履行期限等主要条款应当与招标文件和中标人的投标文件的内容一致。招标人和中标人不得再行订立背离合同实质性内容的其他协议。"《最高人民法院办公厅关于印发〈全国民事审判工作会议纪要〉的通知》

(法办〔2011〕442号)中:"四、关于建设工程合同纠纷案件 (一)关于工程价款结算问题。招标人和中标人另行签订改变工期、工程价款、工程项目性质等中标结果的协议,应认定为变更中标合同实质性内容,中标人作出的以明显高于市场价格购买承建房产、无偿建设住房配套设施、让利、向建设方捐款等承诺,亦应认定为变更中标合同的实质性内容。"

而建设工程开工后,发包方与承包方因设计变更、建设工程规划指标调整等原因,通过补充协议、会谈纪要、往来函件、签证等形式变更工期、工程价款、工程项目性质的,不应认定为变更中标合同的实质性内容。

因此,改变工程价款、质量、工期等合同主要条款内容的,属于"实质性内容不一致",是黑合同。合同正常履行过程中,因设计变更、规划变更引起的工程量、质量标准或工期的变化,属于正常合同变更,是法律法规所允许的,不是黑合同。

六、不及时提交竣工结算资料

【风险点】

1. 承包人未按照合同约定及时提交竣工结算报告及完整的竣工结算资料,导致竣工结算被拖延。

2. 承包人无法主张逾期提交竣工结算报告期间的工程款利息及逾期付款违约金。

3. 提交的竣工结算资料不完整或存在瑕疵,造成工程竣工结算不能正常进行或发包人以此为借口故意拖延结算。

【风险防范】

(一)需要严格按照合同约定编制完整的竣工结算资料,并在内部建立对结算资料的检验制度

结算资料一般包括以下内容:施工合同及补充协议、招投标文件、图纸会审纪要、开竣工报告及工期延期联系单、施工组织设计、设计变更单、技术核定单;现场签证单、索赔、与工程结算有关的通知、指令、会议纪要、往来函件、工程洽商记录等、甲供材料明细、竣工验收记录、竣工图纸、结算书。

以上资料应准确、详实、全面,能完整记录、反映、证明整个工程造价发生

内容,并编制相应目录、装订成册,完整齐备。

(二) 严格按照合同约定的日期提交给发包人

建设工程施工合同一般会约定承包人提交竣工结算资料的时间和程序,如专用条款没有约定,则适用通用条款内容。如《建设工程施工合同(示范文本)》(GF—2017-0201)通用条款 14.1 竣工结算申请中约定,除专用合同条款另有约定外,承包人应在工程竣工验收合格后 28 天内向发包人和监理人提交竣工结算申请单,并提交完整的结算资料,有关竣工结算申请单的资料清单和份数等要求由合同当事人在专用合同条款中约定。

承包人应当熟悉《施工合同》相关条款,严格按照合同约定的时间提交竣工结算资料。

(三) 资料送达提交注意事项

竣工结算资料的提交时间有着重要的作用,一是证明承包人已经在合同约定的时间内履行了资料提交义务;二是如果合同约定了默示条款,提交时间将确定默示条款的时间起算点。

如《建设工程施工合同(示范文本)》(GF—2017-0201)通用条款 14.2 竣工结算审核规定:(1) 除专用合同条款另有约定外,监理人应在收到竣工结算申请单后 14 天内完成核查并报送发包人。发包人应在收到监理人提交的经审核的竣工结算申请单后 14 天内完成审批,并由监理人向承包人签发经发包人签认的竣工付款证书。监理人或发包人对竣工结算申请单有异议的,有权要求承包人进行修正和提供补充资料,承包人应提交修正后的竣工结算申请单。(2) 发包人在收到承包人提交竣工结算申请书后 28 天内未完成审批且未提出异议的,视为发包人认可承包人提交的竣工结算申请单,并自发包人收到承包人提交的竣工结算申请单后第 29 天起视为已签发竣工付款证书。

【案例说明】

(一) 基本案情

某装修公司与某管委会就某职工服务中心项目签订《建设工程施工合同》,约定合同总价为 145 万元,资金来源为财政拨付。施工过程中,装修公司根据管委会的要求对部分项目进行了变更,并增加了部分工程。后涉案工程竣工,经五方验收,质量评定为"优良"。装修公司向管委会递交了工程结算书,结算金额为 215 万元。

根据当时财政局的文件,凡使用财政性资金的建设项目必须向该局办理工程预、结(决)算评审。项目经评审后,管委会下发《关于区职工管理服务中心装修结算评审函》,函中表明,财政投资评审中心对涉案工程结算进行评审,经多次协商核对,未能达成一致意见,承包人也未能及时反馈合理的建议和提供有效的评审资料,因此,管委会只能以评审中心审定的 171 万元作为结算依据。承包人如对评审结果有异议的,应在收文后 30 天内作出书面回复,如所提供的资料无效或逾期回复,则按 171 万元作为结算价。

2015 年 11 月,管委会通知承包人:涉案工程结算价最后审定为 171 万元,已按工程进度预付工程款共 160 万元,余款请提供有效发票前来领取。

承包人回函不同意 171 万元的结算价,并提起仲裁请求按照送审的结算价支付剩余工程款并支付逾期违约金。

仲裁庭认为,按照合同约定,在承包人向发包人递交竣工结算报告及完整的结算资料后,双方应按照约定的合同价款及专用条款约定的合同价款调整内容,进行工程竣工结算。因申请人未能及时反馈合理的建议和提供有效的评审资料,导致评审中心只审定出 171 万元的结算价。根据现有证据,申请人未提供证据证明向被申请人递交了完整的结算资料,承包人至今未能取得工程余款并非发包人故意拖延所致,故对申请人要求被申请人承担逾期付款违约金的请求,仲裁庭不予支持。

(二)案例分析

1. 工程竣工验收后,承包人应按照法律规定和合同约定提交完整的竣工结算资料。

本案中,承包人陈述其已经向管委会递交了工程结算书,但其并未提供证据证明向管委会递交了完整的结算资料,以致评审中心以承包人未能及时反馈合理的建议和提供有效的评审资料为由审定涉案工程的结算价为 171 万元。如果承包人有证据证明其已经按照合同约定提交了完整的结算资料的,结果将会大不一样。

2. 承包人拖延提交竣工结算资料导致未能获得工程结算款的,不得追究逾期利息。

根据《施工合同》的约定,管委会确认竣工结算报告后,才向承包人付款,若管委会收到竣工结算报告及结算资料后 28 天内无正当理由不支付工程竣工结算价款,自第 29 天起按同期银行贷款利率向承包人支付拖欠工程价款利息,并承担违约责任。

本案中,承包人提交的结算价并未得到管委会的认可,财政投资评审中心出具了不同的结算价,双方无法达成一致意见。且管委会曾按照评审中心出具的评审结果两次通知承包人前去领取工程余款。发包人通过书面通知形式履行了结算资料补充通知义务和付款通知义务,承包人不去领取工程款的,后期要求发包人承担逾期付款违约金,也不会得到法院支持。

七、发包人拖延结算问题

【风险点】

1. 承包人提交的竣工结算书发包人不签收。
2. 虽然签收了,但仅是普通员工签收主要人员不签收。
3. 佯装接收结算书,派人与承包商进行对账、对工程量,过程漫长,在对的过程中不做阶段性确认。

【风险防范】

1. 承包人根据合同约定及时以书面形式递交工程竣工结算报告,由发包人签收,保留发包人签收的书面凭证。

2. 提交竣工验收报告时,应提交完整的竣工资料,避免给发包人留下借口。竣工资料的准备,建议在平时的施工过程中系统地进行收集、整理、组卷。如果承包人管理规范,这应该不是难事。

3. 对于发包人不签收结算报告的情况,可以采用邮寄快递并进行公证的方式。此时应注意邮寄文件清单、邮寄送达回执的保存。如送达后到邮局取得已送达证明,或于六个月内在 EMS 网站留存送达记录(网页记录仅能保留六个月)。

4. 在合同中明确约定结算时间并约定不在约定的时间内进行结算所应承担的法律后果。关于结算时间可以根据项目的实际情况灵活掌握,以合理性和可操作性为原则,具体可以参照财建〔2004〕369 号《建设工程价款结算暂行办法》。或者在合同中直接约定"竣工结算时间按照财建〔2004〕369 号《建设工程价款结算暂行办法》执行"。

5.当事人在合同中约定,发包人收到竣工结算文件后,在约定期限内不予答复,视为认可竣工结算文件;在上述条款不能约定的情况下,双方可以约定:超过约定期限没有结算完成的,则对欠付的结算款,按照银行同期贷款利率的4倍支付利息。

【案例说明】

（一）基本案情

某汽车城开发有限公司（以下简称汽车城公司）与中通建设公司（以下简称中通公司）建设工程施工合同纠纷

汽车城公司申请再审称:本案一审、二审事实认定错误。汽车城公司与中通公司之间签订建设工程施工合同的通用条款中关于"甲方审核竣工结算文件期为45天,超过45天期限未予答复视为甲方认可乙方提交的结算文件资料和工程结算总值,即乙方提交的工程结算总值自动生效"的约定不应当直接认定为约束汽车城公司的合同义务。①中通公司提出结算报告后,由于汽车城公司认为价格过高,竣工结算资料不完整,曾多次以电话及当面口头告知中通公司,且双方之间的若干诉讼均能明确表示对结算报告不予认可。②案涉工程有另一个承包人施工,其与中通公司工程量基本一致,但费用远低于中通公司结算价。③《补充协议》是伪造的,《补充协议》内容是后于公司印章时间而形成,法院应同意汽车城公司的鉴定申请。

最高院再审认为,根据一审、二审判决和汽车城公司再审申请理由及中通公司的答辩意见,本案的争议焦点是:案涉工程造价如何确定。

《民法典》第一百四十条规定:"行为人可以明示或者默示作出意思表示。沉默只有在有法律规定、当事人约定或者符合当事人之间的交易习惯时,才可以视为意思表示。"建设工程合同司法解释第二十条规定（在新的"司法解释（一）"中是第二十一条）:"当事人约定,发包人收到竣工结算文件后,在约定期限内不予答复,视为认可竣工结算文件的,按照约定处理。承包人请求按照竣工结算文件结算工程价款的,人民法院应予支持。"根据上述法律规定,中通公司与汽车城公司签订的《补充协议》系双方真实意思的表达,约定默示行为方式来表达认可竣工文件的意思表示,不违反法律规定,合法有效。本案中,2011年4月27日中通公司（乙方）与汽车城公司（甲方）签订《补充协议》,其中甲乙双方对工程竣工结算事宜约定:"双方约定甲方审核竣工结算文件期限为45天,即甲方收到乙方工程结算报告及工程结算文件资料后,45天内予以答复并审定完成,且据此按约定额度支付结算工程款。双方约定甲方收到工程结算报告及结算文件资料超过45天,而在约定45天期限内不予答复,视为甲方认可乙方提交的结算文件资料和工程结算总值,即乙方提交的工程结算总值自动生效,甲方按此工程结算总值支付工程款。从第46天起为逾期付款,甲方逾期付款按月息2‰承担其利息。双方约定,甲方逾期付款超过60天,甲方抵押、出售、转让、拍卖该工程及房屋所得,乙方优先受偿。"

在中通公司依约向汽车城公司交付了工程结算报告及相关结算资料后,汽车城公司未在约定期限内进行回复,没有提出异议,汽车城公司亦未提交证据证明双方此后曾对工程造价进行核算。据此,二审法院对中通公司交付的工程结算报告及相关结算资料予以采信正确。

综上,裁定如下:驳回汽车城开发有限公司的再审申请。

(二) 案例分析

1. 结算价自动确认条款以双方当事人明确约定为前提。

最高人民法院关于如何理解和适用《最高人民法院关于审理建设工程施工合同纠纷案件适用法律问题的解释》第二十条的复函规定:"适用该司法解释第二十条的前提条件是当事人之间约定了发包人收到竣工结算文件后,在约定期限内不予答复,则视为认可竣工结算文件。承包人提交的竣工结算文件可以作为工程款结算的依据。"

2. 通用条款约定不视为达成了结算默示条款。

最高人民法院〔2005〕民一他字第23号《关于发包人收到承包人竣工结算文件后,在约定期限内不予答复,是否视为认可竣工结算文件的复函》中表述:"适用《最高人民法院关于审理建设工程施工合同纠纷案件适用法律问题的解释》第二十条(这个在2020年的新《最高人民法院关于审理建设工程施工合同纠纷案件适用法律问题的解释》中是第二十一条)的前提条件是当事人之间约定了发包人收到竣工结算文件后,在约定期限内不予答复,则视为认可竣工结算文件。承包人提交的竣工结算文件可以作为工程款结算的依据。建设部制定的《建设工程施工合同(示范文本)》(GF—1999-0201)中的通用条款第33条第3款的规定,不能简单地推论出:双方当事人具有发包人收到竣工结算文件一定期限内不予答复则视为认可承包人提交的竣工结算文件的一致意思表示,承包人提交的竣工结算文件不能作为工程款结算的依据。

也就是说,如果施工合同只是单纯地纳入了通用条款的内容,在专用条款中没有做出明确约定的,通用条款中关于工程结算的默示条款,并不能达到默示认可承包人提交的竣工结算材料可以直接作为结算依据的法律效果。

3. 承包人务必注意在合同中明确约定送审期限和不审后果的字眼。

因此承包人在签订合同时一定要在专用条款中进行明确的约定,约定具体的审价期限,并明确地约定"发包人在约定期限内不予答复,则视为认可竣工结算文件/视为认可承包人报价"等类似字眼。比如在专用条款中明确约定:"发包人收到承包人提交的完整的结算文件后,必须在60天内予以审核,发包人在该期限内未完成审核或未提出异议的,视为认可承包人的竣工结算文件",在这种约定下,可以适用"默示结算条款"进行结算。

当然,也可以考虑灵活适用规定,比如在专用条款的竣工验收和竣工结算中约定"执行本合同通用条款××条规定。"

4. 承包人可通过各种途径与发包人达成结算价自动确认条款。

承包人完工之后,发包人为了拖延支付结算款,往往对承包人提交的结算报告以各种方式不予审核,结算价迟迟确定不了,从而逃避支付结算款。因此结算价自动确认条款对承包人至关重要。

合同签订之时承包人应当重视结算价自动确认条款,尽量将其明确约定在合同中。如因承包人在合同谈判时的弱势地位无法达成目的的,也应当在后续施工中充分利用各种协谈机会与发包人通过签订补充协议、出具承诺书等形式达成目的。

八、单方面解除合同问题

【风险点】

1. 合同是否规定了单方解除权。
2. 解除方式不合法,有理变没理。

【风险防范】

(一) 合同设定单方解除权

关于合同如何设定单方解除权,及在哪些情况下承包人可以行使单方解除权,在第二章、第三章中已经详述,此处不再赘述。

(二)正确制作解除合同通知函

解除合同通知函是当合同约定解除事由出现或法律规定的解除事由出现时,一方向对方发出的通知解除合同的函件。通知解除合同函意义重大,将引发一系列的法律后果。因此通知解除合同函的书写,除了要遵循联系函的一般写作要求外,还有特殊的注意事项。

(三)内容要有依据

通知解除合同函应写明解除合同的合同依据或法律依据,还应写明解除合同的事由经过,写明因为该情况的发生所以才达到解除合同的条件。

(四)要按照法定或约定程序

注意根据《民法典》规定给对方宽限期,如承包人因甲方欠款要求解除合同的,应事先催告,给予对方合理的宽限期。

(五)进行公证

为确保通知解除合同的函达到最佳法律效果,可以请求第三方(如公证处等)对函件的内容及发函过程进行公证。

【案例说明】

(一)基本案情

原告湖州建工集团与被告中防投资公司施工合同纠纷

2012年4月10日,原告湖州建工集团与被告中防投资公司签订《建设工程施工合同》,合同金额为中标价258 464 036元(以工程最终结算审计价款为准)。2012年8月20日双方另行签订《建设工程施工合同补充协议》,约定:工程造价暂定3亿9千万元。

2015年4月17日,中防投资公司送达《解除合同通知书》,要求解除施工合同与补充协议。

2015年4月28日,原、被告签订《协议书》,载明:甲方(被告)投资开发建设的芜湖赭山印象工程由乙方(原告)承包施工,自2014年6月起因多方原因造成本工程处于停工状态,鉴于目前现状并为了工程的进一步推进,应甲方要求与乙方解除施工合同,经甲乙双方多次协商,在解除本工程施工合同前达成如下协议:……

2015年6月3日,原、被告签订《协议书》,约定"……在2015年5月26日上午会同甲方工程部、现场监理对于清单中所列材料设备逐一清点并移交给甲方。后经双方友好协商,乙方所列清单中的材料、设备[不含现场使用的44块钢板(2 m×6 m×0.02 m)]全部折旧作价转让给甲方,共计转让费用为60万元(该项费用不列入工程结算)。现依据双方在2015年4月28日签订协议书的相关约定,甲方须在楮山印象工程后续施工前支付给乙方。现约定在本协议生效后3日内由甲方将上述款项支付给乙方。"

2015年6月17日,原、被告签订《建设工程合同解除协议》,约定双方一致同意解除于2012年4月10日签订的GF—99-0201《建设工程施工合同》2012-167号。

后因工程款支付及索赔问题,湖州建工集团于2015年11月诉至一审法院,请求确认双方2012年4月10日签订的《建设工程施工合同》和2012年8月20日签订的《建设工程施工合同补充协议》于2015年6月17日解除;并请求判令中防投资公司支付湖州建工集团剩余工程款及损失赔偿。

被告中防投资公司辩称,根据《合同法》第九十六条、《最高人民法院关于适用〈中华人民共和国合同法〉若干问题的解释(二)》第二十四条规定,中防投资公司2015年4月17日发出《解除合同通知书》,湖州建工集团未在三个月内提起诉讼,双方签订的《建设工程施工合同》及《建设工程施工合同补充协议》已经于2015年4月17日解除。

一审法院认为:……(一)关于湖州建工集团与中防投资公司之间的合同解除问题。2015年6月17日,中防投资公司与湖州建工集团签订《建设工程合同解除协议》,约定解除双方于2012年4月10日签订的《建设工程施工合同》,当事人对该协议的真实性不持异议,该解除协议系当事人双方的真实意思表示,是当事人对生效合同的协议解除。虽然该协议只指明了解除《建设工程施工合同》,未提及《建设工程施工合同补充协议》,但该解除协议明确解除了双方之间的建设工程施工合同关系,意图使双方之间的建设工程施工合同关系不再履行。此外,2016年8月12日,中防投资公司破产案件受理前的委托诉讼代理人对湖州建工集团请求确认《建设工程施工合同》和《建设工程施工合同补充协议》于2015年6月17日解除的诉讼请求予以认可,中防投资公司代理人的该表述对破产受理后的诉讼行为具有约束力。2015年4月

28日签订的《协议书》系解除工程施工合同前的独立协议,是对工程款结算和工程款支付等事项的约定,并非协议解除施工合同协议,因此,中防投资公司该辩解意见不能成立,本院不予采信。

一审法院判决:确认湖州建工集团与中防投资公司于2012年4月10日签订的《建设工程施工合同》和2012年8月20日签订的《建设工程施工合同补充协议》于2015年6月17日解除,并对中防投资公司应支付的工程款,损失赔偿等进行了裁判。

一审判决后,中防投资公司不服,向最高院提起上诉。

最高院二审认为:关于案涉《建设工程施工合同》和《建设工程施工合同补充协议》是否于2015年6月17日解除的问题。2015年6月17日,中防投资公司与湖州建工集团签订《建设工程合同解除协议》,约定解除双方于2012年4月10日签订的《建设工程施工合同》。双方当事人均不否认解除协议的真实性,故该解除协议系当事人双方的真实意思表示。《最高人民法院关于适用〈中华人民共和国合同法〉若干问题的解释(二)》第二十四条规定适于当事人依约或者依法行使解除权的行为,但中防投资公司并未提交证据证明其于2015年4月17日发出《解除合同通知书》时享有解除案涉建设工程施工合同的权利,且该《解除合同通知书》亦与双方又于2015年6月17日签订《建设工程合同解除协议》,解除案涉建设工程施工合同的行为相悖。故中防投资公司关于案涉《建设工程施工合同》《建设工程施工合同补充协议》已经于2015年4月17日解除的上诉理由不能成立,本院不予支持。

(二) 案例分析

1. 本案焦点分析。

本案焦点之一就是关于合同解除的时间问题。中防投资公司之所以坚持主张合同解除时间应为2015年4月17日而非6月17日,主要原因之一在于湖州建工集团于2015年11月向法院起诉要求确认优先受偿权。按照起诉之时的法律规定,优先受偿权为6个月,自建设工程竣工之日或者建设工程合同约定的竣工之日起计算。在中防投资公司已经进入破产程序的情况下,优先受偿权直接关系到债权排序,对双方而言都是极为重要的。

本案中一、二审法院都认定解除时间为2015年6月17日,一审法院认为2015年4月28日签订的《协议书》系解除工程施工合同前的独立协议,是对工程款结算和工程款支付等事项的约定,并非协议解除施工合同协议。二审法院认为中防投资公司不能证明其于2015年4月17日发出《解除合同通知书》时享有解除案涉建设工程施工合同的权利,应承担举证不利的法律后果。另外其4月17日发出《解除合同通知书》的行为与双方于6月17日签订《建设工程合同解除协议》解除案涉建设工程施工合同的行为相悖,中防投资公司的主张没有足够的事实依据,因此被二审法院不予采信。

2.《民法典》对《合同法》和《最高人民法院关于适用〈中华人民共和国合同法〉若干问题的解释(二)》关于合同解除权的吸收与细化。

《合同法》九十六条和《最高人民法院关于适用〈中华人民共和国合同法〉若干问题的解释(二)》第二十四条是关于合同解除权的法律规定,二者因《民法典》的出台被废止。《民法典》对前述旧约定进行了吸收与进一步的明确。

《最高人民法院关于适用〈中华人民共和国合同法〉若干问题的解释(二)》第二十四条规定:"当事人对合同法第九十六条、第九十九条规定的合同解除或者债务抵销虽有异议,但在约定的异议期限届满后才提出异议并向人民法院起诉的,人民法院不予支持;当事人没有约定异议期间,在解除合同或者债务抵销通知到达之日起三个月以后才向人民法院起诉的,人民法院不予支持。"司法解释通过规定异议期间,防止异议权被滥用。

《民法典》第五百六十五条规定:"当事人一方依法主张解除合同的,应当通知对方。合同自通知到达对方时解除;通知载明债务人在一定期限内不履行债务则合同自动解除,债务人在该期限内未履行债务的,合同自通知载明的期限届满时解除。对方对解除合同有异议的,任何一方当事人均可以请求人民法院或者仲裁机构确认解除行为的效力。当事人一方未通知对方,直接以提起诉讼或者申请仲裁的方式依法主张解除合同,人民法院或者仲裁机构确认该主张的,合同自起诉状副本或者仲裁申请书副本送达对方时解除。"

可见,《民法典》第五百六十五条在《最高人民法院关于适用〈中华人民共和国合同法〉若干问题的解释(二)》第二十四条的基础上进一步明确了可以提起确认合同解除行为效力的当事人不以非解除方为限,也就是说,即使是发出合同通知的一方在对方针对解除合同通知提出异议后,也可以通过诉讼或仲裁确认解除行为发生解除合同的效力。

九、发包人原因导致的逾期竣工问题

【风险点】

发包人原因导致项目逾期竣工,承包人没有保留发包人违约证据的,发包人可能反过来追究承包人逾期竣工违约责任。

【风险防范】

1. 发包人原因导致工期延误的,及时发函确认延误事实,要求工期顺延,让发包人、监理签字确认。

2. 发包人不肯签字确认的,预估将影响合同总工期的,应当当机立断采取停工、谈判等措施,不能拖到竣工结算再来解决。施工到中期时承包人并不一定处于弱势地位,应当充分利用地位转变机会与发包人协商谈判。

3. 除了按照合法程序向发包人追究合同约定的工期违约责任,如果因发包人原因造成工程逾期竣工并导致承包人损失的(如增加承包人材料周转、设备租赁成本等),应当保留证据链并及时提出损失索赔。

【案例说明】

(一)基本案情

联发瑞成公司、新八建设集团建设工程施工合同纠纷

联发瑞成公司一审起诉请求:①新八建设集团向联发瑞成公司提交全部具备验收合格条件的施工资料,配合联发瑞成公司办理完成全部其所施工项目的验收备案工作;②赔偿停工造成的银行贷款利息损失 51 898 561.57 元;③赔偿逾期竣工造成的银行贷款利息损失 47 601 315.96 元;④支付逾期竣工违约金 6 812 467.20 元;⑤赔偿因停工及逾期竣工导致的开发商逾期向业主交房造成的违约损失 1 696 741 元。

一审法院审理认为:关于新八建设集团是否存在违约停工问题。在 2015 年 1 月 12 日的《补充协议》中对 2014 年 4 月 1 日停工的事实予以了确认;其次,对导致停工的原因和责任也予以了确认,是因为联发瑞成公司的资金原因导致上述工程停工,且新八建设集团在停工时土建工程已基本完成,水电安装工作仅剩少部分未完成;进一步划分了责任和明确了责任的承担。明确停工期间联发瑞成公司延期支付新八建设集团进度款造成的利息损失及其

他损失,双方在结算时另行友好协商处理。以上确认说明,新八建设集团虽然停工但是因为联发瑞成公司违约在先;新八建设集团虽然停工但是没有给联发瑞成公司造成经济损失;联发瑞成公司因为延期支付进度款应承担给新八建设集团造成的利息损失及其他损失。联发公司诉请无事实和法律依据,一审法院不予支持。

联发瑞成公司不服,提起上诉。

二审法院认为:联发瑞成公司在本案二审中强调,其主张的停工损失系发生于2014年4月1日到2015年1月12日期间。根据一审查明事实,联发瑞成公司、新八建设集团对于该期间的停工原因及停工损失负担,已经形成书面意见。其中,联发瑞成公司、新八建设集团于2015年1月12日签订的《江尚天地项目施工工程合同的补充协议》中明确证实了在签订协议前的工程停工系因联发瑞成公司原因导致。虽然本案所涉的建设施工协议及其相关补充协议被认定无效,但因上述内容是双方当事人对已经发生事实以及工程款结算的确认,不受合同无效认定意见的限制,依法应当作为本案的审理依据。

其关于逾期竣工有三项诉讼请求,其中有一项为要求新八建设集团承担损失赔偿,另两项为要求新八建设集团承担违约责任。因涉案的建设施工合同及相关补充协议被认定为无效,合同约定的逾期违约责任条款对双方均无约束力,因此无论新八建设集团是否存在逾期竣工行为,联发瑞成公司以违约条款向其主张违约责任,缺乏事实和法律依据。

二审法院判决:驳回上诉,维持原判。

(二)案例分析

1. 本案诉讼点:发包人追究承包人逾期竣工的违约责任和损失赔偿依据问题。

本案是典型的因发包人原因导致项目逾期竣工,但发包人反过来追究承包人逾期竣工违约责任的案例。发包人提出巨额索赔要求,包括停工造成的银行贷款利息损失、逾期竣工造成的银行贷款利息损失、逾期竣工违约金及逾期竣工导致的开发商逾期向业主交房造成的违约损失,金额近1亿元。

幸亏承包人在施工中期与发包人达成了补充协议,协议充分阐述了工期延误的原因、时段和责任方,还清楚约定发包人因为进度款延期支付造成承包人损失,因此给付的补偿金额。承包人以此为证据证明工程逾期竣工的责任不在己方,法院因此驳回了发包人全部的财产部分诉请,只支持了其关于要求承包人移交工程资料的诉请。

2. 因为发包人原因导致的工程逾期竣工,承包人务必注意留下书面证明材料。

施工中发包人一般处于强势地位,即使因为发包人原因导致工期延误的,发包人往往也不愿意确认责任方,而到工期总体竣工逾期时,承包人缺乏工期顺延的材料,发包人倒打一耙,追究承包人逾期竣工的违约责任。这样的案例比比皆是。承包人要保护自身利益,就必须注意在发生因发包人原因导致工期延误时,通过各种途径保存证据材料,比如工作函、现场摄影摄像、会议纪要、监理纪要、天气恶劣证明材料等。

十、承包人原因导致的逾期竣工问题

【风险点】

承包人违约,导致工期逾期竣工的,发包人将追究承包人违约责任甚至损失赔偿责任。

【风险防范】

1. 承包人应当按照合同约定的工期,科学规划各项工作计划,合理安排各道施工工序,尽全力在合同约定的工期内完成项目施工。遇到天气或者其他原因影响正常施工的,应当积极向监理、发包人进行工期签证,顺延工期。

2. 施工中因承包人自身原因导致工期延后的,应当积极调整后续施工计划,加大人力物力投入,追赶延误的工期,争取发包人的理解,以便和发包人进一步协商。

3. 工期延误有时候是多重原因,承包人也许占主要原因,但发包人也不是完全没有过错。应积极与发包人协商,尽量达成不追究该阶段工期延误责任的一致意见,能及时解决的不要留待结算中解决。

【案例说明】

(一) 基本案情

大鼎置业公司(以下简称大鼎公司)与某市第四建筑工程公司(以下简称

四建公司)建设工程施工合同纠纷

大鼎公司起诉请求:四建公司向大鼎公司支付工程逾期违约金1亿元。

四建公司反诉请求:大鼎公司赔偿工期延误损失4 512 170.1元;支付迟延支付工程进度款违约金4 605万元;履约保证金利息492 811.63元;支付逾期退还履约保证金违约金500万元。

2009年12月15日,大鼎公司与四建公司签订《建设工程施工合同》,约定开工日期2009年11月18日(以开工报告为准),竣工日期2011年4月18日(以竣工验收报告为准),合同工期总日历天数570天;合同价款金额2亿5千万元。后又签订《补充协议》约定了进度款支付和工程逾期或进度款逾期应承担的责任。

2010年10月26日,大鼎公司组织所有单位进行图纸会审。施工过程中,大鼎公司共进行154次设计变更,最后一次设计变更时间为2013年6月17日。

一审法院认为:根据双方当事人签订的《建设工程施工合同》约定,案涉工程的实际竣工验收时间已超过合同约定的期限。从合同约定内容看,四建公司负有"为甲乙双方分包的工程提供配合和管理,对甲乙双方分包的工程进行施工总协调,参加甲方分包工程验收和竣工验收,并对承包范围内整体工程的施工质量和工期负责"的义务。在合同约定的期限内,因多方面的原因,未完成竣工验收,四建公司应对承包范围内整体工程的施工质量和工期负责。从《备忘录》看,四建公司如期完成其合同内的施工内容,没有相应证据证明,在2012年3月15日《备忘录》后,因四建公司自身原因造成工期延误,以致迟延进行竣工验收。故大鼎公司关于四建公司造成工期延误的主张不能成立。大鼎公司要求四建公司支付逾期竣工的违约金,不符合本案事实及双方的约定,不予支持。

关于四建公司主张逾期竣工的损失问题,因双方在结算中,已就四建公司申请的工期顺延及索赔,经监理及大鼎公司审批,计入了案涉工程造价中,四建公司对双方进行的结算并无异议。双方对四建公司在结算金额之外主张的损失并未达成一致意见。应视为四建公司已认可大鼎公司对其进行的损失赔偿。故对四建公司在本案中主张的停工损失不予支持。

一审判决:①驳回大鼎公司的诉讼请求;②大鼎公司于判决生效后十五日内支付四建公司违约金200万元及履约保证金利息;③驳回四建公司的其

他反诉请求。

大鼎公司不服一审判决,提起上诉。

二审法院认为本案争议焦点为:①四建公司是否违约;如果违约,如何承担违约责任?②大鼎公司应否承担逾期支付工程进度款垫资款、逾期退还履约保证金违约金及履约保证金利息。

综合《建设工程施工合同》《备忘录》约定及双方实际履约情况,大鼎公司应对分包工程逾期承担主要责任,四建公司自身有逾期施工行为,且未尽到协调义务,作为总承包方应对工程逾期承担部分责任。工程逾期后,发包方与承包方均有损失。因大鼎公司对逾期交工应承担主要责任,其主张四建公司承担逾期交工违约金1亿元缺乏充足依据,不予支持。四建公司亦应自担损失,其要求大鼎公司支付逾期支付工程进度款垫资款和逾期退还履约保证金违约金,不予支持。

关于争议焦点②,根据前述对第一个焦点问题的分析,四建公司应对工程逾期竣工验收承担部分责任,四建公司请求大鼎公司支付逾期支付工程进度款垫资款、逾期退还履约保证金违约金,本院不予支持。根据《建设工程施工合同》第25条约定,大鼎公司应按银行同期贷款利率向四建公司支付履约保证金利息,且履约保证金利息的支付与工程逾期交工并无关联,四建公司请求大鼎公司支付履约保证金利息492 811.63元,本院予以支持。

(二) 案例分析

1. 本案裁判要点:根据工期责任划分对应工期延误造成损失,承发包人均有损失的情况下,各自造成的损失相抵销。

本案中发包人认为工程逾期责任在承包人,并向承包人发起了1亿元的工期逾期违约金诉讼。而承包人则认为工期违约责任在发包人,也提起了违约金赔偿的反诉请求。经两审法院审理,认为工期逾期发包人和承包人都存在责任,因此损失相抵,双方互不承担违约责任。发包人只需返还保证金及利息即可。

可见,工程一旦逾期,发包人极有可能追究承包人的违约责任,承包人应当沉着冷静应对,积极证明逾期原因不在己方或者不仅仅在己方,这样才能维护自身利益。

2. 在履约过程中,承包人应重视施工进度计划表的编制,以更好地确定工期顺延天数。

从法律的角度看,工期顺延天数的计算并不是将单个事件引起的工期延误天数的简单相加,一般情况下发生在关键线路上的事件造成工期延误的,工期才予以顺延,并且如果同时发生多起影响工期的事件,也不能简单将多起事件分别引起的工期延误天数相加。因此承包人一定要重视施工进度计划表的编制工作。控制工期最为重要的依据就是施工进度计划表。施工进度计划表经发包人批准后,对承发包双方具有合同约束力。施工过程中,如果实际施工进度落后于施工进度计划,则应按照合同约定确定工期延误的责任,并由责任方按照合同约定承担不利后果。

大多数情况下,承包人尤其是具体承接工程的项目经理,对施工进度计划表的编制往往不够重视,未针对具体项目的特点、规模和技术难度来制订符合工程实际的施工进度计划。此做法为工期的控制留下了风险隐患。当施工过程中出现多事件工期延误的情形时,承包人往往找不到具体的参照依据来计算延误天数,因此也没法准确确认应当顺延的工期天数。

3. 承包人在争议解决过程中,对于工期逾期损失的举证一定要详细具体。

承包人在争议解决过程中,应详细提供合同、结算单、对账单、申报表、与以上证据有关联性的实际支出凭证,逻辑完整地证明实际支出的事实。而仅仅依靠施工组织设计这一类证据无法获得法院支持。当然,这就必须要求承包人在履约过程中加强管理,做到有逻辑地保留管理上述合同、结算单,和与以上证据明确对应的财务支出凭证。

十一、建设工程优先受偿权问题

【风险点】

未注意优先受偿权行使方式和期限,丧失优先受偿权。

【风险防范】

(一)《最高人民法院关于审理建设工程施工合同纠纷案件适用法律问题的解释(一)》明确实际施工人不享有优先受偿权,承包人可以充分利用该条款与实际施工人充分协商

根据新《最高人民法院关于审理建设工程施工合同纠纷案件适用法律问

题的解释(一)》第三十五条至三十八条规定,依法享有建设工程价款优先受偿权的人必须是与发包人存在直接的施工合同关系,建设工程的勘察人、设计人、分包人、实际施工人、监理人以及与发包人无合同关系的装饰装修工程的施工人均不应享有此项权利。实际施工人必须要通过承包人才能享有优先受偿权,这有利于承包人利用这个优势与实际施工人进行协商,要求实际施工人充分履行配合义务。

(二) 装修装饰工程的承包人享有装修装饰工程优先受偿权,但是有例外

新司法解释规定,如果装修装饰工程的发包人不是建筑物所有权人的,承包人不享有优先受偿权。承包人在签订《装修装饰工程合同》时,应认真审核发包人的身份,核查发包人是否是施工项目的所有权人,是否是在建工程土地使用权的权利主体。如遇合作开发项目,最好将合作方都作为发包人,或者需审查合作协议。

(三) 承包人充分重视中间验收或分部分项质量验收

新司法解释未约定施工合同的效力是否影响享有优先受偿权的问题,而是强调建设工程质量合格,只要质量合格的工程,承包人就享有优先受偿权。不论是否已竣工,不论施工合同是否有效。对于未竣工的工程,只要满足工程质量合格的前提,承包人也同样享有优先受偿权,此时的工程质量合格,可以表现为中间验收或者分部分项质量验收合格。

(四) 优先受偿的行使期限最长不超过十八个月,自发包人应当给付建设工程价款之日起算

发包人应当给付建设工程价款,应以合同约定为准,通常合同会约定预付款、进度款和结算尾款,工程款都是分阶段支付的,应从支付结算款之日作为起算时间。

但合同解除、终止履行的,应从合同实际解除、终止之日起算。承包人可以在合同解除、终止时请求支付工程款,此时应付款时间不受合同约定所限。

(五) 放弃优先受偿权损害建筑工人利益的,人民法院不予支持

判别承包人弃权是否损害建筑工人利益,要看承包人整体的资产负债情

况以及现金流情况是否因此恶化到影响建筑工人工资支付的程度作为主要的考虑因素。承包人需要举证的是对自己不利的消极事实。因此,承包人被逼签订放弃优先受偿权协议的,要积极收集举证该方面的证据,才能在后期推翻该协议。

【案例说明】

(一) 基本案情

华宸建设集团股份有限公司(简称华宸公司)与宁夏瑞富山水置业有限公司(简称瑞富公司)、宁夏华泽房地产开发有限公司(简称华泽公司)建设工程施工合同纠纷

2013年9月15日,华泽公司与华宸公司签订了《建设工程施工合同》,约定华宸公司承建华泽公司发包的"华泽金融商务中心"工程。华宸公司进场施工;2015年9月7日,瑞富公司与华泽公司、华宸公司签订《协议书》约定,由于种种原因现由瑞富公司负责项目的后续开发,三方就未完待建工程描述,三方具体交接工作及瑞富公司的付款方式均进行了明确约定。此后自2015年9月22日起,华泽公司、瑞富公司与案外人签订了一系列债务顶房协议书,瑞富公司用以抵顶案涉工程款数额共计16 305 256元。2015年底瑞富公司取得地块土地使用证,2016年4月瑞富公司重新就项目进行招标,中标单位为"江苏宏远建设集团有限公司",总造价6 163万元,开工时间2013年9月1日,竣工时间2016年8月31日。

2016年下半年,华宸公司向宁夏回族自治区高级人民法院起诉请求:①解除华宸公司与华泽公司的合同;②华泽公司、瑞富公司共同向华宸公司支付工程欠款1亿元,并承担利息;③华宸公司就欠付工程款本息对"华泽金融商务中心"工程拍卖所得价款享有优先受偿权。

一审法院认为:关于华宸公司对案涉工程是否享有建设工程价款的优先受偿权的问题。案涉工程不能竣工的原因不在华宸公司,瑞富公司以工程未竣工不享有建设工程价款优先受偿权的理由不能成立。华宸公司作为案涉工程的承包人,在欠付工程款及利息的范围内对案涉工程折价或拍卖价款享有优先受偿权。其次,华宸公司享有的优先受偿权是否在法律规定的行使期限内。《合同法》第二百八十六条明确规定了行使优先权的前提条件是发包人未按约付款,即工程款债权已届清偿期未获清偿,且经催告后仍未清偿。因此,计算承包

人优先受偿权行使的期限最早应当从债权清偿期届满而未获清偿时开始计算。本案中双方在诉讼中通过鉴定确定了工程价款,故华宸公司主张的优先受偿权是在法律规定的六个月行使期限内,瑞富公司以华宸公司停止施工或离开案涉项目的时间计算行使优先受偿权时间,一审法院不予支持。再其次,华宸公司享有优先受偿权的范围。根据《最高人民法院关于建设工程价款优先受偿权问题的批复》第三条规定:"建筑工程价款包括承包人为建设工程应当支付的工作人员报酬、材料款等实际支出的费用,不包括承包人因发包人违约所造成的损失",而利息属于法定孳息,系承包人实际支出费用而产生的孳息,与工程款本为一体,也应属于优先权的受偿范围,故华宸公司在华泽公司欠付工程款及利息的范围内对案涉工程折价或拍卖的价款享有优先受偿权。

2019年,瑞富公司不服一审判决,提出上诉。

二审法院认为,关于工程价款优先受偿权问题,按照瑞富公司与华泽公司签订的《项目合作开发协议》的约定,案涉工程项目由瑞富公司提供土地,由华泽公司承担项目开发的全部风险,无论项目是否盈利,华泽公司均向瑞富公司支付固定收益,项目开发、建设、销售以瑞富公司名义进行,华泽公司全部付清瑞富公司固定收益、承担项目对外全部负债后,项目整体转让至华泽公司名下,由华泽公司独立开发建设。而实际履行协议中,由华泽公司作为发包人与华宸公司签订了《建设工程施工合同》,之后因《项目合作开发协议》解除未能继续履行,现案涉工程在瑞富公司名下。华宸公司已向瑞富公司移交了施工工程,因华宸公司的施工行为,建筑材料和劳动力已经物化为在建工程,已经和在建工程不可分离,优先受偿权的标的物为华宸公司施工所完成的工程。华宸公司作为案涉工程的承包人有权依法主张对案涉工程的优先受偿权。瑞富公司与华泽公司因《项目合作开发协议》及协议解除等形成的债权债务,与本案不属于同一法律关系,瑞富公司以此作为案涉工程价款优先受偿权的抗辩理由,没有法律依据,不予支持。

优先受偿权的范围是否包括工程款利息问题。建设工程价款优先受偿权是法律为保护建筑工人利益的特别规定,根据《合同法》第二百八十六条的规定,建设工程价款优先受偿权的范围包括全部工程价款。欠付工程款利息属于孳息,未物化为工程,不属于承包人为建设工程实际支出的费用,不属于工程价款的组成部分。《最高人民法院关于审理建设工程施工合同纠纷案件适用法律问题的解释(二)》第二十一条明确规定了优先权范围不包括工程款利息，一审判决认为利息与工程款本为一体，扩大了工程款的范围，导致其适用法律错误，本院予以纠正。

(二) 案例分析

1. 优先受偿权是法定优先权，第三人对建筑物的债权不能对抗建设工程优先受偿权。

本案中瑞富公司不服判决的一个重要理由是，既然工程款与其无关，由华泽公司负责支付，但是却可以拍卖华泽公司已经转让给他方的建筑物，这等同于要其承担付款责任。且瑞富公司与华泽公司之间的债权债务已经结清，现在拍卖他名下的建筑物构成他对工程款的双重支付。这里涉及建设工程优先受偿权的法律性质问题。

法律设置建设工程价款优先受偿权是考虑到承包人的劳动已经物化到建筑物之中，当发包人不能按照约定支付工程款时，赋予承包人对工程优先受偿的权利，以保护承包人对工程价款的实际受偿，是对工程款债权进行的特殊保护。故建设工程价款优先受偿权的基础权利来源于承包人所享有的工程款债权。优先受偿权是一项法定的权利，且这项权利和建筑物是直接捆绑的，理由是承包人的成本已经物化在了建设工程项目中不可分离，因此才享有法定的优先权。

因此，虽然现案涉工程在瑞富公司名下。华宸公司已向瑞富公司移交了施工工程，因华宸公司的施工行为，建筑材料和劳动力已经物化为在建工程，已经和在建工程不可分离，优先受偿权的标的物为华宸公司施工所完成的工程，在工程款仍应支付、工程款债务仍需清偿的情况下，建设工程价款优先受偿权亦应支持。至于瑞富公司和华泽公司之间的债权债务，不能对抗建设工程优先受偿权。

2. 优先受偿权主张期限和受偿范围问题。

发包人应当给付建设工程价款，应以合同约定为准，通常合同会约定预付款、进度款和结算尾款，工程款都是分阶段支付的，应从支付结算款之日作为起算时间。两审法院皆认为，华泽公司与华宸公司未就工程款进行结算，2016年9月1日华宸公司提起本案诉讼主张工程款，一并主张了工程价款优先受偿权，并未超过法律规定的六个月的期限。

关于优先受偿权的主张期限，新司法解释有了重大变化。根据最新《最高人民法院关于审理建设工程施工合同纠纷案件适用法律问题的解释(一)》第四十一条规定:"承包人应当在合理期限内行使建设工程价款优先受偿权,但最长不得超过十八个月,自发包人应当给付建设工程价款之日起算。"

关于优先受偿的范围,新的司法解释基本承继了旧解释的规定。《最高人民法院关于审理建设工程施工合同纠纷案件适用法律问题的解释(一)》第四十条规定:"承包人建设工程价款优先受偿的范围依照国务院有关行政主管部门关于建设工程价款范围的规定确定。承包人就逾期支付建设工程价款的利息、违约金、损害赔偿金等主张优先受偿的,人民法院不予支持。"

十二、结算协议风险问题

【风险点】

1. 结算协议阻断司法鉴定,如结算金额与实际不符的,难以提请司法鉴定。
2. 结算协议遗漏工期、质量等事项约定,不能达到真正的结算效果。
3. 未完项目承包人中途退场,做出能力范围外的承诺,后期被发包人索赔。
4. 存在需索赔的事项但结算协议中未明确结算不包含索赔,丧失索赔权。

【风险防范】

(一) 结算协议的法律效果

1. 结算协议是新的独立的合同。

工程结算是一件复杂的事情,根据《建设工程施工合同(示范文本)》(GF—2017-0201)通用条款14.竣工结算的相关规定,结算有其固定的程序,经过该套程序下来确定的工程结算款为发包人就本项目应支付给承包人的所有金额,包括签证、索赔、发包人应扣款项等。而双方签订的结算协议可以视为发包人与承包人达成的就工程价款、工期责任、质量责任、索赔等一揽子事项的新的协议,是一个独立的合同。

2. 结算协议阻断司法鉴定。

《最高人民法院关于审理建设工程施工合同纠纷案件适用法律问题的解

释(一)》第二十九条规定:"当事人在诉讼前已经对建设工程价款结算达成协议,诉讼中一方当事人申请对工程造价进行鉴定的,人民法院不予准许。"即当承包人与发包人已经就工价款结算达成一致意见并签署了协议书之后,就排除了任何一方在诉讼中再申请司法鉴定的权利。

除非一方当事人能证明结算协议的签署中存在欺诈、重大误解或恶意串通等原因,或者事后发现工程质量存在严重不实的情形。这对主张重新鉴定的一方来说,要承担相当艰难的举证责任。

3. 施工合同无效,不影响结算协议的履行。

从《最高人民法院关于审理建设工程施工合同纠纷案件适用法律问题的解释(一)》第二十九条规定可以看到,司法审判中认为结算协议是一个独立的合同,对双方有绝对的约束力。这种约束力不以施工合同是否有效为前提。另,一些地方性司法指导意见也倾向于认同结算协议的独立效力。

比如,《北京市高级人民法院关于审理建设工程施工合同纠纷案件若干疑难问题的解答》第七点规定:当事人在诉讼前已就工程价款的结算达成协议,一方在诉讼中要求重新结算的,不予支持,但结算协议被法院或仲裁机构认定为无效或撤销的除外。建设工程施工合同无效,但工程经竣工验收合格,当事人一方以施工合同无效为由要求确认结算协议无效的,不予支持。

再如,《江苏省高级人民法院关于审理建设工程施工合同纠纷案件若干问题的解答》第9条规定:建设工程施工合同无效的,不影响竣工结算条款。

(二) 承包人签订《结算协议》注意事项

1. 充分考虑工期问题。

结算协议的签署前提有两种情况:一是工程正常完工,双方友好协商签订结算协议。这种情况下可能是发包人需要降低支付金额,所以不肯按照施工合同约定的正常程序来进行结算,也有可能是承包人为了及时拿到工程款有意做出让步,所以放弃按照正常结算程序,而选择和发包人签订一揽子的结算协议。二是工程非正常结束,如承包人中途退场,或项目烂尾提前解除合同。不论哪种情况,承包人应充分考虑工期问题,如果工程存在工期延误且合同中约定有工期违约责任的情况,而引发工期违约责任方是承包人或者责任不明晰的,承包人应当注意在结算协议中明确发包人放弃对承包人的索赔或者双方相互放弃对工期责任的索赔。这样一来杜绝后面结算协议履行时发包人拿工期抗辩,保证结算协议不受干扰地履行;二来防止发包人后期提起工期索赔。

2. 明确质量问题。

承包人在结算协议中应该写明工程已经经质量验收合格,或者放弃一部分自身权利要求发包人放弃追求质量责任。如果在结算协议中只确定金额,却没有确定承包人施工质量问题的,后期承包人依据结算协议要求发包人支付剩余工程款时,发包人很可能以质量问题进行抗辩甚至反诉。

3. 考虑索赔问题。

如果因发包人原因承包人提前退场的,除了正常的工程款结算,承包人还应当考虑工程交付、施工单位撤场、临时建筑的清理、工程资料的交付等因素。需要向发包人提出索赔的,应当有明确的索赔金额和计算依据,并和发包人进行协商,确定索赔金额。如果双方争议太大的,可以考虑先就无争议部分现行结算,各逐一列明需要另行结算的双方争议点,以便尽早拿到工程款。

4. 不做能力范围外的承诺。

承包人退场签署结算协议时,为了尽快拿到工程款,有时会做出巨大的让步,甚至向发包人承诺相关事宜。但是如果发包人没有按时给付工程款,承包人拖欠下游分包人工程款或民工工资时,承包人是无法阻止民工投诉的。这种情况承包人要承诺,也是以发包人履行结算协议按时支付工程款为前提,注意约定:若发包人违反结算协议未按时支付工程款的,承包人不再就承诺事宜承担保证责任。

5. 明确工程价款问题。

结算协议最核心的内容自然是工程款。应当注意在结算协议中明确已完工程量、合计工程总价款、已付工程款、未付工程款等金额以及针对未付工程款的具体支付方式和程序。通过结算协议将上述事宜明确地确定下来,以免后期争议。

另外,由于发包人拖欠工程款,承包人往往也未与分包人结算,而且承包人可能与分包人签订过"背靠背"条款,即在发包人付款的情况下才支付分包工程款。若是约定未付工程款按阶段支付的,最好约定清楚每一阶段支付的哪些分部分项工程的结算金额。

同时,正常情况下的结算应当是总工程价款依据各分部分项工程价款进行加总统计,但因为结算协议往往是发生在非正常结算的情况下的,承包人会做出一些让步,为了避免承包人与分包(尤其是指定分包)之间结算金额与承包人和发包人的结算金额不一致,最好在核算工程总价款时列明各分部分项工程的结算额。

另外,为了防止结算协议签订后发包人仍借故扣减一些零星费用如水电费、审计费等。协议中应明确,除质保金外,发包人不得扣留其他任何款项,也不得扣减任何款项。

【案例说明】

(一) 基本案情

惠元房地产开发有限公司(以下简称惠元公司)与中铁二局集团有限公司(以下简称中铁集团公司)、中铁二局建设有限公司(以下简称中铁建设公司)建设工程施工合同纠纷案

2010年10月25日,中铁建设公司通过招投标程序中标案涉工程,2010年11月1日至2019年3月31日,中铁建设公司与惠元公司先后签订《建设工程施工合同》《星海湾和谐天下一区、二区施工补充合同》《补充协议书》及补充合同二至补充合同八等。2016年10月8日,中铁集团公司取得建筑工程施工总承包特级资质。2019年12月6日,中铁集团公司通过签订《合同主体变更协议》成为承包人,并于2020年1月20日以施工单位身份参与工程竣工验收。2020年1月20日,案涉工程经建设单位、勘查单位、设计单位、监理单位、施工单位竣工验收合格。2020年3月3日,中铁集团公司与惠元公司签订《星海湾和谐天下一区、二区工程结算协议》。

后双方因工程款纠纷诉至法院,后惠元公司不服一、二审判决,向最高院申诉。认为案涉补充合同与《建设工程施工合同》系"黑白合同"。案涉工程在订约时属于必须招标的工程,补充合同与《建设工程施工合同》关于工程价款、质量等级、付款方式的约定存在明显差异,补充合同对《建设工程施工合同》的实质性内容作出变更,二者系"黑白合同"关系。《补充协议书》及星海湾和谐天下一区、二区施工补充合同二(简称补充合同二)至星海湾和谐天下一区、二区施工补充合同八(简称补充合同八)应属无效合同。2013年2月26日之后,中铁建设公司属于无资质施工,中铁集团公司在受让合同后参与办理竣工验收的相关手续,未参与案涉工程的施工。惠元公司与中铁建设公司

签订的《补充协议书》及补充合同二至补充合同八应为无效合同。案涉工程应以《建设工程施工合同》作为工程价款的结算依据,不应以《星海湾和谐天下一区、二区工程结算协议》作为结算依据

最高院再审认为:

1. 关于"黑白合同"问题。本案的补充合同、补充协议、结算协议不构成对《建设工程施工合同》的实质性变更,与《建设工程施工合同》之间不属于"黑白合同"关系。《星海湾和谐天下一区、二区施工补充合同》系对《建设工程施工合同》的细化补充,并非双方另行订立的实质性内容不一致的合同。在建设工程施工合同的履行过程中,无论该工程是否属于依法必须招标的工程,发包人与承包人可以根据客观情况的变化对工程款的数额及支付节点、停窝工损失、工期等通过补充协议的方式做出新的适当约定。本案中,发包人与承包人根据案涉工程施工情况发生的变化先后签订了一系列补充协议、补充合同,如2014年6月30日的《补充协议书》系双方对停窝工等损失及后续施工事宜达成协议,补充合同二至补充合同八及《星海湾和谐天下一区、二区工程结算协议》系双方对新增加的户型改造工程、已完工工程内容和结算价款、未施工部分工程造价的确定方式、工期、工程款支付、违约责任、竣工、工程结算等具体事宜作出进一步补充约定,上述约定均是双方在施工合同履行的过程中因客观情况发生变化所作的真实意思表示,未对招标投标时其他竞标人能否中标或以何种条件中标产生影响。

2. 关于案涉施工合同的效力认定问题。二审判决参照《最高人民法院关于审理建设工程施工合同纠纷案件适用法律问题的解释》第五条(新司法解释(一)中是第四条)"承包人超越资质等级许可的业务范围签订建设工程施工合同,在建设工程竣工前取得相应资质等级,当事人请求按照无效合同处理的,不予支持"的规定,认定案涉施工合同有效,并无不当。

3. 关于案涉工程价款结算依据问题。2020年3月3日,惠元公司(甲方)与中铁集团公司(乙方)签订《星海湾和谐天下一区、二区工程结算协议》,对案涉工程结算总价款予以确认,并约定"甲乙双方确认,本结算协议为本工程的最终结算文件,无论合同效力被如何认定,均不影响甲乙双方以上述工程结算总价款作为本工程的最终结算价款,甲乙双方均同意以上述工程结算总价款作为施工合同项下甲方应付乙方的款项,不再调整。"二审判决认定上述工程结算协议应作为案涉工程总价款的结算依据,有相应的事实和法律依

据。惠元公司关于案涉工程不应以《结算协议》作为结算依据的理由不成立。

（二）案例分析

本案争议点：合同是否无效以及合同无效时结算协议效力问题。

惠元公司认为，其与中铁建设公司签订的一系列补充协议属于"黑合同"，与中标的"白合同"相悖，所以补充协议应当无效。而双方签订的《结算协议》是依据补充协议而作出的，补充协议无效，《结算协议》也应当无效，所以应当按照《建设工程施工合同》作为工程价款的结算依据。

而最高院认为，"黑白合同"通常是指发包人与承包人就同一建设工程签订两份或两份以上实质性内容不一致的合同，其中有一份是中标合同即"白合同"，另一份或多份是与中标合同实质性内容不一致的合同即"黑合同"。招标投标活动应当遵循公开、公正、公平以及诚信的原则，按照上述原则签订的中标合同，对于招标人、中标人以及其他参与竞标活动的主体，都是公平的结果。但本案中补充协议并非是背离中标合同的"黑合同"，而是对中标合同的细化补充，不构成"黑合同"，依法有效。

至于《结算协议》效力，结算协议已经约定了"甲乙双方确认，本结算协议为本工程的最终结算文件，无论合同效力被如何认定，均不影响甲乙双方以上述工程结算总价款作为本工程的最终结算价款，甲乙双方均同意以上述工程结算总价款作为施工合同项下甲方应付乙方的款项，不再调整"。应当充分尊重当事人的意思表示，无论施工合同是否有效，不影响结算协议的效力。

十三、保修期内如何应对非承包人原因导致的质量问题

【风险点】

若承包人对发包人的维修要求不予理睬，发包人将会指派第三人维修。这对承包人有两方面的风险：一方面，引发质量问题的原因将难以查清；另一方面，维修费可能大大高于自己去维修所需。

【风险防范】

1. 查看质量问题，记录拍照，分析导致质量问题的原因。出现维修问题时，有时并不能第一眼判断是因为什么原因导致的质量问题，所以承包人应积极会同监理单位查看质量问题，记录拍照，准确诊断是不是因为自身原因

导致的质量问题。这样操作也方便自己收集非承包人原因导致质量问题的证据资料。

2. 出具维修方案。对于非自身原因导致的质量问题，承包人书面告知发包人产生问题的原因，若发包人依然委托承包人维修的，承包人维修方案及维修费清单，报发包人批准。

3. 维修后报验收通过。对出现的质量问题进行维修后，施工单位应报监理单位验收通过，并及时追索维修费。

【案例说明】

（一）基本案情

福建径坊建造工程有限公司（以下简称径坊公司）与厦门经济特区房地产开发集团有限公司（以下简称特房集团）建设工程施工合同纠纷

特房集团向一审法院提起诉讼，请求判令：径坊公司立即支付特房集团工程维修整改费用537万元并赔偿利息损失，交付工程竣工图和竣工资料一套。

一审法院认为：关于特房集团主张的维修整改费用是否应由径坊公司承担的问题，径坊公司确认收到特房集团发给其要求对诉争工程待保修事项及时进行保修整改的函件，但未提交证据证明其在《建设工程施工合同》约定的期限内采取积极的措施，对诉争工程的质量问题进行维修整改，因此对特房集团主张的径坊公司怠于履行维修整改义务的主张予以采信。对特房集团要求径坊公司支付的维修整改费用537万元及先行支付所产生的利息予以支持。

一审判决后，径坊公司不服提起上诉。

二审法院认为，根据双方《房屋建筑工程质量保修书》约定，径坊公司在收到特房集团要求对工程质量问题进行整改的函件后，应及时到场核查情况，明确质量缺陷的原因并进行保修，径坊公司主张其接到保修通知后即到场维修，没有提供证据予以证实，不予采信。径坊公司二审期间提出鉴定工程质量缺陷原因的申请超过法律规定的举证期限，且因现场改变，鉴定质量缺陷原因缺乏可能性，故对其鉴定申请不予准许。

径坊公司不服二审判决，向最高院申请再审，最高院驳回其再审申请。

径坊公司依然不服，向最高人民检察院申诉。

最高人民检察院抗诉认为,福建省高级人民法院二审判决认定的基本事实缺乏证据证明。①特房集团在工程验收合格后,违反合同约定的保修程序,擅自提前组织广兴公司进场施工,使诉争工程质量问题责任难以区分,应承担相应的责任。②特房集团自行委托维修整改内容已超出原设计、施工合同范围,该超出部分不属于质量保修范围,不应由径坊公司承担。综上,提出抗诉。

最高院再审认为:

1. 特房集团主张本案存在质量保修书第二条约定的承包人移交时单体共用部位及每套房屋室内部分不得遗留有明显的质量问题的情形,但该款明确约定上述移交行为是发生在承包人移交给发包人时,并约定发包人交房时业主所提出的质量问题按保修程序另行处理,该条还约定,对上述移交时的质量问题进行整改后,以发包人在内的各有关方签署验收合格书面文件为依据,确认全部质量问题整改合格,工程质量保修期从其次日起算。而诉争工程由相关设计单位进行设计,施工中由厦门基业衡信咨询有限公司进行监理,竣工后经初验收,承包人进行了相应整改,随后又进行整体验收和逐一分户验收,经现场实体检查,包括区质监站在内的各方均已确认工程质量为合格。由此可见,特房集团对本案工程已经通过委托监理单位监理等方式,采取了必要的质量控制措施,在最终的竣工验收时,诉争工程亦不存在质量保修书第二条约定的情形,特房集团援引该条认为其有权径行委托其他承包人进行整改,与本案事实不符。

2. 本案中现有证据显示,特房集团发出的第一份要求维修的通知即为2008年7月15日函件,该函于2008年7月17日发出,径坊公司于7月18日收到,特房集团未提交在此之前的电话录音或以其他方式进行通知的相应证据,证明其此前已经发出上述通知,故2008年7月18日之前径坊公司未实施维修,不属于违约拒绝保修义务,特房集团认为其在此之前即有权自行委托第三方进行维修,与合同约定不符。

特房集团主张其发出保修通知后,径坊公司即对通知所述内容负有完全的修理义务。对特房集团要求修理的内容,应当通过现场核查,确认需要保修的范围,即使对于保修范围或其责任存在争议,亦应在共同核查时固定相关事实以便日后解决。本案中,在特房集团发出上述函件后,双方虽进行过洽商,但未按照合同约定共同开展现场核查并保留相应记载。特房集团虽然以公证的方式进行了证据保全,但其也承认在发出通知和进行证据保全之前已经委托第三方进行整改施工,因此径坊公司抗辩称由于特房集团原因造成现场情况改变,现场核查基础已与房屋交接时不符的理由成立。对本案工程需要保修的内容现已无法核实的后果,应由特房集团承担主要责任,径坊公司承担次要责任。

与此同时,即使特房集团按照约定有权委托第三方维修,其维修仍应以解决现有质量问题为限,对于不必要、不合理的维修费用,不应由径坊公司承担,并应由特房集团对上述维修工作的必要性和合理性承担举证责任。在本院再审中,特房集团仍然仅强调所有质量问题均应由径坊公司完成保修,对上述问题仍未举证证明,故其以对外委托维修的总价款作为向径坊公司主张赔偿的依据,理由不足。

(二) 案例分析

1. 本案焦点之一:发包人有无履行维修的通知义务。

工程发生需保修的质量问题后,发包方应在保修期限内及时通知承包人予以维修,承包人在接到通知后拒不履行保修义务,发包方可以自行组织或委托第三方维修,维修费用由施工方承担。承包人承担保修义务或保修责任的前提为:质量问题发生在保修期限内、属于保修范围、属于施工方原因导致、经发包人通知拒不维修,前述四项条件需同时具备,缺一不可。

一、二审法院认为,特房集团履行了通知义务,但径坊公司未依约及按通知要求积极到现场辨认质量瑕疵问题,也没有给予保修整改,且对此未作合理解释,所产生的费用应当由径坊公司承担。再审认为,虽然径坊公司未按照通知要求积极到现场辨认质量瑕疵问题,但特房集团在通知径坊公司之前,已经派了第三方进场进行了部分工程的维修,因此双方都存在过错。

2. 本案焦点之二:径坊公司应当承担的维修范围。

本案比较复杂,历时长久,经过了一、二审,最高院再审,最高检抗诉,最高院再审等程序。特房集团认为工程发生的所有质量问题均应由径坊公司完成保修,但再审认为,维修范围应以施工范围为准。径坊公司认为发生的维修费用许多并不属于其维修范围,但是因为特房集团在发出通知和进行证据保全之前已经委托第三方进行整改施工,造成现场情况改变,现场核查基础已与房屋交接时不符。

再审认为,即使特房集团按照约定有权委托第三方维修,其维修仍应以解决现有质量问题为限,对于不必要、不合理的维修费用,不应由径坊公司承担,并应由特房集团对上述维修工作的必要性和合理性承担举证责任。特房集团不能证明相关维修工作对于工程存在的质量问题的必要性和合理性,故其数额不能当然作为本案工程维修整改的全部合理损失。对本案工程需要保修的内容现已无法核实的后果,应由特房集团承担主要责任,径坊公司承担次要责任。

3. 承包人对非自身原因导致质量问题的事宜举证责任,承包人应积极取证。

承包人接到发包人的维修通知后,应当立即赶到施工现场,辨别质量问题产生的原因和责任方。对于承包人认为不属于自己原因造成的质量缺陷,更应当第一时间赶到现场,查明事实,巩固证据,后期维修是自己施工,可以向发包人结算费用;不自己施工,发包人另行请第三方机构维修的,也能对抗发包人的索赔要求。

本案中,径坊公司在接到保修通知时,明知如由特房集团自行组织维修后,客观上无法再行恢复维修前的状态,因此,其完全有义务也有机会进场对质量瑕疵进行清点或证据保全,并在双方发生维修范围争议时提供证据。但是由于其不积极履行合同义务,也没有积极采取证据保全措施,本身存在过错,因此最后被再审判决以全部质保金对发包人进行赔偿。

附录一　中华人民共和国建筑法

(1997年11月1日第八届全国人民代表大会常务委员会第二十八次会议通过　根据2011年4月22日第十一届全国人民代表大会常务委员会第二十次会议《关于修改〈中华人民共和国建筑法〉的决定》第一次修正　根据2019年4月23日第十三届全国人民代表大会常务委员会第十次会议《关于修改〈中华人民共和国建筑法〉等八部法律的决定》第二次修正)

目录

第一章　总　则
第二章　建筑许可
第一节　建筑工程施工许可
第二节　从业资格
第三章　建筑工程发包与承包
第一节　一般规定
第二节　发　包
第三节　承　包
第四章　建筑工程监理
第五章　建筑安全生产管理
第六章　建筑工程质量管理
第七章　法律责任
第八章　附　则

第一章　总　则

第一条　为了加强对建筑活动的监督管理,维护建筑市场秩序,保证建筑工程的质量和安全,促进建筑业健康发展,制定本法。

第二条　在中华人民共和国境内从事建筑活动,实施对建筑活动的监督管理,应当遵守本法。

本法所称建筑活动,是指各类房屋建筑及其附属设施的建造和与其配套的线路、管道、设备的安装活动。

第三条　建筑活动应当确保建筑工程质量和安全,符合国家的建筑工程安全标准。

第四条　国家扶持建筑业的发展,支持建筑科学技术研究,提高房屋建筑设计水平,鼓励节约能源和保护环境,提倡采用先进技术、先进设备、先进工艺、新型建筑材料和现代管理方式。

第五条　从事建筑活动应当遵守法律、法规,不得损害社会公共利益和他人的合法权益。

任何单位和个人都不得妨碍和阻挠依法进行的建筑活动。

第六条　国务院建设行政主管部门对全国的建筑活动实施统一监督管理。

第二章　建筑许可

第一节　建筑工程施工许可

第七条　建筑工程开工前,建设单位应当按照国家有关规定向工程所在地县级以上人民政府建设行政主管部门申请领取施工许可证;但是,国务院建设行政主管部门确定的限额以下的小型工程除外。

按照国务院规定的权限和程序批准开工报告的建筑工程,不再领取施工许可证。

第八条　申请领取施工许可证,应当具备下列条件：

(一) 已经办理该建筑工程用地批准手续；

(二) 依法应当办理建设工程规划许可证的,已经取得建设工程规划许可证；

(三) 需要拆迁的,其拆迁进度符合施工要求；

(四) 已经确定建筑施工企业；

(五) 有满足施工需要的资金安排、施工图纸及技术资料；

(六) 有保证工程质量和安全的具体措施。

建设行政主管部门应当自收到申请之日起七日内,对符合条件的申请颁发施工许可证。

第九条　建设单位应当自领取施工许可证之日起三个月内开工。因故不能按期开工的,应当向发证机关申请延期;延期以两次为限,每次不超过三个月。既不开工又不申请延期或者超过延期时限的,施工许可证自行废止。

第十条　在建的建筑工程因故中止施工的,建设单位应当自中止施工之日起一个月内,向发证机关报告,并按照规定做好建筑工程的维护管理工作。

建筑工程恢复施工时,应当向发证机关报告;中止施工满一年的工程恢复施工前,建设单位应当报发证机关核验施工许可证。

第十一条　按照国务院有关规定批准开工报告的建筑工程,因故不能按期开工或者中止施工的,应当及时向批准机关报告情况。因故不能按期开工超过六个月的,应当重新办理开工报告的批准手续。

第二节　从业资格

第十二条　从事建筑活动的建筑施工企业、勘察单位、设计单位和工程监理单

位,应当具备下列条件:

(一) 有符合国家规定的注册资本;

(二) 有与其从事的建筑活动相适应的具有法定执业资格的专业技术人员;

(三) 有从事相关建筑活动所应有的技术装备;

(四) 法律、行政法规规定的其他条件。

第十三条 从事建筑活动的建筑施工企业、勘察单位、设计单位和工程监理单位,按照其拥有的注册资本、专业技术人员、技术装备和已完成的建筑工程业绩等资质条件,划分为不同的资质等级,经资质审查合格,取得相应等级的资质证书后,方可在其资质等级许可的范围内从事建筑活动。

第十四条 从事建筑活动的专业技术人员,应当依法取得相应的执业资格证书,并在执业资格证书许可的范围内从事建筑活动。

第三章 建筑工程发包与承包

第一节 一般规定

第十五条 建筑工程的发包单位与承包单位应当依法订立书面合同,明确双方的权利和义务。

发包单位和承包单位应当全面履行合同约定的义务。不按照合同约定履行义务的,依法承担违约责任。

第十六条 建筑工程发包与承包的招标投标活动,应当遵循公开、公正、平等竞争的原则,择优选择承包单位。

建筑工程的招标投标,本法没有规定的,适用有关招标投标法律的规定。

第十七条 发包单位及其工作人员在建筑工程发包中不得收受贿赂、回扣或者索取其他好处。

承包单位及其工作人员不得利用向发包单位及其工作人员行贿、提供回扣或者给予其他好处等不正当手段承揽工程。

第十八条 建筑工程造价应当按照国家有关规定,由发包单位与承包单位在合同中约定。公开招标发包的,其造价的约定,须遵守招标投标法律的规定。

发包单位应当按照合同的约定,及时拨付工程款项。

第二节 发 包

第十九条 建筑工程依法实行招标发包,对不适于招标发包的可以直接发包。

第二十条 建筑工程实行公开招标的,发包单位应当依照法定程序和方式,发布招标公告,提供载有招标工程的主要技术要求、主要的合同条款、评标的标准和方法以及开标、评标、定标的程序等内容的招标文件。

开标应当在招标文件规定的时间、地点公开进行。开标后应当按照招标文件规定的评标标准和程序对标书进行评价、比较,在具备相应资质条件的投标者中,择优选定中标者。

第二十一条 建筑工程招标的开标、评标、定标由建设单位依法组织实施,并接受有关行政主管部门的监督。

第二十二条 建筑工程实行招标发包的,发包单位应当将建筑工程发包给依法中标的承包单位。建筑工程实行直接发包的,发包单位应当将建筑工程发包给具有相应资质条件的承包单位。

第二十三条 政府及其所属部门不得滥用行政权力,限定发包单位将招标发包的建筑工程发包给指定的承包单位。

第二十四条 提倡对建筑工程实行总承包,禁止将建筑工程肢解发包。

建筑工程的发包单位可以将建筑工程的勘察、设计、施工、设备采购一并发包给一个工程总承包单位,也可以将建筑工程勘察、设计、施工、设备采购的一项或者多项发包给一个工程总承包单位;但是,不得将应当由一个承包单位完成的建筑工程肢解成若干部分发包给几个承包单位。

第二十五条 按照合同约定,建筑材料、建筑构配件和设备由工程承包单位采购的,发包单位不得指定承包单位购入用于工程的建筑材料、建筑构配件和设备或者指定生产厂、供应商。

第三节 承 包

第二十六条 承包建筑工程的单位应当持有依法取得的资质证书,并在其资质等级许可的业务范围内承揽工程。

禁止建筑施工企业超越本企业资质等级许可的业务范围或者以任何形式用其他建筑施工企业的名义承揽工程。禁止建筑施工企业以任何形式允许其他单位或者个人使用本企业的资质证书、营业执照,以本企业的名义承揽工程。

第二十七条 大型建筑工程或者结构复杂的建筑工程,可以由两个以上的承包单位联合共同承包。共同承包的各方对承包合同的履行承担连带责任。

两个以上不同资质等级的单位实行联合共同承包的,应当按照资质等级低的单位的业务许可范围承揽工程。

第二十八条 禁止承包单位将其承包的全部建筑工程转包给他人,禁止承包单位将其承包的全部建筑工程肢解以后以分包的名义分别转包给他人。

第二十九条 建筑工程总承包单位可以将承包工程中的部分工程发包给具有相应资质条件的分包单位;但是,除总承包合同中约定的分包外,必须经建设单位认可。施工总承包的,建筑工程主体结构的施工必须由总承包单位自行完成。

建筑工程总承包单位按照总承包合同的约定对建设单位负责;分包单位按照分包合同的约定对总承包单位负责。总承包单位和分包单位就分包工程对建设单位承担连带责任。

禁止总承包单位将工程分包给不具备相应资质条件的单位。禁止分包单位将其承包的工程再分包。

第四章　建筑工程监理

第三十条　国家推行建筑工程监理制度。

国务院可以规定实行强制监理的建筑工程的范围。

第三十一条　实行监理的建筑工程,由建设单位委托具有相应资质条件的工程监理单位监理。建设单位与其委托的工程监理单位应当订立书面委托监理合同。

第三十二条　建筑工程监理应当依照法律、行政法规及有关的技术标准、设计文件和建筑工程承包合同,对承包单位在施工质量、建设工期和建设资金使用等方面,代表建设单位实施监督。

工程监理人员认为工程施工不符合工程设计要求、施工技术标准和合同约定的,有权要求建筑施工企业改正。

工程监理人员发现工程设计不符合建筑工程质量标准或者合同约定的质量要求的,应当报告建设单位要求设计单位改正。

第三十三条　实施建筑工程监理前,建设单位应当将委托的工程监理单位、监理的内容及监理权限,书面通知被监理的建筑施工企业。

第三十四条　工程监理单位应当在其资质等级许可的监理范围内,承担工程监理业务。

工程监理单位应当根据建设单位的委托,客观、公正地执行监理任务。

工程监理单位与被监理工程的承包单位以及建筑材料、建筑构配件和设备供应单位不得有隶属关系或者其他利害关系。

工程监理单位不得转让工程监理业务。

第三十五条　工程监理单位不按照委托监理合同的约定履行监理义务,对应当监督检查的项目不检查或者不按照规定检查,给建设单位造成损失的,应当承担相应的赔偿责任。

工程监理单位与承包单位串通,为承包单位谋取非法利益,给建设单位造成损失的,应当与承包单位承担连带赔偿责任。

第五章　建筑安全生产管理

第三十六条　建筑工程安全生产管理必须坚持安全第一、预防为主的方针,建立健全安全生产的责任制度和群防群治制度。

第三十七条　建筑工程设计应当符合按照国家规定制定的建筑安全规程和技术规范,保证工程的安全性能。

第三十八条　建筑施工企业在编制施工组织设计时,应当根据建筑工程的特点制定相应的安全技术措施；对专业性较强的工程项目，应当编制专项安全施工组织设计，并采取安全技术措施。

第三十九条　建筑施工企业应当在施工现场采取维护安全、防范危险、预防火灾等措施；有条件的，应当对施工现场实行封闭管理。

施工现场对毗邻的建筑物、构筑物和特殊作业环境可能造成损害的，建筑施工企业应当采取安全防护措施。

第四十条　建设单位应当向建筑施工企业提供与施工现场相关的地下管线资料，建筑施工企业应当采取措施加以保护。

第四十一条　建筑施工企业应当遵守有关环境保护和安全生产的法律、法规的规定，采取控制和处理施工现场的各种粉尘、废气、废水、固体废物以及噪声、振动对环境的污染和危害的措施。

第四十二条　有下列情形之一的，建设单位应当按照国家有关规定办理申请批准手续：

（一）需要临时占用规划批准范围以外场地的；

（二）可能损坏道路、管线、电力、邮电通讯等公共设施的；

（三）需要临时停水、停电、中断道路交通的；

（四）需要进行爆破作业的；

（五）法律、法规规定需要办理报批手续的其他情形。

第四十三条　建设行政主管部门负责建筑安全生产的管理，并依法接受劳动行政主管部门对建筑安全生产的指导和监督。

第四十四条　建筑施工企业必须依法加强对建筑安全生产的管理，执行安全生产责任制度，采取有效措施，防止伤亡和其他安全生产事故的发生。

建筑施工企业的法定代表人对本企业的安全生产负责。

第四十五条　施工现场安全由建筑施工企业负责。实行施工总承包的，由总承包单位负责。分包单位向总承包单位负责，服从总承包单位对施工现场的安全生产管理。

第四十六条　建筑施工企业应当建立健全劳动安全生产教育培训制度，加强对职工安全生产的教育培训；未经安全生产教育培训的人员，不得上岗作业。

第四十七条　建筑施工企业和作业人员在施工过程中，应当遵守有关安全生产的法律、法规和建筑行业安全规章、规程，不得违章指挥或者违章作业。作业人员有权对影响人身健康的作业程序和作业条件提出改进意见，有权获得安全生产所需的防护用品。作业人员对危及生命安全和人身健康的行为有权提出批评、检举和控告。

第四十八条　建筑施工企业应当依法为职工参加工伤保险缴纳工伤保险费。鼓励企业为从事危险作业的职工办理意外伤害保险，支付保险费。

第四十九条　涉及建筑主体和承重结构变动的装修工程,建设单位应当在施工前委托原设计单位或者具有相应资质条件的设计单位提出设计方案;没有设计方案的,不得施工。

第五十条　房屋拆除应当由具备保证安全条件的建筑施工单位承担,由建筑施工单位负责人对安全负责。

第五十一条　施工中发生事故时,建筑施工企业应当采取紧急措施减少人员伤亡和事故损失,并按照国家有关规定及时向有关部门报告。

第六章　建筑工程质量管理

第五十二条　建筑工程勘察、设计、施工的质量必须符合国家有关建筑工程安全标准的要求,具体管理办法由国务院规定。

有关建筑工程安全的国家标准不能适应确保建筑安全的要求时,应当及时修订。

第五十三条　国家对从事建筑活动的单位推行质量体系认证制度。从事建筑活动的单位根据自愿原则可以向国务院产品质量监督管理部门或者国务院产品质量监督管理部门授权的部门认可的认证机构申请质量体系认证。经认证合格的,由认证机构颁发质量体系认证证书。

第五十四条　建设单位不得以任何理由,要求建筑设计单位或者建筑施工企业在工程设计或者施工作业中,违反法律、行政法规和建筑工程质量、安全标准,降低工程质量。

建筑设计单位和建筑施工企业对建设单位违反前款规定提出的降低工程质量的要求,应当予以拒绝。

第五十五条　建筑工程实行总承包的,工程质量由工程总承包单位负责,总承包单位将建筑工程分包给其他单位的,应当对分包工程的质量与分包单位承担连带责任。分包单位应当接受总承包单位的质量管理。

第五十六条　建筑工程的勘察、设计单位必须对其勘察、设计的质量负责。勘察、设计文件应当符合有关法律、行政法规的规定和建筑工程质量、安全标准、建筑工程勘察、设计技术规范以及合同的约定。设计文件选用的建筑材料、建筑构配件和设备,应当注明其规格、型号、性能等技术指标,其质量要求必须符合国家规定的标准。

第五十七条　建筑设计单位对设计文件选用的建筑材料、建筑构配件和设备,不得指定生产厂、供应商。

第五十八条　建筑施工企业对工程的施工质量负责。

建筑施工企业必须按照工程设计图纸和施工技术标准施工,不得偷工减料。工程设计的修改由原设计单位负责,建筑施工企业不得擅自修改工程设计。

第五十九条　建筑施工企业必须按照工程设计要求、施工技术标准和合同的约定,对建筑材料、建筑构配件和设备进行检验,不合格的不得使用。

第六十条　建筑物在合理使用寿命内,必须确保地基基础工程和主体结构的质量。

建筑工程竣工时,屋顶、墙面不得留有渗漏、开裂等质量缺陷;对已发现的质量缺陷,建筑施工企业应当修复。

第六十一条　交付竣工验收的建筑工程,必须符合规定的建筑工程质量标准,有完整的工程技术经济资料和经签署的工程保修书,并具备国家规定的其他竣工条件。

建筑工程竣工经验收合格后,方可交付使用;未经验收或者验收不合格的,不得交付使用。

第六十二条　建筑工程实行质量保修制度。

建筑工程的保修范围应当包括地基基础工程、主体结构工程、屋面防水工程和其他土建工程,以及电气管线、上下水管线的安装工程,供热、供冷系统工程等项目;保修的期限应当按照保证建筑物合理寿命年限内正常使用,维护使用者合法权益的原则确定。具体的保修范围和最低保修期限由国务院规定。

第六十三条　任何单位和个人对建筑工程的质量事故、质量缺陷都有权向建设行政主管部门或者其他有关部门进行检举、控告、投诉。

第七章　法律责任

第六十四条　违反本法规定,未取得施工许可证或者开工报告未经批准擅自施工的,责令改正,对不符合开工条件的责令停止施工,可以处以罚款。

第六十五条　发包单位将工程发包给不具有相应资质条件的承包单位的,或者违反本法规定将建筑工程肢解发包的,责令改正,处以罚款。

超越本单位资质等级承揽工程的,责令停止违法行为,处以罚款,可以责令停业整顿,降低资质等级;情节严重的,吊销资质证书;有违法所得的,予以没收。

未取得资质证书承揽工程的,予以取缔,并处罚款;有违法所得的,予以没收。

以欺骗手段取得资质证书的,吊销资质证书,处以罚款;构成犯罪的,依法追究刑事责任。

第六十六条　建筑施工企业转让、出借资质证书或者以其他方式允许他人以本企业的名义承揽工程的,责令改正,没收违法所得,并处罚款,可以责令停业整顿,降低资质等级;情节严重的,吊销资质证书。对因该项承揽工程不符合规定的质量标准造成的损失,建筑施工企业与使用本企业名义的单位或者个人承担连带赔偿责任。

第六十七条　承包单位将承包的工程转包的,或者违反本法规定进行分包的,责令改正,没收违法所得,并处罚款,可以责令停业整顿,降低资质等级;情节严重的,吊销资质证书。

承包单位有前款规定的违法行为的,对因转包工程或者违法分包的工程不符合规定的质量标准造成的损失,与接受转包或者分包的单位承担连带赔偿责任。

第六十八条 在工程发包与承包中索贿、受贿、行贿,构成犯罪的,依法追究刑事责任;不构成犯罪的,分别处以罚款,没收贿赂的财物,对直接负责的主管人员和其他直接责任人员给予处分。

对在工程承包中行贿的承包单位,除依照前款规定处罚外,可以责令停业整顿,降低资质等级或者吊销资质证书。

第六十九条 工程监理单位与建设单位或者建筑施工企业串通,弄虚作假、降低工程质量的,责令改正,处以罚款,降低资质等级或者吊销资质证书;有违法所得的,予以没收;造成损失的,承担连带赔偿责任;构成犯罪的,依法追究刑事责任。

工程监理单位转让监理业务的,责令改正,没收违法所得,可以责令停业整顿,降低资质等级;情节严重的,吊销资质证书。

第七十条 违反本法规定,涉及建筑主体或者承重结构变动的装修工程擅自施工的,责令改正,处以罚款;造成损失的,承担赔偿责任;构成犯罪的,依法追究刑事责任。

第七十一条 建筑施工企业违反本法规定,对建筑安全事故隐患不采取措施予以消除的,责令改正,可以处以罚款;情节严重的,责令停业整顿,降低资质等级或者吊销资质证书;构成犯罪的,依法追究刑事责任。

建筑施工企业的管理人员违章指挥、强令职工冒险作业,因而发生重大伤亡事故或者造成其他严重后果的,依法追究刑事责任。

第七十二条 建设单位违反本法规定,要求建筑设计单位或者建筑施工企业违反建筑工程质量、安全标准,降低工程质量的,责令改正,可以处以罚款;构成犯罪的,依法追究刑事责任。

第七十三条 建筑设计单位不按照建筑工程质量、安全标准进行设计的,责令改正,处以罚款;造成工程质量事故的,责令停业整顿,降低资质等级或者吊销资质证书,没收违法所得,并处罚款;造成损失的,承担赔偿责任;构成犯罪的,依法追究刑事责任。

第七十四条 建筑施工企业在施工中偷工减料的,使用不合格的建筑材料、建筑构配件和设备的,或者有其他不按照工程设计图纸或者施工技术标准施工的行为的,责令改正,处以罚款;情节严重的,责令停业整顿,降低资质等级或者吊销资质证书;造成建筑工程质量不符合规定的质量标准的,负责返工、修理,并赔偿因此造成的损失;构成犯罪的,依法追究刑事责任。

第七十五条 建筑施工企业违反本法规定,不履行保修义务或者拖延履行保修义务的,责令改正,可以处以罚款,并对在保修期内因屋顶、墙面渗漏、开裂等质量缺陷造成的损失,承担赔偿责任。

第七十六条 本法规定的责令停业整顿、降低资质等级和吊销资质证书的行政处罚,由颁发资质证书的机关决定;其他行政处罚,由建设行政主管部门或者有关部门依照法律和国务院规定的职权范围决定。

依照本法规定被吊销资质证书的,由工商行政管理部门吊销其营业执照。

第七十七条 违反本法规定,对不具备相应资质等级条件的单位颁发该等级资质证书的,由其上级机关责令收回所发的资质证书,对直接负责的主管人员和其他直接责任人员给予行政处分;构成犯罪的,依法追究刑事责任。

第七十八条 政府及其所属部门的工作人员违反本法规定,限定发包单位将招标发包的工程发包给指定的承包单位的,由上级机关责令改正;构成犯罪的,依法追究刑事责任。

第七十九条 负责颁发建筑工程施工许可证的部门及其工作人员对不符合施工条件的建筑工程颁发施工许可证的,负责工程质量监督检查或者竣工验收的部门及其工作人员对不合格的建筑工程出具质量合格文件或者按合格工程验收的,由上级机关责令改正,对责任人员给予行政处分;构成犯罪的,依法追究刑事责任;造成损失的,由该部门承担相应的赔偿责任。

第八十条 在建筑物的合理使用寿命内,因建筑工程质量不合格受到损害的,有权向责任者要求赔偿。

第八章 附 则

第八十一条 本法关于施工许可、建筑施工企业资质审查和建筑工程发包、承包、禁止转包,以及建筑工程监理、建筑工程安全和质量管理的规定,适用于其他专业建筑工程的建筑活动,具体办法由国务院规定。

第八十二条 建设行政主管部门和其他有关部门在对建筑活动实施监督管理中,除按照国务院有关规定收取费用外,不得收取其他费用。

第八十三条 省、自治区、直辖市人民政府确定的小型房屋建筑工程的建筑活动,参照本法执行。

依法核定作为文物保护的纪念建筑物和古建筑等的修缮,依照文物保护的有关法律规定执行。

抢险救灾及其他临时性房屋建筑和农民自建低层住宅的建筑活动,不适用本法。

第八十四条 军用房屋建筑工程建筑活动的具体管理办法,由国务院、中央军事委员会依据本法制定。

第八十五条 本法自1998年3月1日起施行。

附录二　最高人民法院关于审理建设工程施工合同纠纷案件适用法律问题的解释（一）

（2020年12月25日最高人民法院审判委员会第1825次会议通过，自2021年1月1日起施行　〔2020〕法释25号）

为正确审理建设工程施工合同纠纷案件，依法保护当事人合法权益，维护建筑市场秩序，促进建筑市场健康发展，根据《中华人民共和国民法典》《中华人民共和国建筑法》《中华人民共和国招标投标法》《中华人民共和国民事诉讼法》等相关法律规定，结合审判实践，制定本解释。

第一条　建设工程施工合同具有下列情形之一的，应当依据民法典第一百五十三条第一款的规定，认定无效：

（一）承包人未取得建筑业企业资质或者超越资质等级的；

（二）没有资质的实际施工人借用有资质的建筑施工企业名义的；

（三）建设工程必须进行招标而未招标或者中标无效的。

承包人因转包、违法分包建设工程与他人签订的建设工程施工合同，应当依据民法典第一百五十三条第一款及第七百九十一条第二款、第三款的规定，认定无效。

第二条　招标人和中标人另行签订的建设工程施工合同约定的工程范围、建设工期、工程质量、工程价款等实质性内容，与中标合同不一致，一方当事人请求按照中标合同确定权利义务的，人民法院应予支持。

招标人和中标人在中标合同之外就明显高于市场价格购买承建房产、无偿建设住房配套设施、让利、向建设单位捐赠财物等另行签订合同，变相降低工程价款，一方当事人以该合同背离中标合同实质性内容为由请求确认无效的，人民法院应予支持。

第三条　当事人以发包人未取得建设工程规划许可证等规划审批手续为由，请求确认建设工程施工合同无效的，人民法院应予支持，但发包人在起诉前取得建设工程规划许可证等规划审批手续的除外。

发包人能够办理审批手续而未办理，并以未办理审批手续为由请求确认建设工程施工合同无效的，人民法院不予支持。

第四条　承包人超越资质等级许可的业务范围签订建设工程施工合同，在建设工程竣工前取得相应资质等级,当事人请求按照无效合同处理的,人民法院不予支持。

第五条 具有劳务作业法定资质的承包人与总承包人、分包人签订的劳务分包合同,当事人请求确认无效的,人民法院依法不予支持。

第六条 建设工程施工合同无效,一方当事人请求对方赔偿损失的,应当就对方过错、损失大小、过错与损失之间的因果关系承担举证责任。

损失大小无法确定,一方当事人请求参照合同约定的质量标准、建设工期、工程价款支付时间等内容确定损失大小的,人民法院可以结合双方过错程度、过错与损失之间的因果关系等因素作出裁判。

第七条 缺乏资质的单位或者个人借用有资质的建筑施工企业名义签订建设工程施工合同,发包人请求出借方与借用方对建设工程质量不合格等因出借资质造成的损失承担连带赔偿责任的,人民法院应予支持。

第八条 当事人对建设工程开工日期有争议的,人民法院应当分别按照以下情形予以认定:

(一)开工日期为发包人或者监理人发出的开工通知载明的开工日期;开工通知发出后,尚不具备开工条件的,以开工条件具备的时间为开工日期;因承包人原因导致开工时间推迟的,以开工通知载明的时间为开工日期。

(二)承包人经发包人同意已经实际进场施工的,以实际进场施工时间为开工日期。

(三)发包人或者监理人未发出开工通知,亦无相关证据证明实际开工日期的,应当综合考虑开工报告、合同、施工许可证、竣工验收报告或者竣工验收备案表等载明的时间,并结合是否具备开工条件的事实,认定开工日期。

第九条 当事人对建设工程实际竣工日期有争议的,人民法院应当分别按照以下情形予以认定:

(一)建设工程经竣工验收合格的,以竣工验收合格之日为竣工日期;

(二)承包人已经提交竣工验收报告,发包人拖延验收的,以承包人提交验收报告之日为竣工日期;

(三)建设工程未经竣工验收,发包人擅自使用的,以转移占有建设工程之日为竣工日期。

第十条 当事人约定顺延工期应当经发包人或者监理人签证等方式确认,承包人虽未取得工期顺延的确认,但能够证明在合同约定的期限内向发包人或者监理人申请过工期顺延且顺延事由符合合同约定,承包人以此为由主张工期顺延的,人民法院应予支持。

当事人约定承包人未在约定期限内提出工期顺延申请视为工期不顺延的,按照约定处理,但发包人在约定期限后同意工期顺延或者承包人提出合理抗辩的除外。

第十一条　建设工程竣工前,当事人对工程质量发生争议,工程质量经鉴定合格的,鉴定期间为顺延工期期间。

第十二条　因承包人的原因造成建设工程质量不符合约定,承包人拒绝修理、返工或者改建,发包人请求减少支付工程价款的,人民法院应予支持。

第十三条　发包人具有下列情形之一,造成建设工程质量缺陷,应当承担过错责任:

(一)提供的设计有缺陷;

(二)提供或者指定购买的建筑材料、建筑构配件、设备不符合强制性标准;

(三)直接指定分包人分包专业工程。

承包人有过错的,也应当承担相应的过错责任。

第十四条　建设工程未经竣工验收,发包人擅自使用后,又以使用部分质量不符合约定为由主张权利的,人民法院不予支持;但是承包人应当在建设工程的合理使用寿命内对地基基础工程和主体结构质量承担民事责任。

第十五条　因建设工程质量发生争议的,发包人可以以总承包人、分包人和实际施工人为共同被告提起诉讼。

第十六条　发包人在承包人提起的建设工程施工合同纠纷案件中,以建设工程质量不符合合同约定或者法律规定为由,就承包人支付违约金或者赔偿修理、返工、改建的合理费用等损失提出反诉的,人民法院可以合并审理。

第十七条　有下列情形之一,承包人请求发包人返还工程质量保证金的,人民法院应予支持:

(一)当事人约定的工程质量保证金返还期限届满;

(二)当事人未约定工程质量保证金返还期限的,自建设工程通过竣工验收之日起满二年;

(三)因发包人原因建设工程未按约定期限进行竣工验收的,自承包人提交工程竣工验收报告九十日后当事人约定的工程质量保证金返还期限届满;当事人未约定工程质量保证金返还期限的,自承包人提交工程竣工验收报告九十日后起满二年。

发包人返还工程质量保证金后,不影响承包人根据合同约定或者法律规定履行工程保修义务。

第十八条　因保修人未及时履行保修义务,导致建筑物毁损或者造成人身损害、财产损失的,保修人应当承担赔偿责任。

保修人与建筑物所有人或者发包人对建筑物毁损均有过错的,各自承担相应的责任。

第十九条　当事人对建设工程的计价标准或者计价方法有约定的,按照约定结算工程价款。

因设计变更导致建设工程的工程量或者质量标准发生变化,当事人对该部分工程价款不能协商一致的,可以参照签订建设工程施工合同时当地建设行政主管部门发布的计价方法或者计价标准结算工程价款。

建设工程施工合同有效,但建设工程经竣工验收不合格的,依照民法典第五百七十七条规定处理。

第二十条　当事人对工程量有争议的,按照施工过程中形成的签证等书面文件确认。承包人能够证明发包人同意其施工,但未能提供签证文件证明工程量发生的,可以按照当事人提供的其他证据确认实际发生的工程量。

第二十一条　当事人约定,发包人收到竣工结算文件后,在约定期限内不予答复,视为认可竣工结算文件的,按照约定处理。承包人请求按照竣工结算文件结算工程价款的,人民法院应予支持。

第二十二条　当事人签订的建设工程施工合同与招标文件、投标文件、中标通知书载明的工程范围、建设工期、工程质量、工程价款不一致,一方当事人请求将招标文件、投标文件、中标通知书作为结算工程价款的依据的,人民法院应予支持。

第二十三条　发包人将依法不属于必须招标的建设工程进行招标后,与承包人另行订立的建设工程施工合同背离中标合同的实质性内容,当事人请求以中标合同作为结算建设工程价款依据的,人民法院应予支持,但发包人与承包人因客观情况发生了在招标投标时难以预见的变化而另行订立建设工程施工合同的除外。

第二十四条　当事人就同一建设工程订立的数份建设工程施工合同均无效,但建设工程质量合格,一方当事人请求参照实际履行的合同关于工程价款的约定折价补偿承包人的,人民法院应予支持。

实际履行的合同难以确定,当事人请求参照最后签订的合同关于工程价款的约定折价补偿承包人的,人民法院应予支持。

第二十五条　当事人对垫资和垫资利息有约定,承包人请求按照约定返还垫资及其利息的,人民法院应予支持,但是约定的利息计算标准高于垫资时的同类贷款利率或者同期贷款市场报价利率的部分除外。

当事人对垫资没有约定的,按照工程欠款处理。

当事人对垫资利息没有约定,承包人请求支付利息的,人民法院不予支持。

第二十六条　当事人对欠付工程价款利息计付标准有约定的,按照约定处理。没有约定的,按照同期同类贷款利率或者同期贷款市场报价利率计息。

第二十七条　利息从应付工程价款之日开始计付。当事人对付款时间没有约定或者约定不明的,下列时间视为应付款时间:

(一)建设工程已实际交付的,为交付之日;

(二)建设工程没有交付的,为提交竣工结算文件之日;

(三)建设工程未交付,工程价款也未结算的,为当事人起诉之日。

第二十八条 当事人约定按照固定价结算工程价款,一方当事人请求对建设工程造价进行鉴定的,人民法院不予支持。

第二十九条 当事人在诉讼前已经对建设工程价款结算达成协议,诉讼中一方当事人申请对工程造价进行鉴定的,人民法院不予准许。

第三十条 当事人在诉讼前共同委托有关机构、人员对建设工程造价出具咨询意见,诉讼中一方当事人不认可该咨询意见申请鉴定的,人民法院应予准许,但双方当事人明确表示受该咨询意见约束的除外。

第三十一条 当事人对部分案件事实有争议的,仅对有争议的事实进行鉴定,但争议事实范围不能确定,或者双方当事人请求对全部事实鉴定的除外。

第三十二条 当事人对工程造价、质量、修复费用等专门性问题有争议,人民法院认为需要鉴定的,应当向负有举证责任的当事人释明。当事人经释明未申请鉴定,虽申请鉴定但未支付鉴定费用或者拒不提供相关材料的,应当承担举证不能的法律后果。

一审诉讼中负有举证责任的当事人未申请鉴定,虽申请鉴定但未支付鉴定费用或者拒不提供相关材料,二审诉讼中申请鉴定,人民法院认为确有必要的,应当依照民事诉讼法第一百七十条第一款第三项的规定处理。

第三十三条 人民法院准许当事人的鉴定申请后,应当根据当事人申请及查明案件事实的需要,确定委托鉴定的事项、范围、鉴定期限等,并组织当事人对争议的鉴定材料进行质证。

第三十四条 人民法院应当组织当事人对鉴定意见进行质证。鉴定人将当事人有争议且未经质证的材料作为鉴定依据的,人民法院应当组织当事人就该部分材料进行质证。经质证认为不能作为鉴定依据的,根据该材料作出的鉴定意见不得作为认定案件事实的依据。

第三十五条 与发包人订立建设工程施工合同的承包人,依据民法典第八百零七条的规定请求其承建工程的价款就工程折价或者拍卖的价款优先受偿的,人民法院应予支持。

第三十六条 承包人根据民法典第八百零七条规定享有的建设工程价款优先受偿权优于抵押权和其他债权。

第三十七条 装饰装修工程具备折价或者拍卖条件,装饰装修工程的承包人请求工程价款就该装饰装修工程折价或者拍卖的价款优先受偿的,人民法院应予支持。

第三十八条 建设工程质量合格,承包人请求其承建工程的价款就工程折价或者拍卖的价款优先受偿的,人民法院应予支持。

第三十九条 未竣工的建设工程质量合格,承包人请求其承建工程的价款就其承建工程部分折价或者拍卖的价款优先受偿的,人民法院应予支持。

第四十条　承包人建设工程价款优先受偿的范围依照国务院有关行政主管部门关于建设工程价款范围的规定确定。

承包人就逾期支付建设工程价款的利息、违约金、损害赔偿金等主张优先受偿的,人民法院不予支持。

第四十一条　承包人应当在合理期限内行使建设工程价款优先受偿权,但最长不得超过十八个月,自发包人应当给付建设工程价款之日起算。

第四十二条　发包人与承包人约定放弃或者限制建设工程价款优先受偿权,损害建筑工人利益,发包人根据该约定主张承包人不享有建设工程价款优先受偿权的,人民法院不予支持。

第四十三条　实际施工人以转包人、违法分包人为被告起诉的,人民法院应当依法受理。

实际施工人以发包人为被告主张权利的,人民法院应当追加转包人或者违法分包人为本案第三人,在查明发包人欠付转包人或者违法分包人建设工程价款的数额后,判决发包人在欠付建设工程价款范围内对实际施工人承担责任。

第四十四条　实际施工人依据民法典第五百三十五条规定,以转包人或者违法分包人怠于向发包人行使到期债权或者与该债权有关的从权利,影响其到期债权实现,提起代位权诉讼的,人民法院应予支持。

第四十五条　本解释自 2021 年 1 月 1 日起施行。

附录三　必须招标的工程项目规定

（2018年3月27日国家发展改革委令第16号公布）

《必须招标的工程项目规定》已经国务院批准，现予公布，自2018年6月1日起施行。

第一条　为了确定必须招标的工程项目，规范招标投标活动，提高工作效率、降低企业成本、预防腐败，根据《中华人民共和国招标投标法》第三条的规定，制定本规定。

第二条　全部或者部分使用国有资金投资或者国家融资的项目包括：

（一）使用预算资金200万元人民币以上，并且该资金占投资额10%以上的项目；

（二）使用国有企业事业单位资金，并且该资金占控股或者主导地位的项目。

第三条　使用国际组织或者外国政府贷款、援助资金的项目包括：

（一）使用世界银行、亚洲开发银行等国际组织贷款、援助资金的项目；

（二）使用外国政府及其机构贷款、援助资金的项目。

第四条　不属于本规定第二条、第三条规定情形的大型基础设施、公用事业等关系社会公共利益、公众安全的项目，必须招标的具体范围由国务院发展改革部门会同国务院有关部门按照确有必要、严格限定的原则制订，报国务院批准。

第五条　本规定第二条至第四条规定范围内的项目，其勘察、设计、施工、监理以及与工程建设有关的重要设备、材料等的采购达到下列标准之一的，必须招标：

（一）施工单项合同估算价在400万元人民币以上；

（二）重要设备、材料等货物的采购，单项合同估算价在200万元人民币以上；

（三）勘察、设计、监理等服务的采购，单项合同估算价在100万元人民币以上。

同一项目中可以合并进行的勘察、设计、施工、监理以及与工程建设有关的重要设备、材料等的采购，合同估算价合计达到前款规定标准的，必须招标。

第六条　本规定自2018年6月1日起施行。

附录四 房屋建筑和市政基础设施工程施工分包管理办法

(2004年2月3日建设部令第124号发布;根据2014年8月27日住房和城乡建设部令第19号第一次修订;根据2019年3月13日《住房和城乡建设部关于修改部分部门规章的决定》(住房和城乡建设部令第47号)第二次修订)

第一条 为了规范房屋建筑和市政基础设施工程施工分包活动,维护建筑市场秩序,保证工程质量和施工安全,根据《中华人民共和国建筑法》《中华人民共和国招标投标法》《建设工程质量管理条例》等有关法律、法规,制定本办法。

第二条 在中华人民共和国境内从事房屋建筑和市政基础设施工程施工分包活动,实施对房屋建筑和市政基础设施工程施工分包活动的监督管理,适用本办法。

第三条 国务院住房城乡建设主管部门负责全国房屋建筑和市政基础设施工程施工分包的监督管理工作。

县级以上地方人民政府住房城乡建设主管部门负责本行政区域内房屋建筑和市政基础设施工程施工分包的监督管理工作。

第四条 本办法所称施工分包,是指建筑业企业将其所承包的房屋建筑和市政基础设施工程中的专业工程或者劳务作业发包给其他建筑业企业完成的活动。

第五条 房屋建筑和市政基础设施工程施工分包分为专业工程分包和劳务作业分包。

本办法所称专业工程分包,是指施工总承包企业(以下简称专业分包工程发包人)将其所承包工程中的专业工程发包给具有相应资质的其他建筑业企业(以下简称专业分包工程承包人)完成的活动。

本办法所称劳务作业分包,是指施工总承包企业或者专业承包企业(以下简称劳务作业发包人)将其承包工程中的劳务作业发包给劳务分包企业(以下简称劳务作业承包人)完成的活动。

本办法所称分包工程发包人包括本条第二款、第三款中的专业分包工程发包人和劳务作业发包人;分包工程承包人包括本条第二款、第三款中的专业分包工程承包人和劳务作业承包人。

第六条 房屋建筑和市政基础设施工程施工分包活动必须依法进行。

鼓励发展专业承包企业和劳务分包企业,提倡分包活动进入有形建筑市场公开交易,完善有形建筑市场的分包工程交易功能。

第七条 建设单位不得直接指定分包工程承包人。任何单位和个人不得对依法实施的分包活动进行干预。

第八条 分包工程承包人必须具有相应的资质,并在其资质等级许可的范围内承揽业务。

严禁个人承揽分包工程业务。

第九条 专业工程分包除在施工总承包合同中有约定外,必须经建设单位认可。专业分包工程承包人必须自行完成所承包的工程。

劳务作业分包由劳务作业发包人与劳务作业承包人通过劳务合同约定。劳务作业承包人必须自行完成所承包的任务。

第十条 分包工程发包人和分包工程承包人应当依法签订分包合同,并按照合同履行约定的义务。分包合同必须明确约定支付工程款和劳务工资的时间、结算方式以及保证按期支付的相应措施,确保工程款和劳务工资的支付。

第十一条 分包工程发包人应当设立项目管理机构,组织管理所承包工程的施工活动。

项目管理机构应当具有与承包工程的规模、技术复杂程度相适应的技术、经济管理人员。其中,项目负责人、技术负责人、项目核算负责人、质量管理人员、安全管理人员必须是本单位的人员。具体要求由省、自治区、直辖市人民政府住房城乡建设主管部门规定。

前款所指本单位人员,是指与本单位有合法的人事或者劳动合同、工资以及社会保险关系的人员。

第十二条 分包工程发包人可以就分包合同的履行,要求分包工程承包人提供分包工程履约担保;分包工程承包人在提供担保后,要求分包工程发包人同时提供分包工程付款担保的,分包工程发包人应当提供。

第十三条 禁止将承包的工程进行转包。不履行合同约定,将其承包的全部工程发包给他人,或者将其承包的全部工程肢解后以分包的名义分别发包给他人的,属于转包行为。

违反本办法第十一条规定,分包工程发包人将工程分包后,未在施工现场设立项目管理机构和派驻相应人员,并未对该工程的施工活动进行组织管理的,视同转包行为。

第十四条 禁止将承包的工程进行违法分包。下列行为,属于违法分包:

(一)分包工程发包人将专业工程或者劳务作业分包给不具备相应资质条件的分包工程承包人的;

(二)施工总承包合同中未有约定,又未经建设单位认可,分包工程发包人将承包工程中的部分专业工程分包给他人的;

第十五条　禁止转让、出借企业资质证书或者以其他方式允许他人以本企业名义承揽工程。

分包工程发包人没有将其承包的工程进行分包，在施工现场所设项目管理机构的项目负责人、技术负责人、项目核算负责人、质量管理人员、安全管理人员不是工程承包人本单位人员的，视同允许他人以本企业名义承揽工程。

第十六条　分包工程承包人应当按照分包合同的约定对其承包的工程向分包工程发包人负责。分包工程发包人和分包工程承包人就分包工程对建设单位承担连带责任。

第十七条　分包工程发包人对施工现场安全负责，并对分包工程承包人的安全生产进行管理。专业分包工程承包人应当将其分包工程的施工组织设计和施工安全方案报分包工程发包人备案，专业分包工程发包人发现事故隐患，应当及时作出处理。

分包工程承包人就施工现场安全向分包工程发包人负责，并应当服从分包工程发包人对施工现场的安全生产管理。

第十八条　违反本办法规定，转包、违法分包或者允许他人以本企业名义承揽工程的，以及接受转包和用他人名义承揽工程的，按《中华人民共和国建筑法》、《中华人民共和国招标投标法》和《建设工程质量管理条例》的规定予以处罚。具体办法由国务院住房城乡建设主管部门依据有关法律法规另行制定。

第十九条　未取得建筑业企业资质承接分包工程的，按照《中华人民共和国建筑法》第六十五条第三款和《建设工程质量管理条例》第六十条第一款、第二款的规定处罚。

第二十条　本办法自2004年4月1日起施行。原城乡建设环境保护部1986年4月30日发布的《建筑安装工程总分包实施办法》同时废止。

附录五　房屋建筑和市政基础设施工程施工招标投标管理办法

（2019修正）

（2001年6月1日建设部令第89号发布　根据2018年9月28日住房和城乡建设部令第43号《住房城乡建设部关于修改〈房屋建筑和市政基础设施工程施工招标投标管理办法〉的决定》第一次修正　根据2019年3月13日住房和城乡建设部令第47号《住房和城乡建设部关于修改部分部门规章的决定》第二次修正）

第一章　总　则

第一条　为了规范房屋建筑和市政基础设施工程施工招标投标活动，维护招标投标当事人的合法权益，依据《中华人民共和国建筑法》《中华人民共和国招标投标法》等法律、行政法规，制定本办法。

第二条　依法必须进行招标的房屋建筑和市政基础设施工程（以下简称工程），其施工招标投标活动，适用本办法。

本办法所称房屋建筑工程，是指各类房屋建筑及其附属设施和与其配套的线路、管道、设备安装工程及室内外装修工程。

本办法所称市政基础设施工程，是指城市道路、公共交通、供水、排水、燃气、热力、园林、环卫、污水处理、垃圾处理、防洪、地下公共设施及附属设施的土建、管道、设备安装工程。

第三条　国务院建设行政主管部门负责全国工程施工招标投标活动的监督管理。

县级以上地方人民政府建设行政主管部门负责本行政区域内工程施工招标投标活动的监督管理。具体的监督管理工作，可以委托工程招标投标监督管理机构负责实施。

第四条　任何单位和个人不得违反法律、行政法规规定，限制或者排斥本地区、本系统以外的法人或者其他组织参加投标，不得以任何方式非法干涉施工招标投标活动。

第五条　施工招标投标活动及其当事人应当依法接受监督。

建设行政主管部门依法对施工招标投标活动实施监督，查处施工招标投标活动中的违法行为。

第二章 招 标

第六条 工程施工招标由招标人依法组织实施。招标人不得以不合理条件限制或者排斥潜在投标人,不得对潜在投标人实行歧视待遇,不得对潜在投标人提出与招标工程实际要求不符的过高的资质等级要求和其他要求。

第七条 工程施工招标应当具备下列条件:

(一)按照国家有关规定需要履行项目审批手续的,已经履行审批手续;

(二)工程资金或者资金来源已经落实;

(三)有满足施工招标需要的设计文件及其他技术资料;

(四)法律、法规、规章规定的其他条件。

第八条 工程施工招标分为公开招标和邀请招标。

依法必须进行施工招标的工程,全部使用国有资金投资或者国有资金投资占控股或者主导地位的,应当公开招标,但经国家计委或者省、自治区、直辖市人民政府依法批准可以进行邀请招标的重点建设项目除外;其他工程可以实行邀请招标。

第九条 工程有下列情形之一的,经县级以上地方人民政府建设行政主管部门批准,可以不进行施工招标:

(一)停建或者缓建后恢复建设的单位工程,且承包人未发生变更的;

(二)施工企业自建自用的工程,且该施工企业资质等级符合工程要求的;

(三)在建工程追加的附属小型工程或者主体加层工程,且承包人未发生变更的;

(四)法律、法规、规章规定的其他情形。

第十条 依法必须进行施工招标的工程,招标人自行办理施工招标事宜的,应当具有编制招标文件和组织评标的能力:

(一)有专门的施工招标组织机构;

(二)有与工程规模、复杂程度相适应并具有同类工程施工招标经验、熟悉有关工程施工招标法律法规的工程技术、概预算及工程管理的专业人员。

不具备上述条件的,招标人应当委托工程招标代理机构代理施工招标。

第十一条 招标人自行办理施工招标事宜的,应当在发布招标公告或者发出投标邀请书的5日前,向工程所在地县级以上地方人民政府建设行政主管部门备案,并报送下列材料:

(一)按照国家有关规定办理审批手续的各项批准文件;

(二)本办法第十条所列条件的证明材料,包括专业技术人员的名单、职称证书或者执业资格证书及其工作经历的证明材料;

(三)法律、法规、规章规定的其他材料。

招标人不具备自行办理施工招标事宜条件的,建设行政主管部门应当自收到备案材料之日起 5 日内责令招标人停止自行办理施工招标事宜。

第十二条　全部使用国有资金投资或者国有资金投资占控股或者主导地位，依法必须进行施工招标的工程项目，应当进入有形建筑市场进行招标投标活动。

政府有关管理机关可以在有形建筑市场集中办理有关手续，并依法实施监督。

第十三条　依法必须进行施工公开招标的工程项目，应当在国家或者地方指定的报刊、信息网络或者其他媒介上发布招标公告，并同时在中国工程建设和建筑业信息网上发布招标公告。

招标公告应当载明招标人的名称和地址，招标工程的性质、规模、地点以及获取招标文件的办法等事项。

第十四条　招标人采用邀请招标方式的，应当向 3 个以上符合资质条件的施工企业发出投标邀请书。

投标邀请书应当载明本办法第十三条第二款规定的事项。

第十五条　招标人可以根据招标工程的需要，对投标申请人进行资格预审，也可以委托工程招标代理机构对投标申请人进行资格预审。实行资格预审的招标工程，招标人应当在招标公告或者投标邀请书中载明资格预审的条件和获取资格预审文件的办法。

资格预审文件一般应当包括资格预审申请书格式、申请人须知，以及需要投标申请人提供的企业资质、业绩、技术装备、财务状况和拟派出的项目经理与主要技术人员的简历、业绩等证明材料。

第十六条　经资格预审后，招标人应当向资格预审合格的投标申请人发出资格预审合格通知书，告知获取招标文件的时间、地点和方法，并同时向资格预审不合格的投标申请人告知资格预审结果。

在资格预审合格的投标申请人过多时，可以由招标人从中选择不少于 7 家资格预审合格的投标申请人。

第十七条　招标人应当根据招标工程的特点和需要，自行或者委托工程招标代理机构编制招标文件。招标文件应当包括下列内容：

（一）投标须知，包括工程概况，招标范围，资格审查条件，工程资金来源或者落实情况，标段划分，工期要求，质量标准，现场踏勘和答疑安排，投标文件编制、提交、修改、撤回的要求，投标报价要求，投标有效期，开标的时间和地点，评标的方法和标准等；

（二）招标工程的技术要求和设计文件；

（三）采用工程量清单招标的，应当提供工程量清单；

（四）投标函的格式及附录；

（五）拟签订合同的主要条款；

（六）要求投标人提交的其他材料。

第十八条　依法必须进行施工招标的工程,招标人应当在招标文件发出的同时,将招标文件报工程所在地的县级以上地方人民政府建设行政主管部门备案,但实施电子招标投标的项目除外。建设行政主管部门发现招标文件有违反法律、法规内容的,应当责令招标人改正。

第十九条　招标人对已发出的招标文件进行必要的澄清或者修改的,应当在招标文件要求提交投标文件截止时间至少15日前,以书面形式通知所有招标文件收受人,并同时报工程所在地的县级以上地方人民政府建设行政主管部门备案,但实施电子招标投标的项目除外。该澄清或者修改的内容为招标文件的组成部分。

第二十条　招标人设有标底的,应当依据国家规定的工程量计算规则及招标文件规定的计价方法和要求编制标底,并在开标前保密。一个招标工程只能编制一个标底。

第二十一条　招标人对于发出的招标文件可以酌收工本费。其中的设计文件,招标人可以酌收押金。对于开标后将设计文件退还的,招标人应当退还押金。

第三章　投　标

第二十二条　施工招标的投标人是响应施工招标、参与投标竞争的施工企业。

投标人应当具备相应的施工企业资质,并在工程业绩、技术能力、项目经理资格条件、财务状况等方面满足招标文件提出的要求。

第二十三条　投标人对招标文件有疑问需要澄清的,应当以书面形式向招标人提出。

第二十四条　投标人应当按照招标文件的要求编制投标文件,对招标文件提出的实质性要求和条件作出响应。

招标文件允许投标人提供备选标的,投标人可以按照招标文件的要求提交替代方案,并作出相应报价作备选标。

第二十五条　投标文件应当包括下列内容:

(一)投标函;

(二)施工组织设计或者施工方案;

(三)投标报价;

(四)招标文件要求提供的其他材料。

第二十六条　招标人可以在招标文件中要求投标人提交投标担保。投标担保可以采用投标保函或者投标保证金的方式。投标保证金可以使用支票、银行汇票等,一般不得超过投标总价的2%,最高不得超过50万元。

投标人应当按照招标文件要求的方式和金额,将投标保函或者投标保证金随投标文件提交招标人。

第二十七条　投标人应当在招标文件要求提交投标文件的截止时间前,将投标文件密封送达投标地点。招标人收到投标文件后,应当向投标人出具标明签收人和签收时间的凭证,并妥善保存投标文件。在开标前,任何单位和个人均不得开启投标文件。在招标文件要求提交投标文件的截止时间后送达的投标文件,为无效的投标文件,招标人应当拒收。

提交投标文件的投标人少于3个的,招标人应当依法重新招标。

第二十八条　投标人在招标文件要求提交投标文件的截止时间前,可以补充、修改或者撤回已提交的投标文件。补充、修改的内容为投标文件的组成部分,并应当按照本办法第二十七条第一款的规定送达、签收和保管。在招标文件要求提交投标文件的截止时间后送达的补充或者修改的内容无效。

第二十九条　两个以上施工企业可以组成一个联合体,签订共同投标协议,以一个投标人的身份共同投标。联合体各方均应当具备承担招标工程的相应资质条件。相同专业的施工企业组成的联合体,按照资质等级低的施工企业的业务许可范围承揽工程。

招标人不得强制投标人组成联合体共同投标,不得限制投标人之间的竞争。

第三十条　投标人不得相互串通投标,不得排挤其他投标人的公平竞争,损害招标人或者其他投标人的合法权益。

投标人不得与招标人串通投标,损害国家利益、社会公共利益或者他人的合法权益。

禁止投标人以向招标人或者评标委员会成员行贿的手段谋取中标。

第三十一条　投标人不得以低于其企业成本的报价竞标,不得以他人名义投标或者以其他方式弄虚作假,骗取中标。

第四章　开标、评标和中标

第三十二条　开标应当在招标文件确定的提交投标文件截止时间的同一时间公开进行;开标地点应当为招标文件中预先确定的地点。

第三十三条　开标由招标人主持,邀请所有投标人参加。开标应当按照下列规定进行:

由投标人或者其推选的代表检查投标文件的密封情况,也可以由招标人委托的公证机构进行检查并公证。经确认无误后,由有关工作人员当众拆封,宣读投标人名称、投标价格和投标文件的其他主要内容。

招标人在招标文件要求提交投标文件的截止时间前收到的所有投标文件,开标时都应当当众予以拆封、宣读。

开标过程应当记录,并存档备查。

第三十四条　在开标时,投标文件出现下列情形之一的,应当作为无效投标文件,不得进入评标:

（一）投标文件未按照招标文件的要求予以密封的；

（二）投标文件中的投标函未加盖投标人的企业及企业法定代表人印章的，或者企业法定代表人委托代理人没有合法、有效的委托书（原件）及委托代理人印章的；

（三）投标文件的关键内容字迹模糊、无法辨认的；

（四）投标人未按照招标文件的要求提供投标保函或者投标保证金的；

（五）组成联合体投标的，投标文件未附联合体各方共同投标协议的。

第三十五条　评标由招标人依法组建的评标委员会负责。

依法必须进行施工招标的工程，其评标委员会由招标人的代表和有关技术、经济等方面的专家组成，成员人数为5人以上单数，其中招标人、招标代理机构以外的技术、经济等方面专家不得少于成员总数的三分之二。评标委员会的专家成员，应当由招标人从建设行政主管部门及其他有关政府部门确定的专家名册或者工程招标代理机构的专家库内相关专业的专家名单中确定。确定专家成员一般应当采取随机抽取的方式。

与投标人有利害关系的人不得进入相关工程的评标委员会。评标委员会成员的名单在中标结果确定前应当保密。

第三十六条　建设行政主管部门的专家名册应当拥有一定数量规模并符合法定资格条件的专家。省、自治区、直辖市人民政府建设行政主管部门可以将专家数量少的地区的专家名册予以合并或者实行专家名册计算机联网。

建设行政主管部门应当对进入专家名册的专家组织有关法律和业务培训，对其评标能力、廉洁公正等进行综合评估，及时取消不称职或者违法违规人员的评标专家资格。被取消评标专家资格的人员，不得再参加任何评标活动。

第三十七条　评标委员会应当按照招标文件确定的评标标准和方法，对投标文件进行评审和比较，并对评标结果签字确认；设有标底的，应当参考标底。

第三十八条　评标委员会可以用书面形式要求投标人对投标文件中含义不明确的内容作必要的澄清或者说明。投标人应当采用书面形式进行澄清或者说明，其澄清或者说明不得超出投标文件的范围或者改变投标文件的实质性内容。

第三十九条　评标委员会经评审，认为所有投标文件都不符合招标文件要求的，可以否决所有投标。

依法必须进行施工招标工程的所有投标被否决的，招标人应当依法重新招标。

第四十条　评标可以采用综合评估法、经评审的最低投标标价法或者法律法规允许的其他评标方法。

采用综合评估法的，应当对投标文件提出的工程质量、施工工期、投标价格、施工组织设计或者施工方案、投标人及项目经理业绩等，能否最大限度地满足招标文件中规定的各项要求和评价标准进行评审和比较。以评分方式进行评估的，对于各种评比奖项不得额外计分。

采用经评审的最低投标价法的，应当在投标文件能够满足招标文件实质性要求的投标人中，评审出投标价格最低的投标人，但投标价格低于其企业成本的除外。

第四十一条　评标委员会完成评标后，应当向招标人提出书面评标报告，阐明评标委员会对各投标文件的评审和比较意见，并按照招标文件中规定的评标方法，推荐不超过 3 名有排序的合格的中标候选人。招标人根据评标委员会提出的书面评标报告和推荐的中标候选人确定中标人。

使用国有资金投资或者国家融资的工程项目，招标人应当按照中标候选人的排序确定中标人。当确定中标的中标候选人放弃中标或者因不可抗力提出不能履行合同的，招标人可以依序确定其他中标候选人为中标人。

招标人也可以授权评标委员会直接确定中标人。

第四十二条　有下列情形之一的，评标委员会可以要求投标人作出书面说明并提供相关材料：

（一）设有标底的，投标报价低于标底合理幅度的；

（二）不设标底的，投标报价明显低于其他投标报价，有可能低于其企业成本的。

经评标委员会论证，认定该投标人的报价低于其企业成本的，不能推荐为中标候选人或者中标人。

第四十三条　招标人应当在投标有效期截止时限 30 日前确定中标人。投标有效期应当在招标文件中载明。

第四十四条　依法必须进行施工招标的工程，招标人应当自确定中标人之日起 15 日内，向工程所在地的县级以上地方人民政府建设行政主管部门提交施工招标投标情况的书面报告。书面报告应当包括下列内容：

（一）施工招标投标的基本情况，包括施工招标范围、施工招标方式、资格审查、开评标过程和确定中标人的方式及理由等。

（二）相关的文件资料，包括招标公告或者投标邀请书、投标报名表、资格预审文件、招标文件、评标委员会的评标报告（设有标底的，应当附标底）、中标人的投标文件。委托工程招标代理的，还应当附工程施工招标代理委托合同。

前款第二项中已按照本办法的规定办理了备案的文件资料，不再重复提交。

第四十五条　建设行政主管部门自收到书面报告之日起 5 日内未通知招标人在招标投标活动中有违法行为的，招标人可以向中标人发出中标通知书，并将中标结果通知所有未中标的投标人。

第四十六条　招标人和中标人应当自中标通知书发出之日起 30 日内，按照招标文件和中标人的投标文件订立书面合同；招标人和中标人不得再行订立背离合同实质性内容的其他协议。

中标人不与招标人订立合同的,投标保证金不予退还并取消其中标资格,给招标人造成的损失超过投标保证金数额的,应当对超过部分予以赔偿;没有提交投标保证金的,应当对招标人的损失承担赔偿责任。

招标人无正当理由不与中标人签订合同,给中标人造成损失的,招标人应当给予赔偿。

第四十七条 招标文件要求中标人提交履约担保的,中标人应当提交。招标人应当同时向中标人提供工程款支付担保。

第五章 罚 则

第四十八条 有违反《招标投标法》行为的,县级以上地方人民政府建设行政主管部门应当按照《招标投标法》的规定予以处罚。

第四十九条 招标投标活动中有《招标投标法》规定中标无效情形的,由县级以上地方人民政府建设行政主管部门宣布中标无效,责令重新组织招标,并依法追究有关责任人责任。

第五十条 应当招标未招标的,应当公开招标未公开招标的,县级以上地方人民政府建设行政主管部门应当责令改正,拒不改正的,不得颁发施工许可证。

第五十一条 招标人不具备自行办理施工招标事宜条件而自行招标的,县级以上地方人民政府建设行政主管部门应当责令改正,处1万元以下的罚款。

第五十二条 评标委员会的组成不符合法律、法规规定的,县级以上地方人民政府建设行政主管部门应当责令招标人重新组织评标委员会。

第五十三条 招标人未向建设行政主管部门提交施工招标投标情况书面报告的,县级以上地方人民政府建设行政主管部门应当责令改正。

第六章 附 则

第五十四条 工程施工专业分包、劳务分包采用招标方式的,参照本办法执行。

第五十五条 招标文件或者投标文件使用两种以上语言文字的,必须有一种是中文;如对不同文本的解释发生异议的,以中文文本为准。用文字表示的金额与数字表示的金额不一致的,以文字表示的金额为准。

第五十六条 涉及国家安全、国家秘密、抢险救灾或者属于利用扶贫资金实行以工代赈、需要使用农民工等特殊情况,不适宜进行施工招标的工程,按照国家有关规定可以不进行施工招标。

第五十七条 使用国际组织或者外国政府贷款、援助资金的工程进行施工招标,贷款方、资金提供方对招标投标的具体条件和程序有不同规定的,可以适用其规定,但违背中华人民共和国的社会公共利益的除外。

第五十八条　本办法由国务院建设行政主管部门负责解释。

第五十九条　本办法自发布之日起施行。1992年12月30日建设部颁布的《工程建设施工招标投标管理办法》(建设部令第23号)同时废止。

附录六　关于完善建设工程价款结算有关办法的通知

财建〔2022〕183号

党中央有关部门，国务院各部委、各直属机构，全国人大常委会办公厅，全国政协办公厅，最高人民法院，最高人民检察院，各民主党派中央，有关人民团体，各中央管理企业，各省、自治区、直辖市、计划单列市财政厅（局）、住房和城乡建设厅（委、管委、局），新疆生产建设兵团财政局、住房和城乡建设局：

为进一步完善建设工程价款结算有关办法，维护建设市场秩序，减轻建筑企业负担，保障农民工权益，根据《基本建设财务规则》（财政部令第81号）、《建设工程价款结算暂行办法》（财建〔2004〕369号）等有关规定，现就有关工作通知如下：

一、提高建设工程进度款支付比例。政府机关、事业单位、国有企业建设工程进度款支付应不低于已完成工程价款的80%；同时，在确保不超出工程总概（预）算以及工程决（结）算工作顺利开展的前提下，除按合同约定保留不超过工程价款总额3%的质量保证金外，进度款支付比例可由发承包双方根据项目实际情况自行确定。在结算过程中，若发生进度款支付超出实际已完成工程价款的情况，承包单位应按规定在结算后30日内向发包单位返还多收到的工程进度款。

二、当年开工、当年不能竣工的新开工项目可以推行过程结算。发承包双方通过合同约定，将施工过程按时间或进度节点划分施工周期，对周期内已完成且无争议的工程量（含变更、签证、索赔等）进行价款计算、确认和支付，支付金额不得超出已完工部分对应的批复概（预）算。经双方确认的过程结算文件作为竣工结算文件的组成部分，竣工后原则上不再重复审核。

三、本通知自2022年8月1日起施行。自此日期起签订的工程合同应按照本通知执行。除本通知所规范事项外，其他有关事项继续按照《建设工程价款结算暂行办法》（财建〔2004〕369号）执行。

财政部　住房和城乡建设部
2022年6月14日

附录七　建筑工程施工发包与承包违法行为认定查处管理办法

建市规〔2019〕1号

第一条　为规范建筑工程施工发包与承包活动中违法行为的认定、查处和管理，保证工程质量和施工安全，有效遏制发包与承包活动中的违法行为，维护建筑市场秩序和建筑工程主要参与方的合法权益，根据《中华人民共和国建筑法》《中华人民共和国招标投标法》《中华人民共和国合同法》《建设工程质量管理条例》《建设工程安全生产管理条例》《中华人民共和国招标投标法实施条例》等法律法规，以及《全国人大法工委关于对建筑施工企业母公司承接工程后交由子公司实施是否属于转包以及行政处罚两年追诉期认定法律适用问题的意见》（法工办发〔2017〕223号），结合建筑活动实践，制定本办法。

第二条　本办法所称建筑工程，是指房屋建筑和市政基础设施工程及其附属设施和与其配套的线路、管道、设备安装工程。

第三条　住房和城乡建设部对全国建筑工程施工发包与承包违法行为的认定查处工作实施统一监督管理。

县级以上地方人民政府住房和城乡建设主管部门在其职责范围内具体负责本行政区域内建筑工程施工发包与承包违法行为的认定查处工作。

本办法所称的发包与承包违法行为具体是指违法发包、转包、违法分包及挂靠等违法行为。

第四条　建设单位与承包单位应严格依法签订合同，明确双方权利、义务、责任，严禁违法发包、转包、违法分包和挂靠，确保工程质量和施工安全。

第五条　本办法所称违法发包，是指建设单位将工程发包给个人或不具有相应资质的单位、肢解发包、违反法定程序发包及其他违反法律法规规定发包的行为。

第六条　存在下列情形之一的，属于违法发包：

（一）建设单位将工程发包给个人的；

（二）建设单位将工程发包给不具有相应资质的单位的；

（三）依法应当招标未招标或未按照法定招标程序发包的；

（四）建设单位设置不合理的招标投标条件，限制、排斥潜在投标人或者投标人的；

（五）建设单位将一个单位工程的施工分解成若干部分发包给不同的施工总承包或专业承包单位的。

第七条　本办法所称转包，是指承包单位承包工程后，不履行合同约定的责任和义务，将其承包的全部工程或者将其承包的全部工程肢解后以分包的名义分别转给其他单位或个人施工的行为。

第八条　存在下列情形之一的，应当认定为转包，但有证据证明属于挂靠或者其他违法行为的除外：

（一）承包单位将其承包的全部工程转给其他单位（包括母公司承接建筑工程后将所承接工程交由具有独立法人资格的子公司施工的情形）或个人施工的；

（二）承包单位将其承包的全部工程肢解以后，以分包的名义分别转给其他单位或个人施工的；

（三）施工总承包单位或专业承包单位未派驻项目负责人、技术负责人、质量管理负责人、安全管理负责人等主要管理人员，或派驻的项目负责人、技术负责人、质量管理负责人、安全管理负责人中一人及以上与施工单位没有订立劳动合同且没有建立劳动工资和社会养老保险关系，或派驻的项目负责人未对该工程的施工活动进行组织管理，又不能进行合理解释并提供相应证明的；

（四）合同约定由承包单位负责采购的主要建筑材料、构配件及工程设备或租赁的施工机械设备，由其他单位或个人采购、租赁，或施工单位不能提供有关采购、租赁合同及发票等证明，又不能进行合理解释并提供相应证明的；

（五）专业作业承包人承包的范围是承包单位承包的全部工程，专业作业承包人计取的是除上缴给承包单位"管理费"之外的全部工程价款的；

（六）承包单位通过采取合作、联营、个人承包等形式或名义，直接或变相将其承包的全部工程转给其他单位或个人施工的；

（七）专业工程的发包单位不是该工程的施工总承包或专业承包单位的，但建设单位依约作为发包单位的除外；

（八）专业作业的发包单位不是该工程承包单位的；

（九）施工合同主体之间没有工程款收付关系，或者承包单位收到款项后又将款项转拨给其他单位和个人，又不能进行合理解释并提供材料证明的。

两个以上的单位组成联合体承包工程，在联合体分工协议中约定或者在项目实际实施过程中，联合体一方不进行施工也未对施工活动进行组织管理，并且向联合体其他方收取管理费或者其他类似费用的，视为联合体一方将承包的工程转包给联合体其他方。

第九条　本办法所称挂靠，是指单位或个人以其他有资质的施工单位的名义承揽工程的行为。

前款所称承揽工程，包括参与投标、订立合同、办理有关施工手续、从事施工等活动。

第十条 存在下列情形之一的,属于挂靠:

(一)没有资质的单位或个人借用其他施工单位的资质承揽工程的;

(二)有资质的施工单位相互借用资质承揽工程的,包括资质等级低的借用资质等级高的,资质等级高的借用资质等级低的,相同资质等级相互借用的;

(三)本办法第八条第一款第(三)至(九)项规定的情形,有证据证明属于挂靠的。

第十一条 本办法所称违法分包,是指承包单位承包工程后违反法律法规规定,把单位工程或分部分项工程分包给其他单位或个人施工的行为。

第十二条 存在下列情形之一的,属于违法分包:

(一)承包单位将其承包的工程分包给个人的;

(二)施工总承包单位或专业承包单位将工程分包给不具备相应资质单位的;

(三)施工总承包单位将施工总承包合同范围内工程主体结构的施工分包给其他单位的,钢结构工程除外;

(四)专业分包单位将其承包的专业工程中非劳务作业部分再分包的;

(五)专业作业承包人将其承包的劳务再分包的;

(六)专业作业承包人除计取劳务作业费用外,还计取主要建筑材料款和大中型施工机械设备、主要周转材料费用的。

第十三条 任何单位和个人发现违法发包、转包、违法分包及挂靠等违法行为的,均可向工程所在地县级以上人民政府住房和城乡建设主管部门进行举报。

接到举报的住房和城乡建设主管部门应当依法受理、调查、认定和处理,除无法告知举报人的情况外,应当及时将查处结果告知举报人。

第十四条 县级以上地方人民政府住房和城乡建设主管部门如接到人民法院、检察机关、仲裁机构、审计机关、纪检监察等部门转交或移送的涉及本行政区域内建筑工程发包与承包违法行为的建议或相关案件的线索或证据,应当依法受理、调查、认定和处理,并把处理结果及时反馈给转交或移送机构。

第十五条 县级以上人民政府住房和城乡建设主管部门对本行政区域内发现的违法发包、转包、违法分包及挂靠等违法行为,应当依法进行调查,按照本办法进行认定,并依法予以行政处罚。

(一)对建设单位存在本办法第五条规定的违法发包情形的处罚:

1. 依据本办法第六条(一)、(二)项规定认定的,依据《中华人民共和国建筑法》第六十五条、《建设工程质量管理条例》第五十四条规定进行处罚;

2. 依据本办法第六条(三)项规定认定的,依据《中华人民共和国招标投标法》第四十九条、《中华人民共和国招标投标法实施条例》第六十四条规定进行处罚;

3. 依据本办法第六条(四)项规定认定的,依据《中华人民共和国招标投标法》

第五十一条、《中华人民共和国招标投标法实施条例》第六十三条规定进行处罚。

4. 依据本办法第六条(五)项规定认定的,依据《中华人民共和国建筑法》第六十五条、《建设工程质量管理条例》第五十五条规定进行处罚。

5. 建设单位违法发包,拒不整改或者整改后仍达不到要求的,视为没有依法确定施工企业,将其违法行为记入诚信档案,实行联合惩戒。对全部或部分使用国有资金的项目,同时将建设单位违法发包的行为告知其上级主管部门及纪检监察部门,并建议对建设单位直接负责的主管人员和其他直接责任人员给予相应的行政处分。

(二)对认定有转包、违法分包违法行为的施工单位,依据《中华人民共和国建筑法》第六十七条、《建设工程质量管理条例》第六十二条规定进行处罚。

(三)对认定有挂靠行为的施工单位或个人,依据《中华人民共和国招标投标法》第五十四条、《中华人民共和国建筑法》第六十五条和《建设工程质量管理条例》第六十条规定进行处罚。

(四)对认定有转让、出借资质证书或者以其他方式允许他人以本单位的名义承揽工程的施工单位,依据《中华人民共和国建筑法》第六十六条、《建设工程质量管理条例》第六十一条规定进行处罚。

(五)对建设单位、施工单位给予单位罚款处罚的,依据《建设工程质量管理条例》第七十三条、《中华人民共和国招标投标法》第四十九条、《中华人民共和国招标投标法实施条例》第六十四条规定,对单位直接负责的主管人员和其他直接责任人员进行处罚。

(六)对认定有转包、违法分包、挂靠、转让出借资质证书或者以其他方式允许他人以本单位的名义承揽工程等违法行为的施工单位,可依法限制其参加工程投标活动、承揽新的工程项目,并对其企业资质是否满足资质标准条件进行核查,对达不到资质标准要求的限期整改,整改后仍达不到要求的,资质审批机关撤回其资质证书。

对2年内发生2次及以上转包、违法分包、挂靠、转让出借资质证书或者以其他方式允许他人以本单位的名义承揽工程的施工单位,应当依法按照情节严重情形给予处罚。

(七)因违法发包、转包、违法分包、挂靠等违法行为导致发生质量安全事故的,应当依法按照情节严重情形给予处罚。

第十六条 对于违法发包、转包、违法分包、挂靠等违法行为的行政处罚追溯期限,应当按照法工办发〔2017〕223号文件的规定,从存在违法发包、转包、违法分包、挂靠的建筑工程竣工验收之日起计算;合同工程量未全部完成而解除或终止履行合同的,自合同解除或终止之日起计算。

第十七条 县级以上人民政府住房和城乡建设主管部门应将查处的违法发

包、转包、违法分包、挂靠等违法行为和处罚结果记入相关单位或个人信用档案,同时向社会公示,并逐级上报至住房和城乡建设部,在全国建筑市场监管公共服务平台公示。

第十八条　房屋建筑和市政基础设施工程以外的专业工程可参照本办法执行。省级人民政府住房和城乡建设主管部门可结合本地实际,依据本办法制定相应实施细则。

第十九条　本办法中施工总承包单位、专业承包单位均指直接承接建设单位发包的工程的单位;专业分包单位是指承接施工总承包或专业承包企业分包专业工程的单位;承包单位包括施工总承包单位、专业承包单位和专业分包单位。

第二十条　本办法由住房和城乡建设部负责解释。

第二十一条　本办法自2019年1月1日起施行。2014年10月1日起施行的《建筑工程施工转包违法分包等违法行为认定查处管理办法(试行)》(建市〔2014〕118号)同时废止。

参 考 文 献

[1] 最高人民法院民事审判第一庭. 最高人民法院新建设工程施工合同司法解释（一）理解与适用[M]. 北京：人民法院出版社，2021.

[2] 最高人民法院民事审判第一庭. 最高人民法院建设工程施工合同司法解释（二）理解与适用[M]. 北京：人民法院出版社，2019.

[3] 最高人民法院民法典贯彻实施工作领导小组. 中华人民共和国民法典总则编理解与适用[M]. 北京：人民法院出版社，2020.

[4] 陈正，毛云婷. 会诊工程法律纠纷疑难杂症：从招投标到竣工验收[M]. 2版. 南京：东南大学出版社，2018.

[5] 陈正，饶婕. 建筑工程招投标与合同管理实务[M]. 2版. 北京：电子工业出版社，2016.

[6] 陈正，柳卫红. 建筑工程法规原理与实务[M]. 3版. 北京：电子工业出版社，2022.

[7] 许崇华，郭颖，代莎莎. 建设工程法规[M]. 武汉：华中科技大学出版社，2017.

[8] 赵崇，宋敏，吴俊. 建筑法规与案例分析. 南京：南京大学出版社，2017.

[9] 张伟，赵光磊. 建设工程法规[M]. 西安：西安交通大学出版社，2016.